Gabriele Baier-Jagodzinski
Weiber – Das wahre Geschlecht?

Für meine Söhne

Bibliografische Information der Deutschen Nationalbibliothek:
Die Deutsche Nationalbibliothek verzeichnet diese Publikation
in der Deutschen Nationalbibliografie; detaillierte bibliografische
Daten sind im Internet über http://dnd.d-nb.de abrufbar.

Impressum:
© 2025 Gabriele Baier-Jagodzinski; Manusskriptschluß: 15.01.2025

Abbildung Umschlag unter Verwendung von:
Reiner Zimmermann, „Swinging Sixties Compressed",
Öl auf Leinwand, 100cm x 74cm, **1969**.

Von allen Künstlerinnen und Künstlern, deren Arbeiten hier
abgebildet sind, liegen Einverständniserklärungen zur honorar-
freien Nutzung im Rahmen der Sammlungspräsentation vor.

Gestaltung:
© Andreas Baier; Satz in „Compatil Exquisit"; besonderer Dank
gilt Olaf Leus Hilfestellung, um das Schlimmste zu verhindern!

Verlag:
BoD · Books on Demand GmbH, Überseering 33, 22297 Hamburg,
bod@bod.de
Druck: Libri Plureos GmbH, Friedensallee 273, 22763 Hamburg.

ISBN: 978-3-7693-0838-9

Inhaltsverzeichnis

91. Die Politikerinnen

Arbeiten von Künstlerinnen und Künstlern in eigener Sammlung:

Andreas Baier
(Seite 243)

Gerlinde Beck
(Seiten 93, 98)

Dagmar Bludau
(Seiten 71, 108)

Nicola Dormagen
(Seite 223)

Madelaine Dietz
(Seite 61)

Rebecca Horn
(Seite 21)

Tilo Keil
(Seite 284)

Karin Kneffel
(Seite 85)

Kubach Wilmsen-Team
(Seite 139)

Stella McDjango
(Seiten 154, 389)

Liesel Metten
(Seiten 344, 345)

Friederike Petzold
(Seiten 27, 104, 376)

So-Ah Yim
(Seite 291)

Peter Sebastian
(Seite 321)

Ilsabé von Sonntag
(Seiten 262, 270)

Hildegard Wohlgemuth
(Seiten 392-396)

Reiner Zimmermann
(Cover)

Vorwort

Was sind eigentlich Frauen? Wie unterscheiden sie sich von Männern? Wie verhalten sie sich untereinander? Warum haben sie eine solch hohe Meinung von sich? Und warum nennen sie sich heute infantil „Mädels", obwohl ihnen Heimtücke nicht fremd ist, während sie in den 1970er Jahren mit offenem Visier selbstbewußt und kämpferisch „Weiber" waren („Frankfurter Weiberrat")? In der Volksschule saßen wir in Schulbänken aus der Vorkriegszeit. In Viererreihen, die Pulte fest mit den Klappsitzen verbunden. Neben der eingekerbten Rille für Stifte war da noch ein rundes Loch für ein Tintenfaß, das aber überall fehlte. Hinter mir saß Heinzi, den wir alle doof fanden. Heinzi steckte immer seinen Zeh in das Tintenfaßloch und machte Faxen und dann lachten alle, während Fräulein Nolte mit ihrem Unterricht fortfuhr und uns mit Fragen aufrief. Zum Antworten mußte man aufstehen. Als ich an die Reihe kam, habe ich mich beim Aufstehen absichtlich leicht auf das hintere Pult gesetzt und damit auf Heinzis Zeh. Der jaulte laut auf und sofort setzte es von Fräulein Nolte eine saftige Ohrfeige wegen Störung des Unterrichts. Ich selber saß derweil lammfromm wieder auf meinem Platz und hörte, wie Fräulein Nolte auf ihn einschimpfte und sagte, daß sie bald keine Nerven mehr für ihn hätte.

Ich muß oft an diese Geschichte denken, weil mir bewußt wurde, daß ich damals ein gemeines Kind war. Im Laufe der Jahre fand ich aber auch heraus, daß unter uns Frauen noch viele inzwischen erwachsene gemeine Kinder unterwegs sind. Da mir bisher noch kein männliches Pendant begegnet ist, scheinen sich diese gemeinen Kinder bevorzugt unter uns Frauen wohlzufühlen. Man könnte mit Recht auch ihre eigene Bezeichnung, die sie ausschließlich für jeden Mann mit dessen Geburt reserviert haben, auf sie selbst anwenden und sie toxisch nennen. Also war es naheliegend, Verhaltensweisen näher zu betrachten, die man wohl als „typisch weiblich" bezeichnen kann, denn in der Männerwelt findet man sie fast nie. Und nur der Vollständigkeit halber: Selbstverständlich waren auch die Jungs an unserer Schule keine Engel. Nur: Sie zogen aus ihrer Hosentasche gut sichtbar die Zwille und man wußte, was jetzt kam!

Diese Geschichten von und über Frauen sind ein buntes Kaleidoskop der Ausformung und der Möglichkeiten von Weiblichkeit: manchmal erheiternd, bisweilen erschreckend.

1. Die Zwei – Gene im Transmärchen

Zu den exotischen gesellschaftlichen Entwicklungen gehört es heute, daß die Bedeutung der Begriffe Mann bzw. Frau offenbar nicht mehr eindeutig scheinen und deshalb nicht akzeptiert beziehungsweise der freien persönlichen Gefühlsauslegung überlassen werden. Deshalb hat sich an deutschen Universitäten das Fach „Genderforschung" mit 173 Lehrstühlen (vs. 8 Lehrstühle Kernforschung!) eingenistet, um einem Phantom, das die Verneinung der Biologie zugunsten der Soziologie, das heißt Fakten zugunsten Gefühl propagiert, absehbar vergebens hinterherzuforschen. Denn der Körper ist kein Befehlsempfänger der Soziologie. Und die Soziologie ist keine Leitwissenschaft! So entziehen sich auch alle Systeme des Körpers wie Herz, Nieren, Leber, Galle, Gehirn oder Darm der soziologischen Umdeutung. Sie funktionieren weiter wie eh und je und folgen ihrem eigenen Programm und Rhythmus. Dabei hat sich seit der Besiedelung der Erde mit Lebewesen auch nichts an dem Muster männlich – weiblich geändert. Das heißt, bis zum heutigen Tag blieb nicht nur die Anatomie, sondern auch das Prinzip, wonach Männer und Frauen über je 23 Chromosomenpaare (davon ein X und ein Y-Chromosom beim Mann und zwei X-Chromosome bei der Frau) verfügen, unverändert erhalten. Und der typisch männliche wie der typisch weibliche Hormonhaushalt und damit auch der typisch männliche beziehungsweise weibliche Körperbau kann auch nicht durch noch so bizarre gegensätzliche Überzeugungen umgedreht werden. Durch Gefühle schon mal gar nicht. Das wird auch so bleiben, solange diese Erde sich dreht. Auch wer heute glaubt, man könne daran mit pharmakologischer oder chirurgischer Hilfe, beim Standesamt oder durch Anrufung der Gerichte etwas ändern, irrt.

Weil aber alle natürlichen Vorgänge dynamisch und komplex verlaufen, kann es bei der Zeugung auch zu „Unfällen" kommen wie z.B. zu Chromosomenanomalien, bei der Menschen nur ein X-Chromosom aufweisen (X0), die Abfolge XXY oder weitere Kombinationen tragen. Allgemein bekannt sind hier Träger von Trisomien (Down Syndrom, Turner Syndrom, Klinefelter-Syndrom, u. a.). Viele lassen sich nicht eindeutig geschlechtlich zuordnen, haben aber keinen Krankheitswert. Ihre Handicaps können vielfältig und nicht immer sichtbar sein wie z.B. Unfruchtbarkeit. Diesen Zustand des geschlechtlichen Sowohl-als-Auch bezeichnet man heute als Intersexualität (frühere Bezeichnungen für solche Menschen: Hermaphrodit, Zwitter). Diese benötigen dann im Erwachsenenalter unter anderem eigene Ausweispapiere. Damit standen sie vor dem unlösbaren und sie belastenden Problem, sich einem Geschlecht zuordnen zu müssen. Zum Verständnis: Nicht alle Besonderheiten, die bei der Zeugung entstehen können, betreffen das Geschlechtssystem, es werden bisweilen auch Menschen geboren mit 12 Fingern, 3 Nieren oder einem rechts positionierten Herzen oder ohne Dünndarm sowie weiteren Mutationen.

2. Intersexualität

Eine intersexuelle Person errang für sich und alle Intersexuellen nach Vorlage einer Chromosomenanalyse, die sie weder dem männlichen noch dem weiblichen Geschlecht als eindeutig zugehörig ausweist, eine Entscheidung vor dem Bundesverfassungsgericht, wonach auf amtlichen Dokumenten neben den Kästchen für „m" und „w" auch ein Kästchen vorhanden sein muß, das mit „d" (= divers) angekreuzt oder offengelassen werden kann (1 BvR 2019/16). Allerdings – und das ist beachtenswert, weil in den aufgeheizten Diskussionen eine wichtige Bestimmung unterschlagen wird: Dieser Beschluss „betrifft nur diejenigen, deren Geschlechtsentwicklung Varianten aufweist, die sich dauerhaft weder dem männlichen noch dem weiblichen Geschlecht zuordnen lassen!", also keine „Transmenschen", die ja unter eindeutigem Geschlecht geboren werden. Bis Ende 2020 haben knapp 300 Personen beim Standesamt ihren Geschlechtseintrag auf „divers" umschreiben lassen, das entspricht 0,00073 Prozent der Bevölkerung. Allerdings begründet Intersexualität kein zusätzliches, also drittes Geschlecht im allumfassenden Sinne, weder biologisch noch juristisch! „d" im Paß bedeutet also kein „drittes Geschlecht!" Unter Frauen gibt es auch kein „besseres" oder „bevorzugtes Geschlecht", wie manche von sich und ihrem Geschlecht meinen. Um sich aber dennoch hervorzuheben, führten sie den „toxischen Mann" in die Debatte ein, der heute bereits im Kindergarten herangezogen wird. Damit hat der „neue Mann" beizeiten schon begriffen, daß man ihm die Rolle des Fußabtreters zuwies. Maßgeblich für das – biologisch nicht existente – „dritte Geschlecht" ist die

Professorin **Susanne Baer** (Jahrgang 1964). Von 2011 bis 2023 war sie Richterin am Bundesverfassungsgericht, Erster Senat. Die lesbische Frau lehrte bis 2010 an der Berliner Humboldt-Universität im Fach „Gender Studies", als deren „Mao-Bibel" das Buch „Das andere Geschlecht" von Simone de Bouvoir gilt, welches einerseits gewissermaßen als Initialzündung einer weltweiten Bewegung zur Etablierung von Frauenrechten gesehen werden kann, das andererseits jedoch gleich mit die menschliche Biologie und die Existenz von Vater- und Mutterschaft verneint. Naturwissenschaftlich Gebildeten fällt bei dieser Art von „Wissenschaft" auf, daß immer mit Begriffen wie „nach Meinung von…", „…dieses wird heute gelesen als…", „…ist anzunehmen, daß…" argumentiert wird. In Ermangelung harter Fakten, die zu ermitteln allerdings schwer möglich sind, wird ins weichwolkige Ungefähre ausgewichen. Es gilt aber in der Wissenschaft das Credo: Untersuchungen oder Studien müssen neben weiteren Bedingungen von jedem, jederzeit und an jedem Ort reproduzierbar sein, damit Ergebnisse als valide angesehen werden können. Es handelt sich dabei um die Grundvoraussetzung jeder Forschungstätigkeit. Studiendesigns, die diese nicht erfüllen, gelten als unwissenschaftlich und sind zu verwerfen. Allerdings ist einer Bewegung, die objektive Beweisführung ablehnt, mit rationalen Argumenten nicht beizukommen. Diskussionen geraten deshalb zu einem Kampf gegen Windmühlenflügel.

Die insgesamt acht Professuren mit den Forschungsschwerpunkten Gender an der Universität Hamburg, der Hochschule für Angewandte Wissenschaften sowie der Hochschule für „Medien und Technik" in Hamburg sind allesamt mit Frauen besetzt: zwei C3-, fünf W3-Professuren und eine W1-Professur. 2023 gaben diese Einrichtungen fast 1,2 Millionen Euro für Gender-Forschung aus. Der Großteil der Summe mit mehr als 700.000 Euro entfiel auf das Projekt „Ökonomische Entscheidungen von Gruppen: Eine experimentelle Analyse der Effekte von Gruppengröße und Geschlechterzusammensetzung". Hier sollte untersucht werden, wie die Entscheidungen von Gruppen durch ihre Geschlechterzusammensetzung beeinflußt werden. Etliche kleinere Projekte wurden gefördert wie zum Beispiel „Gesundheitsförderung in Lebenswelten von Transmenschen" (250.000 Euro), „Sichtbarmachung non-binärer Genderdarstellungen in literarischen Texten" (mehr als 3.000 Euro) oder das interdisziplinäre Lehrprojekt „Gender Equality" (6.000 Euro). Das Forschungsprojekt „Contextualizing Gender: Gentrifizierung und Kontextualisierung griechischer Mythenbilder in den etruskischen Nekropolen von Cerveteri, Tarquina und Vulci" erhielt Zuschüsse in Höhe von 1.000 Euro, während 3.000 Euro Zuschuß ein „queerlinguistischer Korpus" erhielt. Hier soll die Auseinandersetzung mit „queeren Tieren" im Mittelpunkt stehen. Die „Hochschule für Medien und Technik" konnte sich über Zuwendungen über insgesamt 62.000 Euro freuen für ein Publikationsprojekt zum Thema „Musik und Gender im Internet" sowie 6.000 Euro für die „Arbeitstagung Musik und Gender".

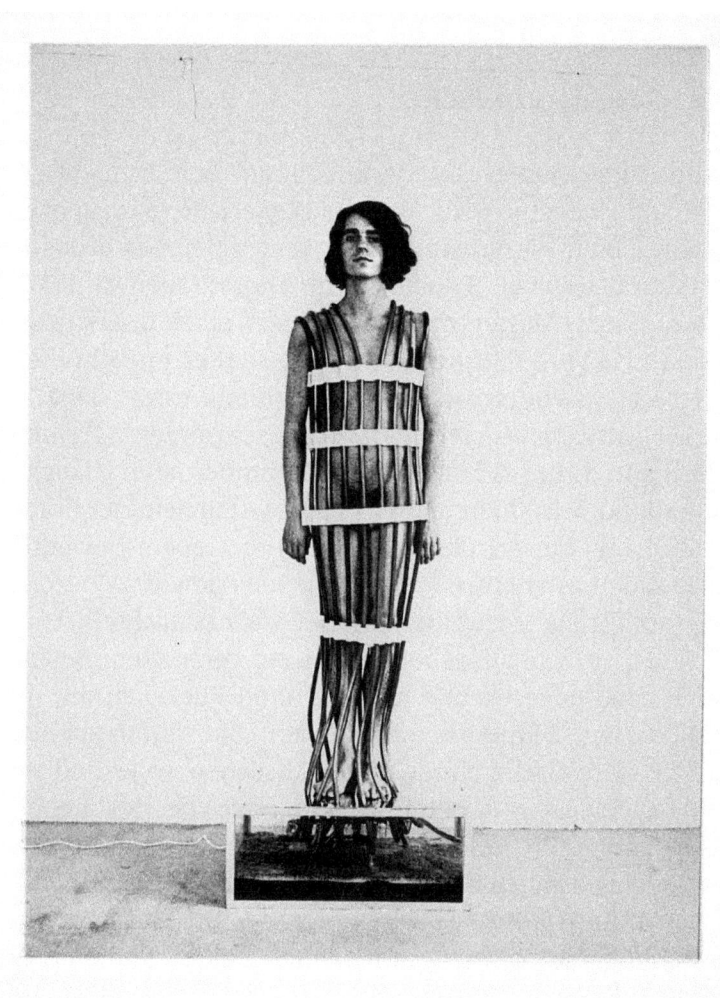

Rebecca Horn – „**Überströmer**", Silbergelatine-Print, Vintage, **1969**, sw, 40cm x 30,2cm, **Exemplar 1/10**: Zeigt eine der frühesten Installationen der Künstlerin mit einer den menschlichen Blutkreislauf nach außen verlegenden Apparatur.

3. Geschlechterunwesen

Bei der sogenannten „Genderforschung" geht es nicht, wie allgemein geglaubt wird, um die bloße Durchsetzung von Frauenrechten. Diese sind heute verwirklicht und gesetzlich verankert wie Selbstbestimmung, Frauenwahlrecht, Berufsfreiheit, Mutterschutz, Religionsfreiheit u. a. Ausweitungen und Verbesserungen werden seither fortschreitend umgesetzt. „Gendermainstreaming" meint etwas ganz anderes. Nach dem Muster der vormals schwarzen Sklaven in Amerika in ihrer bis heute praktisch immer noch Ungleichbehandlung, wird hierzulande die Situation heutiger Frauen generell mit diesen gleichgesetzt. Die Gender-Bewegung sieht Frauen „strukturell" – ohne jemals genau zu bezeichnen, was für sie „strukturell" heißt – als benachteiligt, unterdrückt, sexuell ausgebeutet, extrem verletzlich. Deshalb sind Frauen generell und überall, ohne Rücksicht auf ihre Qualifikation, Männern vorzuziehen. Sie verlangen, daß man in Gerichtsverfahren ihren Aussagen volle und vorrangige Beweiskraft beimißt. Alle Bereiche des Lebens, was neuerdings die freie Wahl irgendeines konstruierten Geschlechts einschließt, sollen von der Politik ausschließlich an ihren Interessen ausgerichtet werden. Da in ihrer Vorstellung die bis heute anhaltende Leidenssituation der Frauen und auch die der Schwulen, Lesben, Non-Binären und Varianten von Männern verursacht wurde und bis heute wird, haben Männer für ihre „Sünden" zu büßen, wobei die „Sünde" in ihrer bloßen Existenz besteht. Ihre Benachteiligung ist aus weiblicher Sicht daher ethisch geboten. Frauen wollen im Grunde alles für sich wie den Erstzugriff auf begehrte Jobs („positive Diskriminierung"). Jedenfalls kann man sagen, daß Frau Baer mit ihrem Diversity-Urteil in eigener Sache geurteilt hat und damit war sie eine befangene Richterin. Ihr Argument, auch heterosexuelle Richter urteilten ebenfalls in eigener Sache, wenn es um einschlägige Themen geht, ist schlicht falsch. Heterosexuelle Richter urteilen entlang einer Norm, die sie selbst nicht gemacht haben, sondern „da" ist. Gäbe es sie nicht, wäre die Erde von Beginn an ein Steinhaufen geblieben.

4. Leere „Geschlechter"

Sogenannte „Non-Binäre", „Queere", „Transgender"-Personen, oder sonstige fluide Identitätswechsler – es soll inzwischen ungefähr 70 „Geschlechter" geben, die zur Wahl stehen –, also die Gruppen, die den größten Lärm machen, an der Gesamtbevölkerung jedoch den geringsten Anteil haben, wurden bisher vom Urteil des Bundesverfassungsgericht nicht erfaßt. Während für Deutschland Zahlen fehlen, gibt es sie für das Neunmillionen-Volk der Österreicher. Im Zuge eines Anschreibens an Arbeitgeber, das diese veranlassen soll, Stellenausschreibungen künftig auch an „Diverse" zu richten, kam heraus, daß sich in Österreich nur zwölf Personen als „divers" verstehen (Stand 1.1.2023), davon geben drei an, „inter" zu sein und drei weitere sind „für alles offen". Diese kleinen Zahlen können noch nicht einmal auf die einzelnen Bundesländer aufgeschlüsselt werden. Trotzdem richtete die Stadt Wien vom Volkstheater zum Museumsquartier einen „Transgender-Zebrastreifen" ein. Als „buntes Zeichen gegen Diskriminierung", freute sich der grüne Stadtrat Markus Reiter. In Berlin nimmt man's genauer. Der angesagte Szeneclub „Münze" in Berlin-Mitte verlangt als Zutrittsformalität das Ausfüllen von Fragebögen neben den üblichen persönlichen Angaben nach Name, Anschrift, Geburtsdatum auch nach dem Geschlecht des Clubbesuchers. Dabei kann man unter 54 zur Wahl stehenden „Geschlechtern" dasjenige ankreuzen, zu dem man sich hingezogen fühlt: Agender (= fühlt sich keinem Geschlecht zugehörig), Bigender (= beidgeschlechtlich), Gender questioning (= Menschen, die ihre sexuelle Orientierung oder ihr Geschlecht hinterfragen), Neutrois (= Geschlecht, das sich außerhalb des binären Geschlechtersystems befindet), Pangender (= die sich mehreren oder allen Geschlechtern irgendwie zugehörig fühlen), Two Spirits (= Mensch mit zwei Seelen) oder Dont't want to say (= Ich will mich nicht offenbaren). Transpersonen allein umfassen 26 verschiedene Kategorien. Die vom Club verteilten Formularblätter mit den Listen aller für möglich zu haltenden „Geschlechter" lesen sich wie Getränkekarten für exotische Cocktails.

Der vom Zaun gebrochenen „Genderforschung" und somit aller bunten Zeichen zum Trotz bleibt es dabei, daß die Chromosomen aller irgendwie „Bunten", ihre Hormone, Keimdrüsen oder äußere Geschlechtsmerkmale eindeutig sind und diese auch bleiben. Entweder Frauen oder Männer, unter diesen auch diejenigen, die sich eine Gebärmutter haben implantieren lassen, um mithilfe von Hormonbehandlungen gebären zu können. Aber selbst dann bleiben sie Männer. Die junge Frau, die vor der Kamera beteuert, jetzt ein Fuchs zu sein, deshalb auch die aufgesetzten Fellohren oder ihr Iltis-Kollege (Werden sie jetzt für sich kostenlose Tierarztbehandlungen verlangen?), bleiben Frauen und Männer genauso wie die Puppies mit den aufgesetzten Hundemasken, die sich wie Welpen fühlen, auf allen Vieren kriechen, knurren, bellen, sich kraulen lassen und die mit allen anderen Erscheinungen sexueller Vorstellungen hinter bunten Fahnen mitmarschieren, bleiben in dem ihnen angeborenen Geschlecht. Oder „Transfrauen", die darauf bestehen, ihre Gefängnisstrafe im Frauengefängnis anzutreten, so wie sie auch Zutritt zur Damenumkleide und Frauensauna begehren, bleiben Männer. Keine geschützte Berechtigung hatte bisher auch das öffentliche Wehklagen über fehlende Tamponautomaten in Herrentoiletten oder überhaupt Sonder-WCs, weil die vorhandenen Toiletten in Schulen und Gastronomie für ihr „Geschlecht" unzumutbar seien. Oder die vielen „Bunten", die für sich selbst wegen ihrer großen „Verletzlichkeit" bei jeder Gelegenheit Toleranz und Respekt reklamieren, aber vehement, bisweilen handgreiflich, Entlassungen, Stornierungen von Aufträgen, Abbruch von Geschäftsbeziehungen bis hin zur Sanktionierung durch öffentliche Ächtung fordern, wenn in ihrer Umgebung Widerstand wächst oder nur eine andere Meinung geäußert oder ein Handeln nicht mit ihnen abgestimmt wurde. Vielleicht kann man solche Konfusionen als wütendes Anrennen gegen die Genetik, überhaupt gegen Naturgesetze deuten, vielleicht nimmt man Gott (oder jenem höheren Wesen, das wir verehren?) seine Schöpfung übel? Es hilft aber nichts: Keine Medizin der Welt, kein Verfahren kann aus einem Mann eine Frau, aus einer Frau einen Mann machen. Bis in den Tod behalten Frauen ihre beiden XX-, Männer ihre XY-Chromosomen und Intersexuelle ihre jeweils festgelegten Chromosomenzuteilungen.

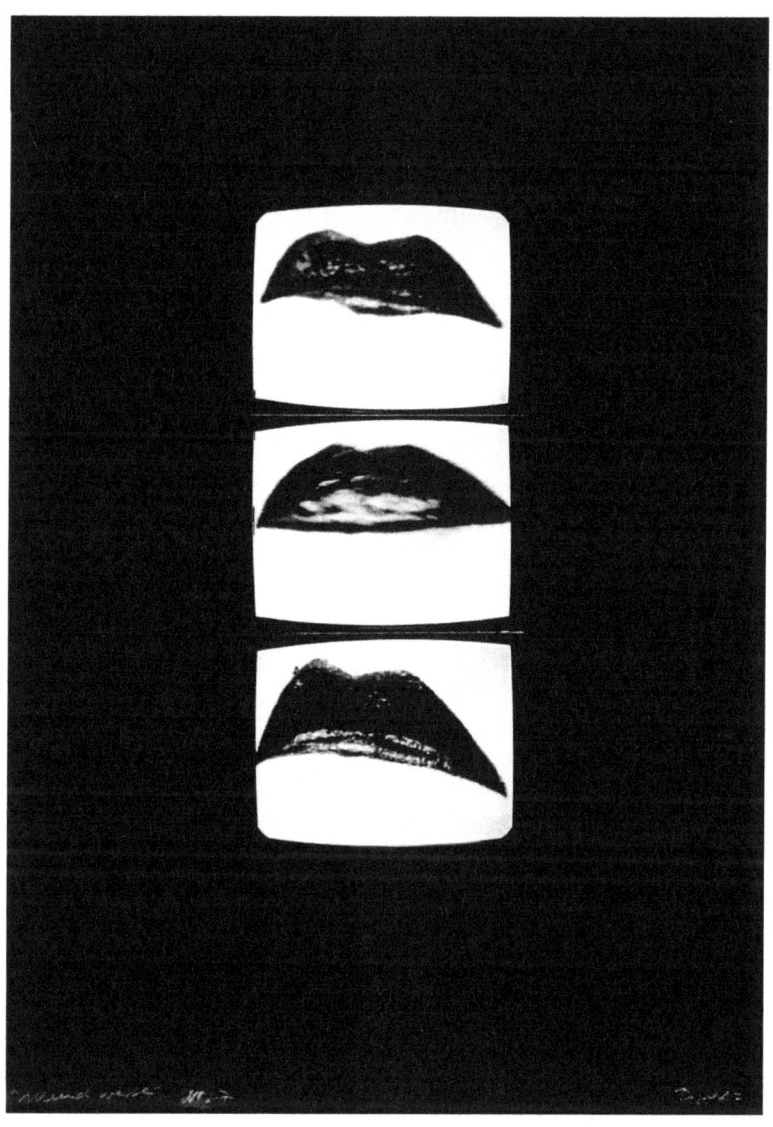

Friederike Petzold – „**Mundwunder Nr. 7**", Vintage,
Silbergelatine-Print, **1971**, 21cm x 19cm, **Unikat**

5. Genetik und Epigenetik

Die Genetik, gewissermaßen die unveränderliche **Hardware**, hat unsere Zweigeschlechtlichkeit, unsere äußere Gestalt, Skelett und Organe, Haar- und Augenfarbe, aber auch ein geistig-seelisches „Grundmuster" festgelegt, das uns als ein interagierendes Wesen ausweist. Neben dieser Hardware beschäftigt sich die Wissenschaft seit einiger Zeit mit der Epigenetik als die veränderliche **Software**, die gewissermaßen der Hardware aufliegt. Sie fußt auf Beobachtungen von Bevölkerungsgruppen wie Kriegskinder und deren Nachkommen. Bei ihnen fanden sich z.b. Änderungen des Körpergewichts, das aufgrund ihres Genmusters nicht erwartbar war. Als Ursache konnte Streß identifiziert werden. Das Merkmal Übergewicht wurde dann auch bei ihren Kindern sichtbar, verschwand aber oftmals bei der Enkelgeneration bzw. deren Nachwuchs. Das bedeutet, daß bestimmte einschneidende Situationen oder Ereignisse im Leben sich – wahrscheinlich nur vorübergehend – im Genom manifestieren können.

Dabei wird das weibliche Geschlecht gegenüber dem männlichen von der Genetik begünstigt. Es sind die X-Chromosomen, die bei Frauen doppelt vorliegen. So kann bei schadhaften Genen auf dem einen Chromosom das zweite sozusagen als „Notstromaggregat" gewissermaßen als Reparaturtool einspringen. Das X-Chromosom veranlaßt ein Gehirn durch sein Hormonmuster „weiblich" zu denken und zu fühlen. Das Y-Chromosom des Mannes veranlaßt ihn ebenso, geschlechtsdeterminierend zu denken. Allerdings verfügt es über keine, dem weiblichen Geschlecht vergleichbare genetische Reserve, da der Mann nur ein X-Chromosom hat. Die Gene auf seinem deutlich kleineren Y-Chromosom sorgen nur für seine „männliche" Prägung. Neben der Genetik machen sich zudem Lebensumstände bemerkbar, die Frauen begünstigen: Sie erreichen mehrheitlich ein höheres Lebensalter als Männer. Darüber hinaus verkürzen Männer ihre Lebensspanne durch einen riskanteren Lebensstil wie exzessiven Sport, Wirtshausschlägereien, Heimwerken, aber auch dadurch, daß sie erst spät oder zu spät einen Arzt aufsuchen, weil sie die ganze Zeit vorher Krankheitssymptome ignorierten. Frauen sind also das begünstigte Geschlecht, sind aber nicht, wie oft behauptet wird, das „bessere Geschlecht". Es gibt kein besseres Geschlecht, das hat die Natur nicht vorgesehen.

6. Alles erlaubt

Es gibt aber Hoffnung! Der gerade um diese Minderheit traditionell überaus besorgte Gesetzgeber beschloß die juristische Begradigung der Biologie mit dem sogenannten „Selbstbestimmungsgesetz", das Männern und Frauen künftig erlaubt, ihren amtlichen Geschlechtseintrag (und damit ihren rechtlichen Status) durch eine einfache Erklärung zu ändern und das sogar, so oft ihnen der Sinn danach steht, jedoch – nach einer Sperrfrist (wozu eigentlich?) – nur einmal pro Jahr. Warum kann man sich montags nicht weiblich fühlen, dienstags und mittwochs männlich, donnerstags divers und freitags bis sonntags wieder männlich oder auch andersherum? Gefühle wechseln doch, manchmal sogar stündlich! Aber nein: Nicht öfter als einmal pro Jahr können Visitenkarten erneuert und Klingelschilder ausgetauscht werden. In diesem Zusammenhang fällt auf, daß weitaus mehr Männer als Frau behandelt werden wollen – fachsprachlich heißt das „gelesen" – als umgekehrt Frauen als Männer. Woran mag das wohl liegen?

Das neue Gesetz sieht vor:

Eltern haben das Recht, ihren biologisch als Jungen Geborenen beim Standesamt als „Mädchen" eintragen zu lassen (und umgekehrt). Erst im Alter ab fünf Jahren darf das Kind dann mitreden, nachdem es fünf Jahre lang im biologisch falschen Geschlecht erzogen wurde.

Schon 14jährige können über ihr Geschlecht bestimmen, wenn sie beispielsweise nicht mehr Leon sondern

Emilia heißen wollen oder statt Anne-Sophie lieber Noah. Halten die Eltern von solchen Überlegungen nichts, kann das Kind künftig über Jugendamt und Gericht seine Eltern überstimmen und so deren Zustimmung erzwingen.

Auf Wunsch kann im Stammbuch der Eintrag „Mutter" oder „Vater" durch das Wort „Elternteil" ersetzt werden. Das neugeborene „Mädchen" mit Penis wüchse so vater- und mutterlos auf. Diese Regel dient ausschließlich dem Wohlbefinden der beiden Erzeuger.

Minderjährige müssen bei Änderung des Geschlechtseintrags nur behaupten, sie seien zuvor beraten worden, wobei sich „Berater" jeder nennen kann, des Nachweises einer irgendwie gearteten Qualifikation bedarf es dabei nicht. Über die Qualität solcher „Beratungen" bei Heranwachsenden in einer möglicherweise psychischen Ausnahmesituation kann nur spekuliert werden.

Geschlechtswechsler können jeden anzeigen, der ihren alten Namen („dead name") benutzt, um sie zu outen, wobei dann wahrscheinlich immer die böse Absicht unterstellt werden wird, zumal das versehentliche oder unwissentliche Aussprechen nicht bewiesen werden kann. Der Beschuldigte trägt in diesen Fällen die Beweislast, wird wahrscheinlich verlieren und dann sind bis zu 10.000 Euro Strafe fällig. Diese Regelung gilt auch für die Mitglieder der Geschlechtswechslerfamilie. Leider hat der Gesetzgeber die Frage nicht beantwortet, wie man denn den Beweis führen kann, daß etwas nicht stattgefunden hat (ex negativo). Ein Rechenbeispiel soll die Verhältnismäßigkeit der üppigen Strafandrohung zwischen den beiden Sachverhalten illustrieren: Wären die 10.000 Euro Strafe zivilrechtlicher Schmerzensgeldanspruch in dieser Höhe, dann könnten gleich zwei Patienten je Diagnose „Augapfelprellung mit Entfernung des Auges" nur je 5.000 Euro Schmerzensgeld erwarten (OLG Celle 12 U 226/00).

In Kneipen Saunen, Schwimmbädern, Fitneßclubs, Tennis-Centern sollen die jeweiligen Betreiber selbst darüber entscheiden, ob sie „Penis-Frauen" in die Frauensauna und aufs Frauenklo lassen. Zwar ist der Ärger vorprogrammiert, doch ausgerechnet hier will sich der Staat raushalten und läßt die Betreiber im Regen stehen.

Auch im einschlägig konfliktbelasteten Leistungssport müssen die Verbände künftig selbst entscheiden, ob selbsternannte „Frauen" mit Männer-Muskeln, die Leistungstabellen „bereichern" dürfen zum Beispiel bei Ringen, Gewichtheben, Kugelstoßen. Werden Frauen bei solch ungleichen Aufeinandertreffen, die ja keine fairen Wettbewerbe mehr sind, mitmachen?

Transfrauen müssen nicht in den Krieg. Ausnahme: Sie haben ihr Geschlecht erst innerhalb der letzten zwei Monate vor dem kriegerischen Konflikt gewechselt. Dann werden sie weiterhin als Männer eingestuft und müssen zur Armee.

Die zuständige Familienministerin Paus (Grüne) verteidigt dieses Gesetz und lobt seine leichte Anwendbarkeit für die Betroffenen: „Mit dem Selbstbestimmungsgesetz entfallen demütigende Gutachten, langwierige Gerichtsverfahren und hohe Gebühren". Da ist ihr energisch zu widersprechen! Jeder Mensch, der in Deutschland eine falsche Behandlung, eine mißratene Operation, einen Verkehrsunfall oder anderen Körperschaden erlitten hat, kommt bei den dann immer folgenden Gerichtsverfahren sowie in den Verhandlungen mit Versicherungen nicht ohne Gutachten aus, in welchen auch zum Teil sehr intime Details der Betroffenen zur Sprache kommen. Soweit bekannt, wurde sich über dieses Prozedere noch nie öffentlich beklagt. Und inwieweit es demütigend sein soll, gutachterlich seine genetische Besonderheit, auf die doch die meisten stolz sind, mit einer einfachen, meist ausreichenden Blutprobe darzulegen, ist nicht ersichtlich. Jeder geschädigte Patient, jedes Mißbrauchsopfer muß seine „Beschädigung", die Anspruchsgrundlage ist, nachweisen. Wäre es nicht so, könnten sich ganze Stadtteile aufmachen und bei allen möglichen Institutionen oder Ämtern Schadensersatz oder Schmerzensgeld beanspruchen für Verletzungen, die ihnen vielleicht von angeblich zirkulierendem „Atomstaub" zugefügt wurden. Das Geschlecht von Lebewesen ist nicht trivial, keine Lappalie, sondern konstitutiv für die gesamte belebte Welt. Wer sein Geschlecht „selbst bestimmt", will per Deklaration seinen naturgegebenen Normzustand ändern und verlangt dann vom Staat, dieses einfach so zu akzeptieren. (Warum hat man eigentlich keinen Anspruch, sein Alter zu ändern?) Alle Rechtsakte, die Bürger vom Staat verlangen, bedürfen immer einer sachlichen und beweisbaren Begründung. Das sind die Spielregeln, ohne die Staat und Gesellschaft im Chaos versänken. Sein Geschlecht ändern zu wollen, und das auch noch jährlich, ist nicht vergleichbar mit der chirurgischen Korrektur abstehender Ohren!

Ursprünglich sollte der Geschlechtswechsel von Amts wegen automatisch unter anderem an BKA und Verfassungsschutz gemeldet werden. Dieser Passus wurde nach Protesten der Grünen gestrichen. Nicht wenige mit der Materie Vertraute befürchten nun, daß viele Straftaten aufgrund der Identitätswechselei nicht mehr verfolgt werden können. Vielleicht ist diese Aussicht für manche so verlockend, daß sich das Hin und Her sogar lohnt und kann man deshalb den Grünen unterstellen, ihre Bemühungen erfolgten aus reiner Fürsorgepflicht? Wenn ein Noah Wagner mitsamt seinen ansehnlichen Vorstrafen und mit neuer Geburtsurkunde als Yvonne Wagner nach Berlin zieht, ist er für Gläubiger und auch Strafverfolgungsbehörden nicht mehr auffindbar.

Angesichts erwartbarer Konflikte an den Kassen von Saunen und Bädern seit Inkrafttreten des sogenannten Selbstbestimmungsgesetzes formuliert der Deutsche Saunabund mit einem Leitfaden für seine Mitglieder an der Kasse Hinweise zur Geschäftsordnung. Wörtlich: „Zum Eintritt in diese, insbesondere auch die Frauensauna, sind nur Personen berechtigt, deren primäre Geschlechtsmerkmale entsprechend sind. Der Eintrag des Geschlechts beim Standesamt und/oder Reisepass sind nicht entscheidend." Weiter heißt es, es solle eine „Sichtkontrolle des Erscheinungsbildes" geben, zur Prüfung, ob „die Person als männlich, weiblich oder divers wahrgenommen" werden kann. Bei Zweifeln soll nachgefragt und/oder die Vorlage des Geschlechtseintrags verlangt werden. Sollten dann immer noch Zweifel bestehen, „ist der Gast darauf hinzuweisen, daß für den Zugang zu dem entsprechenden Bereich das primäre Geschlechtsmerkmal ausschlaggebend ist." Hier kommt man zum Kernproblem: Für einen einwandfreien Nachweis müssen die Saunagäste nackt sein! Deshalb rät der Saunabund:

„Der Gast kann freiwillig sein primäres Geschlechtsmerkmal nachweisen, um Mißverständnisse auszuräumen. Dazu wird er aber vom Personal nicht ausdrücklich aufgefordert." Allerdings erlaube das Hausrecht, diejenigen, die den Regeln nicht folgen, hinauszuwerfen – wenn sie vom Personal beim regelmäßigen Aufguss erwischt werden – oder gar nicht erst einzulassen. „Die Polizei ist zwecks Durchsetzen des Hausrechts anzufordern", so der Leitfaden.

Während hierzulande das Abschaffen des biologischen Geschlechts auf allen Ebenen mühelos gelang, formierte sich bei unseren österreichischen Nachbarn erster Widerstand in Gestalt der ehemaligen Abgeordneten Faika El-Nagashi von den Grünen: „Ich kann mein Geschlecht nicht selbst bestimmen. Wenn ich ‚Frau' zu einem Begriff mache, der völlig beliebig ist und in den sich jeder Mensch, also auch jeder Mann, hineinidentifizieren kann, dann kann ich keinen Schutz mehr gewährleisten. Ich kann nicht mehr von Frauenrechten sprechen." Sie argumentiert, daß das Gesetz die Grenzen der Selbstbestimmung verwischt. „Das funktioniert auch in anderen Bereichen nicht. Ich habe auch kein Recht darauf, mein Alter selbst zu bestimmen."

Auf dem Weg vom Kindsein zum Erwachsenwerden kommt es oft vor, daß ein Mädchen denkt, das Leben verliefe leichter, wenn man ein Junge wäre. Auch umgekehrt stellen sich Jungen ein Leben als Mädchen bisweilen angenehmer vor. Das ist normal und nicht therapiebedürftig. Auch die Kalifornierin **Kaja Breen** wäre lieber ein Junge gewesen. Ein Schulpsychologe deutete ihre Äußerungen aber als Geschlechtsdysphorie und teilte ihren Eltern mit, daß ihre Tochter transgender sei. Damit wurde eine verstörende Entwicklung in Gang gesetzt: Sie war zwölf, als ihr die Ärzte

Pubertätsblocker verschrieben, mit vierzehn wurde an ihr eine doppelte Mastektomie (Entfernung der Brustdrüsen) vorgenommen, bis zu ihrem neunzehnten Lebensjahr mußte sie Cross-Sex-Hormone schlucken, die die Ausbildung gegengeschlechtlicher Körpermerkmale fördern sollten. Während dieser Prozeduren wurden ihre anfänglichen Ängste und Depressionen immer schlimmer. Jetzt, mit zwanzig, verklagt sie ihre Ärzte. Sie hätten ihre anfänglichen psychischen Probleme falsch diagnostiziert und sie in eine irreversible Operation gedrängt. Kaja Breen berichtet, daß sie im Alter von elf Jahren ihre pubertären Veränderungen verängstigt hätten, zusätzlich zur belastenden Situation ihres Elternhauses. Durch ihr Studium wisse sie nun, daß sie nie „transgender" gewesen sei, sondern an PTSD (posttraumatisches Streßsyndrom) litt. Mit ihrem Prozess gegen die Ärzte will sie auch erreichen, daß „niemand mehr auf die Schnelle in irgendwelche medizinischen Geschlechtsangleichungsbehandlungen gedrängt wird." In den USA ist die Situation uneinheitlich. Während 26 republikanische Bundesstaaten medizinische Gender-Behandlungen stark eingeschränkt oder ganz verboten haben und in vielen Staaten geschlechtsangleichende Operationen an Jugendlichen illegal sind, hat sich der demokratische Staat Kalifornien zu einem Dorado für alle jene entwickelt, die das ganze medizinische Instrumentarium der Genderideologie in Anspruch nehmen wollen. Ein kalifornisches Gesetz verbietet es Lehrern sogar, die Eltern von Kindern zu benachrichtigen, die einen Geschlechtswechsel anstreben. Für Deutschland billigte 2021 der Bundesrat ein Gesetz, daß Eltern nur solchen Operationen an ihren Kindern zustimmen dürfen, die nicht bis zu einem späteren selbstbestimmten Zeitpunkt des Kindes aufgeschoben werden können. Medikamentöse Behandlungen durch die Eltern selbst sind verboten. Operativen Eingriffen muß grundsätzlich ein Familiengericht zustimmen und sie müssen eindeutig dem Wohl des Kindes dienen, was eine Kommission bestätigen muß. Zudem wird bei Behandlungen an den Geschlechtsmerkmalen von intersexuellen Kindern die Aufbewahrungsfrist für Patientenakten verlängert, damit diese später als Erwachsene die durchgeführten Schritte nachvollziehen können.

Nach dem Vorbild der USA verbietet auch der **Präsident Argentiniens Javier Milei** Geschlechtsumwandlungen für unter 18jährige. Ein Regierungssprecher teilte mit, daß die Regierung ein Gesetz von 2012 ändern werde, um Hormonbehandlungen und Operationen zur Geschlechtsangleichung für Minderjährige zu verbieten. Solche Behandlungen seien ein ernsthaftes Risiko für die körperliche und geistige Gesundheit von Minderjährigen und seien meist irreversibel. Argentinien folge damit nur dem Beispiel anderer Länder wie Finnland, Schweden, Großbritannien und den USA.

7. „Neu-Frauen" im Frauenknast

Inzwischen erhalten „Neu-Frauen" Zugang zu allen Bereichen, die aus gutem Grund bisher nur Frauen vorbehalten waren wie z.B. in Frauengefängnissen, und damit tauchen sie dann auch in der weiblichen Kriminalitätsstatistik auf! Wenn künftig Veröffentlichungen der Polizeistatistik eine unerwartete Steigerung der weiblichen Kriminalitätszahlen ergeben, so kann man davon ausgehen, daß dafür geborene Männer gesorgt haben. Anfragen über die Plattform „FragDenStaat.de" bei den Justizministerien der Bundesländer, wie viele Männer seit 2023 in Frauengefängnissen inhaftiert sind/waren und aus welchen Haftgründen, bestätigen offiziell, daß bereits vor dem Inkrafttreten des sogenannten Selbstbestimmungsgesetzes kein einziges Bundesland dafür gesorgt hat, daß in seinen Frauengefängnissen die weiblichen Häftlinge nicht zusammen mit männlichen Straftätern eingesperrt werden. Im Gegenteil: Mehrere Bundesländer bestätigten die Inhaftierung von Männern in Frauengefängnissen. Im übrigen werden Transpersonen auch nur erfaßt, wenn sie eine spezielle Behandlung aufgrund ihrer „Geschlechtsidentität" beantragen. Im **Saarland** gibt es diese Problematik nicht, weil es dort keine Frauengefängnisse gibt (Hier hat man Abkommen mit Rheinland-Pfalz). **Hessen** verweigerte die Auskunft, **Baden-Württemberg** meldete acht Transmänner, und **Sachsen** verlangte 1.000 Euro für die Auskunft. Das unter grüner Leitung stehende Justizministerium konnte auch keinen Grund dafür angeben, weshalb die Auskunft so kostenintensiv sein soll, während alle anderen Bundesländer ihre Auskunft kostenlos erteilten. Die verbliebenen Bundesländer gaben an, entweder auch Männer in Frauengefängnissen untergebracht zu haben oder keine Auskunft geben zu können, weil man darüber keine Daten erhebe.

Genaue Angaben gab es nur von **Bremen** (1 Mann im Frauengefängnis), **Hamburg** (4 Männer im Frauengefängnis), **Berlin** (24 Männer im Frauengefängnis), **Mecklenburg-Vorpommern** (1 Mann im Frauengefängnis), **Nordrhein-Westfalen** (12 Männer im Frauengefängnis, darunter ein Fall von Körperverletzung durch umdefinierten Mann), **Niedersachsen** (3 sexuelle Übergriffe durch denselben umdefinierten Mann, verurteilt wegen Besitz von kinderpornographischen Inhalten sowie Beleidigung), **Bayern** (1919: 6 Männer im Frauengefängnis). Die übrigen Bundesländer teilten mit, diese Frage nicht beantworten zu können: Es würde nur der aktuelle Geschlechtseintrag erfaßt und nicht der vorangegangene oder das tatsächliche Geburtsgeschlecht. Weil die meisten Bundesländer keine Kenntnis über das tatsächliche Geschlecht der in Frauengefängnissen einsitzenden Männer haben, werden zweifellos vorhandene Probleme nicht registriert und sind deshalb auf der Bürokratieebene nicht existent.

In **Chemnitz/Sachsen** wurde über Gewalttätigkeiten gegenüber Frauen eines im Frauengefängnis untergebrachten männlichen Doppelmörders und Zuhälters berichtet, der in der Haft seinen Geschlechtseintrag wechselte und deshalb ins Frauengefängnis verlegt wurde. Dort hatte er sie belästigt und bedroht, eine Justizbeamtin gewürgt und auf dem

Gang öffentlich masturbiert, sodaß die Frauen sich in ihrer Not mit einem Brief an die Öffentlichkeit wandten. Nach Zeugenaussagen soll es zu einem Übergriff durch diesen Mann gekommen sein, der von Mithäftlingen Oralsex und Geschlechtsverkehr gefordert haben soll. Im darauf folgenden Gerichtsverfahren, teilte er mit, seinen Geschlechtseintrag wieder auf „männlich" wechseln zu wollen. Trotz dieser Erfahrungen plant das grüne sächsische Justizministerium, den Zugang für Männer in Frauengefängnissen noch weiter zu erleichtern. Alle Landesministerien bestreiten übrigens, daß sich in ihren Frauengefängnissen Übergriffe durch solche Trans-Frauen ereigneten. Dem widerspricht René Müller, Bundesvorsitzender des Bundes der Strafvollzugsbediensteten. Er weiß, daß nicht alle Fälle von Betroffenen zur Anzeige gebracht werden, was vom bayerischen Justizministerium insoweit bestätigt wird, als solche Vorfälle „in den Justizvollzugsanstalten nicht in statistisch auswertbarer Form erfaßt" würden. Und wieder Sachsen: Hier verneint man kategorisch jedes Vorkommnis sexueller Übergriffigkeit durch männliche Straftäter in Frauengefängnissen. Die Initiative „Laßt Frauen sprechen" kritisiert, daß männliche Straftäter in Frauengefängnissen untergebracht werden: „Wir hoffen, daß eines Tages keine Frau mehr ertragen muß, mit einem Mann eingesperrt zu sein."

In **Nordrhein-Westfalen** sind in den letzten fünf Jahren sechs Männer aufgrund einer Änderung ihres Geschlechtseintrags in Frauengefängnisse verlegt worden, derzeit sitzen acht Männer ein, die ihren Geschlechtseintrag wechselten. Ein männlicher Strafgefangener hat eine „geschlechtsangleichende Operation" beantragt. Dabei handelt es sich – bei Männern – um plastische Gesichtsoperationen, Beseitigung des Adamsapfels, Silikonimplantate in der Brust, Kastration oder Aufbau einer „Vaginoplastik". Eine ähnliche Operation erhielt der Straftäter im sächsischen Chemnitz. Diese kostete den Steuerzahler 40.000 Euro.

Der 53jährige bundesweit bekannte Neonazi **Sven Liebich** hat in Erwartung einer Gefängnisstrafe seinen Geschlechtseintrag in Marla-Svenja ändern lassen. Sein Äußeres hat er optisch nicht verändert und trägt Bart. Liebich ist wegen Volksverhetzung bereits vom Landgericht Halle/Saale zu einer Gefängnisstrafe ohne Bewährung verurteilt. Derzeit läuft auch am Landgericht Leipzig das Berufungsverfahren gegen ein weiteres Urteil wegen Volksverhetzung und übler Nachrede in mehreren Fällen. Diskutiert wird nun die Frage, ob Liebich ins Frauengefängnis kommt, sollte das Urteil der Vorinstanz bestätigt werden. Die Staatsanwaltschaft teilt mit, daß es eine Einzelfallprüfung geben wird. Außerdem sollen seine Daten an das BKA übermittelt werden. Es geht also doch!!

Argentiniens neuer Präsident **Javier Milei** plant eine Gesetzesänderung, nach der im Sinne der Sicherheit künftig auch Gefängnisinsassen untersagt sei, eine Verlegung „aufgrund einer Geschlechtsumwandlung" zu beantragen. Das bedeute, daß ein Gefangener, der in einem Männergefängnis inhaftiert sei, könne somit „nicht mehr darum bitten, in eine Frauenabteilung verlegt zu werden, nur weil er sich als Frau wahrnimmt." Auch hier große Empörung im argentinischen LGBTQ-Verband, der die Entscheidung juristisch anfechten will.

8. Hurrah – die „Bereicherungen"!

Auch außerhalb von Strafvollzugsanstalten kann die gleichzeitige Anwesenheit von „Neu-Frauen" in vormals biologischen Frauen vorbehaltenen Räumen zu Konflikten und Straftaten führen. „Neu-Frauen" erhalten künftig auch Zugang zu Frauenhäusern, Frauentoiletten, Frauensaunen, Frauensport, aber auch zu Preisen und Stipendien nur für Frauen oder auch zu Posten und Positionen, die laut Quotenregelung bisher natürlichen Frauen vorbehalten sind – hier gäbe es allerdings Möglichkeiten für männliche Konzernlenker, wenn sie sich plötzlich als „Frau definierten" und entsprechende Quotenplätze beanspruchten und besetzten! Um die „Gerechtigkeitslücke" im Geschlechterwirrwarr zu schließen, gibt es in der **rheinland-pfälzischen Landesregierung** Bestrebungen für eine geschlechtsneutrale Bezeichnung des medizinischen Bereichs, der bisher Gynäkologie oder Frauenheilkunde heißt. Zur Begründung heißt es, daß das neue Selbstbestimmungsgesetz jedem Menschen das Recht zugestehe, selbst über sein Geschlecht zu entscheiden. Schwangere Personen oder solche mit Vaginal-Erkrankungen könnten sich daher auch als Männer oder geschlechtsneutrale Individuen verstehen und staatlich auch so eingetragen sein und amtliche Stellen wie ein Krankenhaus hätten das dann zu berücksichtigen. Bisher würden diese Menschen bereits in den Frauenabteilungen der Kliniken behandelt. Da das Bild des Menschen ausschließlich aus historischen (??) und nicht biologischen Gründen binär geprägt sei, sei zu erwarten, daß sich die moderne Auffassung von Genderfluidität durchsetze.

Auch hier sind die USA schon weiter: Die vormalige Präsidentschaftskandidatin der Demokraten, **Kamala Harris**, suchte auf ihrer Webseite Mitarbeiter für den Wahlkampf, etwa Datenanalysten, Videoproduzenten. Dazu gab es eine Liste der Anforderungen wie etwa Lebenslauf oder persönliche Angaben sowie die Beantwortung von Fragen, mit welchem Pronomen die Bewerber angesprochen werden möchten. Angekreuzt werden konnten „They/them, Xe/xem, Ze/hir, Ey/em, Hir/hir, Fae/faer, Hu/hu".

Bei den **Oscarnominierungen** 2025 kann als erster Mann mit 13 Nominierungen einen Oscar als beste Hauptdarstellerin für die französische Filmproduktion „Emilia Pérez" gewinnen. Die Story hört sich abstrus an: ein mexikanischer Drogenbaron will seine kriminelle Vergangenheit hinter sich lassen und ein neues Leben als Frau beginnen. Gecastet wurde dafür die 52jährige Transfrau Karla Sofia Gascòn aus Madrid. So wird diese Person wohl den Oscar vier anderen ebenfalls sehr diversen Konkurrentinnen wegschnappen wie der dunkelhäutigen Engländerin Cynthia Erivo, der US-Amerikanerin Mikey Madison, der Brasilianerin Fernanda Torres und der mit 62 erstmals nominierten Demi Moore.

Ein **Kindergarten** im österreichischen Graz befolgte 2022 ein Urteil des Verfassungsgerichtshofs aus dem Jahr 2018, das die Novellierung des Personenstandsregisters zum Inhalt hatte. Deswegen müssen Eltern, die jetzt ihre Kinder anmelden, aus sechs verschiedenen Geschlechtern wählen, damit ihre Kinder in dem jeweils „richtigen Geschlecht" eingeordnet werden können. Zur Wahl stehen „männlich", „weiblich", „divers", „inter", „offen", „keine Angabe". ÖVP-Stadtrat Kurt Hohensinner bezeichnete diese Regelung als „völlig unsinnig, da es nur zwei Geschlechter" gebe. Die Eltern nahmen die „Wahlfreiheit" des Geschlechts bisher nicht in Anspruch. Es wurde keine andere Möglichkeit als „männlich" oder „weiblich" angegeben.

Ein Wiener **Kindergartenkonzern,** der der ÖVP nahesteht, zeigte in seinen Räumlichkeiten eine Ausstellung von Bildern Transsexueller mit der Parole: „Körper, nackt und hüllenlos, Vulva, Penis, Brüste, Pos. Du bestimmst für Dich, jawoll! Körper sind toll!" Wer so etwas in einem Kindergarten aushängt, in dem Kinder von eins bis sechs Jahren betreut werden, will nicht wissen, was er tut! Die Öffentlichkeit ist der Meinung, daß dies typisch für den ORF ist, zu dem der Kindergarten gehört. Denn der ORF sei eine Institution, die jeden „woken" Unsinn bereitwillig mitmache. Jedenfalls hat man die Kinder, deren Eltern gegen diese pornographische Bildersammlung protestierten, fristlos aus der Einrichtung geworfen.

Die Stadt Wien versandte ihre Briefe jetzt auch an „intergeschlechtliche Menschen", jede Stellenausschreibung müssen Arbeitgeber auch an „Diverse" richten. Neue Meldezettel sollen helfen, auch diejenigen zu erfassen, die sich einem anderen Geschlecht als bisher veraktet, zugehörig fühlen. Dann gibt es zusätzlich zu „männlich" und „weiblich" weitere vier Geschlechter. Das befeuerte die schon länger laufende Transgender-Debatte, die mit der Installation eines speziellen Fußgängerübergangs vom Volkstheater zum Museumsquartier einsetzte. Dieser sollte ein „buntes Zeichen gegen Diskriminierung an einem zentralen und besonders stark frequentierten Ort in der Stadt" setzen, wie sich der Bezirksvorsteher **Markus Reiter** (Grüne) freute. Das soll alle Österreicher, die sich nicht als Mann oder Frau identifizieren, ermuntern, gleichzeitig über die Straße zu gehen.

Das **Erzbistum Köln** gilt als das reichste Bistum der Welt. Zur Zeit residiert und regiert dort der – wie seine Vorgänger – sehr konservative **Kardinal Rainer Maria Woelki**, der sich in einem vom Vatikan verordneten „Bewährungszustand" befindet, nachdem ihm nachgewiesen wurde, bekannt gewordenen Mißbrauchsfällen in seiner Diozöse nicht nachgegangen zu sein oder auch vertuscht zu haben. Seine Entschuldigung zu diesem Komplex in der Christmette brachte die Gläubigen vollends in Harnisch: „Was die von sexueller Gewalt Betroffenen und Sie in den letzten Tagen und Wochen vor Weihnachten im Zusammenhang mit dem Umgang des Gutachtens zur Aufarbeitung von sexualisierter Gewalt in unserem Erzbistum, was Sie an der Kritik darüber und insbesondere auch an der Kritik an meiner Person ertragen mußten: Für all das bitte ich Sie um Verzeihung." Neuer Grund zur Empörung bot die Einladung einer katholischen Kindertagesstätte zu einer Abendveranstaltung mit dem Titel „Doktorspiele – sexuelle Entwicklung von Geburt an". Hier sollten kleinste Kinder animiert werden, ihre „erogenen Zonen" kennenzulernen und „sich durch eigenes Berühren lustvolle, sinnliche Momente und befriedigende Entspannung zu verschaffen". Das Bistum wehrte sich, man sei seit 21.09.2021 mit der Änderung des Kinder- und Jugendhilfegesetzes (SGB VIII) verpflichtet, das sexualpädagogische Konzept für Kindertagesstätten als verbindlichen Bestandteil des Gewaltschutzkonzepts für alle Einrichtungen der Kinder- und Jugendhilfe umzusetzen. Basierend auf diesen gesetzlichen Änderungen hätten die Landesjugendämter die Anforderungen konkretisiert und der Landschaftsverband Rheinland hätte „das Thema Sexualpädagogik ebenfalls als unverzichtbar angesehen". Die genaue Ausgestaltung solcher Vorhaben liegt jedoch in der Verantwortung der einzelnen Träger, also in der Verantwortung von Herrn Woelki für die katholischen Kitas. Dazu erklärte das Bistum: „Im Sinne der Begleitung und Förderung einer den Kindern entsprechenden Entwicklung sind Körpererfahrungsprozesse ein wichtiger Teil kindlichen Aufwachsens. Kindliche Sexualität ist dabei nicht mit erwachsener Sexualität vergleichbar." Der Auftrag des Erzbistums sei es, „Kinder zu schützen" und dafür leiste man „sehr wertvolle Arbeit". Zwar ist die Veranstaltung vorübergehend abgesagt, beziehungsweise aufgeschoben. Der weiterhin erhältliche Flyer behauptet, daß sich kindliche Sexualität in vielfältiger Form ausdrücke und Kinder auf spielerische Weise ihren Körper sowie die Unterschiede zwischen den Geschlechtern entdeckten. „Sexuelle Neugier, gegenseitiges Anfassen und Anschauen, das Ausprobieren, wie der Körper funktioniert und unzählige Fragen über Liebe und Sexualität zu sensibilisieren und Handlungssicherheit im Umgang mit Doktorspielen zu geben." Das gehört zu den Statements eines Vereins, der die Referentinnen im Auftrag der Träger, wie hier in Köln, in Kitas und Schulen schickt. Erinnert sei hier an die Wormser Mißbrauchsprozesse. Auch damals waren es sogenannte „Fachfrauen" aus einschlägigen Vereinen, die mit ihren Konzepten deutschlandweit in die Grundschulen strömten und laut Handlungsanweisungen während ihres Wirkens Lehrern den Zutritt untersagen, die Fenster verdunkeln und dann mit den entkleideten Kindern ihr Programm durchziehen. Das Erzbistum hatte die inhaltliche Gestaltung des Konzepts auch in solche Hände gegeben mit Verweis auf die Vorschriften zur Erlangung der Betriebserlaubnis. Das Erzbistum übersieht aber, daß das Gesetz lediglich eine Rahmenverpflichtung vorgibt, wodurch auch die Landesjugendämter ihre Vorschriften anpaßten. Wichtig ist, daß die genaue Ausgestaltung für die sozialpädagogischen Konzepte in der Verantwortung des Trägers liegt, also beim Erzbistum Köln. Es ist also sinnlos, Herr Woelki, sich in die Büsche zu schlagen!

Täglich wechseln hundert Deutsche ihr Geschlecht. Das wollte auch ein 28jähriger Mann aus Hamburg. In einem Selbstversuch trug er auf einem Hamburger Standesamt seinen Wunsch vor, eine Frau werden zu wollen und war überrascht, wie einfach das war: „Kein ärztliches Vorgespräch, keine Beratung. Sechs Spalten mußten ausgefüllt und die Geburtsurkunde vorgelegt werden." Nach der vorgeschriebenen Bedenkzeit von drei Monaten konnte er seine neue Geburtsurkunde abholen. Diese Aktion hat ihn insgesamt 53.80 Euro gekostet. Nach einem Jahr will er nun wieder zurück, von Frau zu Mann. Er weiß ja jetzt wie's geht. Daten aus 19 deutschen größeren Städten (Stand Ende 2024) ergaben 6.471 Geschlechtsumwandlungen, davon 784 in „divers", 554 sind „ohne".

9. Leibesübungen in Toleranzdisziplin

Erfreulicherweise konnte sich diese moderne Sicht zuletzt während der Olympiade zu Paris der Weltöffentlichkeit präsentieren: Da standen sich beim Boxkampf der Frauen eine kleine Italienerin und ein 25jähriger, ihr an Körperbau und Größe um einen Kopf sichtlich überlegener Mann gegenüber, der für sein Heimatland Algerien als die paßdokumentierte „Frau" Imane Khelif antrat. Doch schon sein/ihr erster Faustschlag fegte den Kopfschutz seiner/ihrer Gegnerin weg und brachte diese zu Boden, sodaß sie verlor. Zuvor hatte der Weltboxverband (IBA) bei ihm/ihr das XY-Chromosom festgestellt und damit fürs Frauenboxen gesperrt. Das Internationale Olympische Komitee (IOC) hingegen erkennt den IBA wegen Korruptionsvorgängen und seiner Nähe zu Putin nicht an. Deshalb sei dieses Testergebnis für das IOC belanglos, man habe eigene Kriterien. (Hier liegt die Pointe darin, daß just zu dieser Olympiade 2024 gegen das IOC, wie zuvor auch schon mehrmals, ebenfalls wegen Korruption ermittelt wurde.). Maßgebend für das IOC, so hieß es apodiktisch: „Imane Khelif wurde als Frau geboren, wurde als Frau registriert und lebt ihr Leben als Frau." Punkt.

An dieser Stelle muß man die Geschichte von Anfang an aufdröseln: Der Mensch Imane Khelif wuchs in dem kleinen abgelegenen Bergdorf Ain Mesbah in Algerien auf, das zwei Moscheen und ein Gefängnis beherbergt. Die Eltern sind einfache Leute, der Vater Schafhirte und Schmied, die Mutter verkauft Altmetall und Couscous. Wie überall in islamischen Ländern, so auch hier: Die Jungs durften draußen spielen und toben, die Mädchen mußten zuhause bleiben. In dieser traditionell-religiös geprägten Konstellation durfte ausgerechnet das „Mädchen" Imane draußen mit Jungen Fußball spielen? Ein Trainer soll ihn/sie dabei entdeckt haben und sein/ihr Talent zum Boxen. Jetzt übernahmen Imanes Vater und der Onkel Rachid Jabeur die Regie der Geschichte. Ein Kamerateam von „The India Express" besuchte Imanes Familie in Algerien. Wie zu erwarten, wurden sie empfangen mit wütenden Reden über den Skandal und präsentierten vor der Kamera seine/ihre angebliche Geburtsurkunde zum Beweis seiner/ihrer Weiblichkeit. Es war dort ein Geburtsdatum „2. Mai 1999 weiblich" zu lesen. „Seht, dies ist das Dokument, das Dokument lügt nicht", so der Vater. Allerdings trägt diese „Urkunde" das Ausstellungsdatum „2018/04/01", also 19 Jahre nach seiner/ihrer Geburt. Das Papier trägt noch einen roten, spiegelverkehrten Stempelabdruck, auf dem ebenfalls das Jahr 2018 klar erkennbar ist. Imane startete seine/ihre Boxkarriere im Jahr 2019, daraus ist zu schließen, daß dafür dieses Dokument benötigt wurde. Forensiker wundern sich übrigens, daß anscheinend noch niemand über die offensichtlich männliche Erscheinung dieses Boxwunders gestolpert ist: ungewöhnliche Körpergröße, Muskel-Fett-Verteilung im Nacken-Schulter-Arm-Bereich eher männlich, nirgends auch nur der Ansatz einer weiblichen Brust, ungewöhnlich große Hände, rein männlicher Gesichtsschnitt. Hier wollte man die Welt zwingen, sich einen Bären aufbinden zu lassen.

10. Biochemie no-woke

Carole Hooven, ehemalige Co-Direktorin des Departement of Human Evolutionary Biology in Harvard/Kalifornien, dort von sich aus ausgeschieden, weil sie die „wokeness", das auch ihr Institut in seiner wissenschaftlichen Arbeit lahmgelegt hatte, nicht länger ertragen konnte, befaßte sich schon lange mit der Biologie der Intersexualität. Sie teilt mit: „Khelif wurde mit weiblich erscheinenden Genitalien geboren bei fehlendem Enzym der Steroid-5-alpha-Reduktase, einem männlichen Chromosomensatz XY und männlichen Testosteronwerten. Der Steroid-5-alpha-Reduktase-2-Mangel ist eine Störung der Geschlechtsentwicklung (Difference of Sex Development/DSD), bei der das Enzym zur Umwandlung von Testosteron in Dihydrotestosteron (DHT) fehlt. DHT wird für die Entwicklung der männlichen äußeren Geschlechtsorgane benötigt. Wenn DHT fehlt, entwickeln XY-Personen weiblich erscheinende Genitalen, was dazu führen kann, daß sie als Mädchen aufgezogen werden. Im Gegensatz zu Frauen (XX) durchlaufen Intersexuelle mit 5-ARD jedoch eine männliche Pubertät mit Zunahme der Muskelmasse und der Knochendichte, was zu Vorteilen bei Kraft, Schnelligkeit und Ausdauer führt. Aus diesem Grund ist es korrekt, Intersexuelle mit 5-ARD als männlich zu klassifizieren, da sie die körperlichen Vorteile der männlichen Pubertät genießen."

Inzwischen sind Unterlagen aufgetaucht, die belegen können, daß Khelif ein Mann ist. Das französischsprachige Recherchemagazin „Le correspondant" berichtete von zwei französischen Fachgutachten aus dem Jahre 2023. Sie stammen von den Professoren Soumaya Fedala und Jacques

Young, die an den Krankenhäusern Kremlin-Bicêtre Paris und Mohamed-Lamine-Débaghine in Algier praktizieren. Ihren Berichten liegen Untersuchungen zugrunde, wonach Khelif weder Eierstöcke noch eine Gebärmutter habe, dafür aber innenliegende Hoden, eine penis-ähnliche Klitoris und eine deformierte Vagina. Außerdem seien die Eltern blutsverwandt, womöglich Geschwister. Sie stellen außerdem einen 5a-Reduktase-Mangel fest. Die beiden Mediziner resümieren: „Khelif ist ein Mann in der Hülle einer Frau". Diese beiden Gutachten sind Teil von Khelifs Krankenakte, die dem IOC bereits im Jahre 2023 vorlag, aber deshalb unberücksichtigt blieb mit dem bekannten Ergebnis, weil das IOC scheuklappenmäßig stur wiederholte, daß „der Paß" ausschlaggebend sei.

In dem Gutachten steht auch, daß Khelif an „einer schweren Depression leide". Dringend erforderlich wäre also eine entsprechende Behandlung, anstatt den Menschen Khelif weiter öffentlich in den Arenen zu verheizen. Zu den prominentesten Kritikern der Vorgänge um diesen Boxkampf gehören **Elon Musk**, **Donald Trump** und **Joanne K. Rowling**. Darauf reagierte Khelifs Anwalt mit einer Klage vor Gericht wegen schwerer Cyberbelästigung. Amnesty International und Human Rights Watch verteidigen wie zu erwarten Khelifs Olympiateilnahme und wandten sich gegen jede Kritik.

Das „**Independent Council on Women's Sport**" (**ICONS**) teilt mit: „Dieser Fall ist ein perfektes Beispiel dafür, was schief geht, wenn die Führung zu ängstlich oder zu uninformiert ist, um ihre Arbeit zu erledigen. Es sollten Sanktionen und Strafen verhängt werden, um diejenigen zur Verantwortung zu ziehen – einschließlich der Leiter des IOC und des algerischen Teams – die Frauen durch Täuschung und Verlust ihrer Leistungen ernsthaften Gefahren aussetzen." Kim Jones, die Mitgründerin des ICONS, ergänzte: „Wir stimmen damit überein, daß die Medaille und alle Auszeichnungen abgezogen und an die leistungsstärkste Sportlerin vergeben werden sollten."

Unbeeindruckt von allen Tatsachen kürte die größte Nachrichtenagentur der Welt, **Associated Press (AP)** Khelif zur „Sportlerin des Jahres". Auf die Erstplazierte entfielen 35 Stimmen, auf die Zweitplazierte 25, bei Khelif reichten 4 Stimmen für den 3. Platz. Auf X brach daraufhin ein Sturm der Entrüstung los: „Das ist eine solche Schande für die Frauen", „Das ist erbärmlich. Unsere Gesellschaft ist kaputt!", „Die Welt ist verrückt geworden" oder „ap ist widerlich".

Die Box-Weltmeisterschaft der Frauen steigt vom 8. bis 16. März in Serbien. Hier darf Imane Khelif nicht teilnehmen, wie **IBA-Generalsekretär Chris Roberts** auf einer Pressekonferenz mitteilte. Die IBA hatte sie schon zuvor disqualifiziert, was aber vom IOC als unberechtigt angesehen wurde, da Khelif einen „weiblichen" Pass habe. Inzwischen tauchten aber zwei neue Fachgutachten auf, die die „männliche Eigenschaft" Khelifs ausnahmslos bestätigen. Die IBA will deshalb dieses Mal hart bleiben.

11. IOC als Fachgutachter

Das **IOC** verweist auf seinen Erlaß im Vorfeld der Spiele, wonach Intersexuelle für mindestens 12 Monate vor Beginn von olympischen Frauenwettbewerben ihren Testosteronspiegel unter 5 nmol/l senken müssen. Khelif habe diese Auflage erfüllt. Nicht bedacht wurde dabei, daß zu Olympia antretende Sportler ihre Pubertät bereits hinter sich haben, das heißt, ihre Muskelkraft, ihre Knochendichte sind männlich ausgeprägt und damit ihre höhere Schlagkraft und ihr höherer Hämoglobingehalt, der im Blut zur höheren Sauerstoffsättigung führt, ebenfalls. Diese Vorteile bleiben erhalten und schwinden nicht durch Testosteronblocking. Sie können in Wettkämpfen also von diesen körperlichen Vorteilen profitieren. Damit stehen die jeweiligen Ergebnisse schon im voraus fest, wie jetzt gesehen.

Unbeeindruckt von diesen biologischen Tatsachen wird aus dem lauten Lager der Minderheiten jetzt die generelle Inklusion Transsexueller in Sportwettkämpfen gefordert, da ein Ausschluß aufgrund der Geschlechtsidentität diskriminierend sei. Warum denkt niemand über die Konsequenzen nach, die eine solche „Inklusion" mit sich brächte? Es würden nur Kämpfe stattfinden mit transsexuellen Siegern und „normalen" Sportlerinnen, die für die Teilnahme hart trainiert haben. Diese werden dann als unfair vermöbelte Verliererinnen vom Platz gejagt. Niemand hat diese Frauen im Blick. Wozu eigentlich Olympiaden oder Meisterschaften? Es bietet sich jetzt allen Staaten und Verbänden geradezu an, künftig Transsexuelle mit entsprechenden Paßdokumenten auszustatten und in die Frauenwettbewerbe zu schicken. Es wird Medaillen und Trophäen regnen, weil es dann leider immer noch genügend weiche und ängstliche Nationen geben wird, die ihre Frauen in solchen unfairen und unsportlichen Sparringskämpfen opfern. Von der Sache her gehören solche Fälle in die Paralympics, dazu wurden sie einst ins Leben gerufen. Dort kämpfen Athleten mit Carbon-Beinprothesen nicht gegen solche mit geringer Sehkraft. Hier kann am besten Fairness geübt werden. Jetzt wird bereits über die nächsten Olympischen Spiele gestritten. Und da gibt es Stimmen, die künftig keine Boxkämpfe mehr wollen, andere wiederum stimmen für deren Beibehaltung. IOC-Präsident Bach, der dem Vernehmen nach ursprünglich nach einer Satzungsänderung eine vierte Amtszeit anstrebte, hat nun überraschend seinen Rückzug mit Auslaufen seines Vertrages 2025 angekündigt. Das Prinzip der Inklusion ist kein unbedingter Wert an sich, sondern muß sich wie viele andere Maßnahmen an ethischen Maßstäben orientieren. Und das ist hier die Fairneß, die menschliches Tun in allen Gebieten und auf allen Ebenen leiten muß. Ist das so schwer zu verstehen?

Aber auch bei den **Paralympics**, die einer Olympiade immer im Vier-Wochen-Abstand folgt, gab es Ärger. Beim Sprint über 200 und 400 Meter in der Klasse T12 lief der 50jährige sehbehinderte Italiener Fabrizio Petrillo, der sich jetzt „Valentina" nennt. Bei den Ausscheidungskämpfen landete der zweifache Familienvater im Halbfinale vor der blinden 32jährigen spanischen Athletin Melani Bergés, die als Fünfte deshalb nicht ins Finale kam. Ihre spanische Anwältin Irene Aguiar kommentierte: „Unsere spanische Athletin Melani Bergés hat die Chance verloren, sich für die Paralympics zu qualifizieren. Grund ist die Teilnahme des Mannes Fabrizio ‚Valentina' Petrillo, der anstelle von ihr ins Finale einzog. Das ist unfair." Bereits 2021 unterzeichneten mehr als 30 Athletinnen eine Petition an den Präsidenten des italienischen Leichtathletikverbandes und die Ministerien für Chancengleichheit und Sport gegen die Teilnahme Petrillos an Frauenwettkämpfen. Vergeblich. Der gegenüber der zierlichen Spanierin muskelbepackte Petrillo gewann 2023 bei den Para-Weltmeisterschaften zwei Bronzemedaillen und sagte der BBC: „Die erste Transfrau zu sein, die an den Paralympics teilnimmt, ist ein historischer Wert und wichtiges Symbol der Inklusion". Nach den Statuten des Internationalen Paralympischen Komitees (IPC) ist die Teilnahme von Transfrauen erlaubt. Dessen Präsident **Andrew Paesons** erklärte, daß Petrillo nach den Richtlinien der World Para Athletics „willkommen" sei, aber möchte, daß sich die Sportwelt in Bezug auf die Transgender-Thematik „einigt". Auch auf diesem Problemfeld treten unverständlicherweise zwei verschiedene Wertvorstellungen gegeneinander an: Fairness und Inklusion. Dabei hat inzwischen die Vorstellung darüber, was Inklusion eigentlich heißt und was alles darunter fällt, zu erheblicher Konfusion im intellektuellen und auch praktischen Leben geführt. Bei Abwägung aller möglichen Szenarien bedeutet die bedingungslose Durchsetzung von Inklusion zwangsläufig immer Unfairness. Allerdings spräche doch zunächst nichts dagegen, Olympiaden und Paralympics am gemeinsamen Termin und am selben Ort stattfinden zu lassen. Das wäre dann Inklusion.

In den **USA** war eine große und heftige Debatte darüber entbrannt, ob männliche und als Frau lebende Sportler Mitglied von Frauenmannschaften sein dürfen. Die Volleyballerinnen der San José State University hatten sich geweigert, gegen eine Mannschaft anzutreten, deren Mitglied **Blaire Fleming** als Mann geboren wurde. Die offizielle Begründung lautete, man habe Sorge um die Gesundheit der Spielerinnen aufgrund der außergewöhnlichen Schlaghärte Flemings. Immerhin gewann San José sieben Spiele durch ihn/sie kampflos und man konnte in die Finalrunde einziehen. Etliche Spielerinnen aus Colleges, die in der gleichen Liga wie San José spielen, reichten Klage ein, um Fleming für nicht spielberechtigt zu erklären und damit vom Wettbewerb auszuschließen. Aber auch Spielerinnen der eigenen Mannschaft schlossen sich der Klage an. San José-Kapitänin **Brooke Slusser** forderte, Fleming vor dem Finalrunden-Spiel in Las Vegas aus dem Kader zu streichen. Selbst die eigene Co-Trainerin **Melissa Batie-Smoose** warf der Universität Regelverletzung vor, was ihre Suspendierung auf unbestimmte Zeit zur Folge hatte. Alle Spielerinnen eint die Befürchtung, durch den immens harten Punch geschädigt zu werden. Allerdings stellte der Bundesrichter **Kato Crews** in seiner Urteilsbegründung fest, daß die Regeln zur Teilnahmeberechtigung allen Mannschaften zuvor bekannt waren, wozu auch Tests zum Testosteronspiegel gehörten. Deshalb blieb Fleming so lange zugelassen, bis der Fall vor dem 10. US-Berufungsgericht in Denver neu verhandelt wird.

US-Präsident Trump: Männer haben im Frauensport nichts zu suchen. Er unterzeichnete gleich an seinem ersten Tag im Amt eine Verordnung, die verbietet, daß biologische Männer künftig an Frauensport teilnehmen. Es sei „gefährlich" und „unfair", Transfrauen gegen biologische Frauen antreten zu lassen. Die neue Anordnung sieht auch eine verstärkte Überprüfung der Einreisepapiere von Sportlern vor, die in die USA einreisen wollen, um an Sportveranstaltungen für Frauen teilzunehmen. Damit soll möglicher Betrug verhindert werden. Trump handelt damit gegensätzlich zu seinem

Amtsvorgänger **Joe Biden**, der, ebenfalls an seinem ersten Tag im Amt, einen Erlass unterzeichnete, in dem er Schulen im ganzen Land aufforderte, Schülern die Möglichkeit zu geben, an Wettkämpfen auf Grundlage ihrer „Geschlechtsidentität" teilzunehmen. „Mit dieser Verordnung ist der Krieg gegen Frauen vorbei. Von nun an wird der Frauensport nur noch für Frauen sein, so Trump. Sein Dekret ermächtigt das Bildungsministerium, Schulen zu bestrafen, die Trans-Sportler zu Wettbewerben zulassen. Eingeschlossen in diesem Dekret sind auch Schulen, die Trans-Athletinnen Zugang zu Frauen-Umkleiden gewähren, sie können sanktioniert werden. Widersetzt sich eine Schule dieser Anordnung, droht ihr der Verlust aller Bundesmittel. Darüber hinaus erwartet der Präsident auch vom Nationalen Olympischen Komitee der USA, daß es künftig keine „Männer im Frauensport" mehr zuläßt. Juristischer Widerstand seitens der LGBTQ-Community ist bereits angekündigt.

12. Übergriffig

Mit der von einem zahlenmäßig kleinen Spektrum von Aktivisten forcierten Verneinung und damit der Abkehr von den Naturgesetzen – die im übrigen gar nicht möglich ist! – findet auch eine Neukonstruktion der Sprache statt, dessen verbissene ubiquitäre Durchsetzung Vergewaltigungszüge aufweist. Wenn man als Berufsbezeichnung nicht mehr „Lehrer" oder „Ärzte" sagen darf, weil dabei Lehrerinnen und Ärztinnen angeblich unberücksichtigt, „nicht gemeint" blieben, dann stimmt etwas nicht. Die solches verlangen, haben die deutsche Sprache von Grund auf nicht verstanden. So sollen jetzt alle Bürger mit Unterstrich, Sternchen oder Binnen-I-Frauen würdigen. „Frauen sind bisher nicht mitgemeint", wird gesagt. Aber woher will man wissen, daß jemand, der sagt: „ich gehe mal eben zum Arzt" damit sagt, daß er auf jeden Fall einen männlichen und auf keinen Fall einen weiblichen Arzt aufsucht? Und wieso hält man für ausgeschlossen, daß sich im Lehrerzimmer auch Lehrerinnen aufhalten? Es ist also eine pure Behauptung, die als solche ohne jede Beweiskraft bleibt. Wer sich mit Aktivisten auf ein Gespräch einläßt, ist erschüttert, wie rudimentär die Kenntnis über die Geschichte und Entwicklungsdynamik ihrer Muttersprache ist. Ihre „Regeln" sind grammatikalisch falsch und sinnentstellend. Es ist anmaßend, seine Mitbürger zu tyrannisieren. Die Fernsehfrau **Anne Will** brachte es fertig, die Antwort eines männlichen Studiogastes ständig zu unterbrechen mit der vorwurfsvollen Forderung, an Substantive die weibliche Endung zu benutzen, Nachdem dieser durch nichts zu rechtfertigende Unsinn auch unsere Universitäten befallen hat, und an allen studentischen Examensarbeiten gesetzeswidrig Punktabzug vorgenommen wird, was bis zum Durchfallen führt, wurden Politiker wach.

Seit dem 1. April 2024 gibt es in **Bayern** bereits ein „Genderverbot" an allen Schulen und Universitäten, im Rundfunk und in der Verwaltung. Die CSU fordert in ihrem Wahlprogramm für den öffentlich-rechtlichen Rundfunk: „Ein Informationsangebot, das nicht überwältigt, belehrt oder bevormundet, nicht tendenziös oder einseitig ist." Ähnlich handelte bereits der hessische Ministerpräsident **Boris Rhein**. Unterdessen legte die 25jährige Staatswissenschaftsstudentin **Franca Bauernfeind** aus Erfurt ihr Buch „Black Box Uni – Biotop linker Ideologien" (LangenMüller Verlag) vor. „An deutschen Hochschulen herrschen Meinungszensur, Mobbing und Ausgrenzung gegen unbequeme, angeblich rechte Tendenzen. Sogenannte Genderleitfäden sind an beinahe allen Hochschulen vertreten. In einem Hinweisblatt für Lehramtsstudenten an der Uni Erfurt steht: ‚Die Qualität der sprachlichen Gestaltung der wissenschaftlichen Arbeiten resultierte auch aus der Frage: Wie wird durchgehend eine gendergerechte Sprache verwendet, welche die Diversität der Geschlechter sichtbar macht?'" Dann folgt noch die Warnung: „Verfassen Sie Ihre Arbeit in inklusiver Sprache. Es sollten unterschiedliche Autorinnen, Leserinnen usw. darin vorkommen, nicht nur weiße Männer. Achtung: Frauen und non-binäre Personen ‚mitzumeinen' ist nicht inklusiv." Wer nicht gendert, bekommt Punktabzug oder fällt durch. Nur am Rand: Ein Student, der in der Unibibliothek sitzt und lernt, ist ein Studierender. Sobald er zuhause ist und Fernsehen guckt oder mit Kommilitonen um die Häuser zieht, ist er ein Student. Ein Arbeiter, der am Fließband steht, ein Gerüst baut oder die Straße teert, ist arbeitend. Sobald er auf den Fußballplatz oder ins Kino geht, ist er ein Arbeiter. Ein Forscher, der an seinem Gaschromatographen justiert, ist ein Forschender. Wenn er abends in der Oper sitzt oder eine Bergtour unternimmt, ist er ein Forscher. Die Regel ist einfach, es handelt sich immer um das Gerundium. Die deutsche Sprache gehört zu den präzisesten Sprachen. Wir sollten sie nicht Menschen zur Zerstörung überlassen, die selbst über nur marginale bis keine Bildung verfügen.

Madlaine Dietz – „**Fünf zu eins**", Stahl, getrocknete Erdstücke, **2003**, 120cm x 80cm x 10cm, **Unikat**

13. Die Welt – neu vermessen

Die Schweiz leistet sich als Co-Vorsitzenden der **Credit Suisse** den „genderfluiden" **Philip Bunce**, alternativ Pippa oder Pips Bunce. Je nach Tagesform erscheint der Senior Director für das Technologieprogramm der Großbank als Philip im Anzug oder als Pippa im spitzenbesetzten Kleidchen. Nun, da die Bank in die schwerste Krise in ihrer 168jährigen Geschichte geschlittert ist, richten sich die Augen auch auf Bunce, der 2022 den „British Diversity Award" erhielt und für die „Rainbow Honors 2023" der Bank of London nominiert wurde. Der Bankdirektor gratulierte via Twitter: „Diese Auszeichnung ehrt mich sehr. Sie zeigt, daß wir uns in Sachen Diversität und Gleichberechtigung der Geschlechter in die richtige Richtung bewegen." Die „Financial Times" nahm ihn 2018 in die Liste der 100 Top-Business-Frauen" auf, was ihr heftige Kritik von britischen Frauenorganisationen einbrachte, die den Namen des Geehrten auf der Männerliste vermißte und von „Hohn für Frauen" sprach. Credit Suisse sprach von ihrem „Stolz, ein offenes Unternehmen zu sein" und nannte ihren Mitarbeiter „ein inspirierendes Vorbild". Zeitgleich rutschte auch die **Silicon-Valley Bank** in den Bankrott. Sie war bekannt für ihre zahlreichen Woke- und LGBTQ-Programme.

Und auch im kühlen Norden ist man einschlägig tätig. Dort wurde der norwegischen Gleichstellungsministerin **Lubna Jaffery** die Auszeichnung „Schwulenmutti 2024" als Dank für ihr Engagement von der LGBTQ-Community verliehen. Sie bedankte sich dafür ihrerseits, indem sie ihr Oberteil lüftete und ihre mit silbernen Quasten dekorierten Brüste schüttelte. Tosender Applaus feierte daraufhin die „mutige"

Nippel-Ministerin.

Der sich als Transfrau bezeichnete Libyer „**Kylie**" wurde als Mitarbeiter einer Berliner **McDonald's** Filiale der Zugang zur Frauen-Umkleide verwehrt. Der 27jährige kam 2017 nach Deutschland und trat in Berliner Clubs zunächst als Dragqueen auf, danach saß er zwei Jahre beim Klopsbrater an der Kasse. Er bezeichnete sich als non-binär und benutzte zum Umziehen wahlweise die Herren- oder Damentoilette, später wollte er nur noch als Frau gelten. Sein Arbeitgeber ließ ihn jedoch nicht in die Frauenumkleide, sondern bot ihm die angrenzende Dusche zum Umziehen an. Das aber lehnte er ab, weil man in einer Dusche für gewöhnlich nackt sei, er aber beim Umziehen nicht nackt sei. Weitere Einigungsversuche seines Arbeitgebers wie beispielsweise die Nutzung eines eigens absperrbaren Umkleideraums, lehnte er ebenfalls ab, weil er unbedingt mit den Frauen zusammensein wollte. Das aber verweigerte eine muslimische Mitarbeiterin. So zog er vor Gericht. Seither war er krankgeschrieben. Ein Gütetermin vor dem Arbeitsgericht scheiterte. Er beteuerte: „Ich will nur, daß meine Rechte von McDonald's akzeptiert werden" und beanspruchte Schadensersatz und Schmerzensgeld, damit McDonalds solch „diskriminierende Praktiken" beendet. Ein Sprecher der Geschäftsleitung bestritt eine Diskriminierung vehement und betonte: „Die Restaurantleitung hat sehr wohl versucht, auf die Bedürfnisse einzugehen und verschiedene Lösungsvorschläge unterbreitet – wie beispielsweise die Nutzung eines eigenen absperrbaren Umkleideraums. Dies wurde allerdings abgelehnt." Die von „Kylie" geforderte Zahlung von Schadensersatz lehnte McDonald's ab. Beim nun folgenden Termin vor dem Arbeitsgericht legte das Gericht einen Vergleichsvorschlag vor, der die Auflösung des Arbeitsvertrags und sofortige Freistellung vorsah, die Ausstellung eines guten Arbeitszeugnisses sowie eine Abfindung in Höhe von 16.500 Euro. Für „Normalbürger" hätte es eine Abfindung von höchstens 9.000 Euro gegeben, bei unterstellter 6jähriger Betriebszugehörigkeit und bei für McDonald's unüblich üppigem Gehalt von 3.000 Euro/Monat brutto. So hat ein überaus fürsorgliches Gericht mit den weiteren Gehaltszahlungen bei Freistellung und der fürstlichen Abfindung in unüblicher Höhe sowie einem wohlwollendem Zeugnis der Woke-Szene einen nicht zu unterschätzenden Dienst erwiesen und dem nächsten gutgläubigen Arbeitgeber dieser Person voraussehbar Ärger.

Bevor die 34jährige **Sarah McBride** von den Demokraten als erste Transfrau in den US-Kongreß einziehen kann, hatte sie es mit einer Resolution der Republikanerin **Nanca Mace** zu tun, die ihr den Zugang zu Damentoiletten verbieten wollte. Kongreßmitglieder und Beschäftigte sollen nur Toiletten und Umkleiden gemäß ihrem „biologischen Geschlecht" benutzen dürfen. Für McBride handelte es sich dabei um den Versuch „rechter Extremisten". Der republikanische Sprecher des Abgeordnetenhauses sagte zu dieser Kontroverse: „Ein Mann ist ein Mann. Und eine Frau ist eine Frau. Und ein Mann kann nicht zu einer Frau werden." Unterdessen hatte Trump die Teilnahme von Transfrauen an Sportveranstaltungen zu einem Wahlkampfthema gemacht und außerdem angekündigt, daß es für Operationen zur Geschlechtsumwandlung keine finanzielle Unterstützung vom Staat mehr geben werde.

Das Zivil- und Verwaltungsgericht des australischen Bundesstaats **Tasmanien** hatte über die Klage eines Mannes zu entscheiden, der für einen Besuch des Museums für alte und neue Kunst (Mona) in Hobart 21 Dollar Eintritt gezahlt hatte, ihm von der Leiterin des Hauses, die gleichzeitig auch Künstlerin ist, das Betreten der Ausstellung wegen seines männlichen Geschlechts aber nicht erlaubt wurde. Das Museum begründete das Aussperren von männlichen Besuchern damit, daß Frauen über Jahrhunderte in allen Bereichen ausgeschlossen gewesen seien. Ihre Kunstinstallation – das Aussperren von Männern – würde die Chancengleichheit von Frauen wiederherstellen, indem heutige Männer für die Untaten ihres Geschlechts in der Vergangenheit büßen müssen. Das Gericht hatte für diese Paradoxien kein Verständnis und gab der Beklagten 28 Tage Zeit, um Männern den Zugang zu ermöglichen. Die schlechte Verliererin sann auf Rache, hängte die Picassos und andere Kunstgrößen einfach ab und in der Damentoilette wieder auf. Denn auf Zugang zu einer Damentoilette haben XY-Träger nun wirklich keinen Anspruch!

J 3595 FX

Magazin KUNST

Das deutschsprachige Kunstmagazin — 15. Jahrg. — Nr. 4/1975 — DM 15,—

Dokumentation:

Frauenkunst

Frauenspezifisches in
der Kunst
am Beispiel von sechs
Künstlerinnen

2 Farb-Monographien
Norbert Kricke
Winfred Gaul

Die Autorin war in den 1960er/70er Jahren als Redakteurin des „**Magazin KUNST**" tätig, das sie mit ihrem Ehemann Alexander Baier verlegte. Es war IVW-geprüft lange Zeit das auflagenstärkste Magazin im deutschsprachigen Raum für zeitgenössische Kunst. Die Ausgabe „**Frauenkunst**" erschien im 4. Quartal 1975.

14. Ordnung muß sein!

Das neue Gesetz verpflichtet nun unter Androhung von Geldstrafen jeden Bürger, Männer, die sich umdeklariert haben, als „Frau" zu bezeichnen, so anzureden und seinen nunmehr weiblichen Namen sowie ausschließlich weibliche Pronomina zu benutzen. Beispiel sind die beiden Grünen-Bundestagsabgeordnete **Slavik** und **Marcus** (jetzt **Tessa) Ganserer**. Beide besetzten einen Quotenplatz für Frauen. Auf Ganserer traf das bisherige Urteil des Bundesverfassungsgerichts nicht zu, denn anders als im vom Gericht beurteilten Fall, weigerte er sich, vor Gericht zur Begründung Testate z.b. über eine vorhandene Chromosomenaberration vorzulegen. Die einfache Behauptung, sich als Frau zu fühlen, sollte ausreichen. Deshalb blieb sein Eintrag in Personenstandsregister und Kandidatenliste zur Bundestagswahl vorerst „männlich". Ganserer, der immer in bizarrer Aufmachung im Bundestag erschien – halbrasierter Schädel, farbige Resthaare – hat inzwischen sein Mandat aufgegeben, vermutlich entnervt von der geringen Akzeptanz, die seiner Person entgegengebracht wurde.

Die kleine Gruppe „Trans-Diverser" hat inzwischen mächtige Verteidiger. Zum Beispiel den **DFB**. Als während einer Begegnung Bayer 04 Leverkusen gegen den SV Werder Bremen am 25. November 2023 ein Banner mit der Aufschrift „Es gibt nur zwei Geschlechter" prangte, reagierte der Kontrollausschuß des DFB umgehend und stufte diese „Ungeheuerlichkeit" als „diskriminierend und unsportlich" ein und verhängte gegen Bayer 04 Leverkusen eine Strafe über 18.000 Euro. Anders ausgedrückt: Die immer intensivere Identitätspolitik der Regierungen führt zu einer zunehmenden Fragmentierung der Gesellschaft. Und das heißt: Alleinerziehend schlägt Familie, schwul schlägt hetero, Frau schlägt Mann, Islam schlägt

Christentum und divers schlägt sie alle. Die Film- und Fernsehindustrie macht inzwischen Vorgaben für die Produktion und greift damit in die künstlerische Gestaltung von Autoren und Regisseuren sowie in die Geschäftsfreiheit ein. Im Sinne von Diversity gibt es Quoten für das Casting hinsichtlich Hautfarbe, Geschlecht usw. … Genau genommen, hat die Produktion die besten Karten, die einen schwarzen homosexuellen und behinderten Schauspieler moslemischen Glaubens aufbieten kann, der vegan lebt.

Die Anwesenheit von Transgender-Personen im amerikanischen Militär hatte bereits zu Beginn der ersten **Trump**-Amtszeit für erhitzte Diskussionen gesorgt. Da sollten keine Transgender-Personen mehr aufgenommen werden, forderte er. Trumps Nachfolger Biden annullierte diese Verfügung wieder. Wie erwartet, setzte Trump gleich am ersten Tag seiner neuen Amtszeit seine damalige Verfügung erneut in Kraft mit seinem zusätzlichen Plan, alle Transgender-Personen, das sind etwa 15.000, aus dem Militärdienst zu entfernen, indem er sie mit der medizinischen Begründung „dienstuntauglich" entläßt. Diese rigorose Aktion könnte als Rache an seinem Vorgänger **Biden** aufgefaßt werden. Deshalb werden Befürchtungen laut, die Blitz-Entlassungen verletzten die Soldatenehre und könnten eine Welle an Gerichtsverfahren nach sich ziehen. Zudem fürchtete man um die Schlagkraft der Armee, denn der Verlust an Erfahrungen und Führungsqualitäten könnte die nächsten 20 Jahre prägen und Milliarden von Dollar kosten.

In Los Angeles sind jährliche Waldbrände normal. 2025 jedoch wütet ein Feuer in einem unvorstellbaren Ausmaß: 135 km^2 niedergebrannt, 10.000 Gebäude komplett zerstört, 160.000 Menschen evakuiert und auf der Flucht, bis jetzt 19 Tote, deren Anzahl wahrscheinlich noch erheblich höher sein wird, sobald die verwüsteten Stadtteile untersucht werden können, 150 Mrd. Dollar Schaden. Gelöscht werden kann nur rudimentär, Hubschrauber und Löschflieger können in der Nacht nicht fliegen und auch nicht bei den starken Seitenwinden, die auch von den Feuerwalzen verursacht werden. Außerdem gibt es kein Wasser, alle drei der je 3,8 Millionen Liter fassenden Wassertanks sind leer, die Hydranten trocken und das, obwohl Los Angeles direkt am Meer liegt! Seit den letzten Großbränden 2018 hatte sich die links-woke Bürgermeisterin **Karen Bass** weder um Wasser noch um Waldmanagement gekümmert und reiste aktuell lieber ins 7.400 Meilen entferne Ghana, um der Amtseinführung des neuen Präsidenten John Mahama beizuwohnen. Jetzt steht sie überfordert und hilflos vor der Katastrophe, die auch ihre Katastrophe ist, hatte sie doch den Feuerwehretat um 17,6 Millionen Dollar gekürzt. Von der Feuerwehrchefin **Kristin Crowley** war ebenfalls keine Hilfe zu erwarten. Diese rühmt sich, die erste LGBTQ-Feuerwehrchefin in der Geschichte von Los Angeles zu sein und machte LBGTQ und Vielfalt laut ihrer Website zum Schwerpunkt ihrer Arbeit. Das Thema Löschen ist offensichtlich nicht ihr Ding. Es fehlen 113 Firefighter, die sie wegen deren Impfverweigerung entließ. Stattdessen wurden auf Veranlassung der Diversity-Managerin **Kristine Larson** die Ausbildungspläne geändert. Nachwuchs soll jetzt schwerpunktmäßig divers sein, außerdem weiblich und schwarz, statt wie bisher weiß und männlich. Zudem gerät Gouverneur **Gavin Newsom** in die Kritik. Er hatte Staudämme beseitigen lassen, die zur stabilen Wasserversorgung für Stadtbevölkerung und Landwirtschaft dienten. Er wollte damit den Stint schützen, einen kleinen Fisch, der auch auf den Speisekarten der deutschen Nordseeküste zu finden ist.

15. Erziehung

Was „männlich", was „weiblich" bedeutet, lernt der Mensch vom Anbeginn seines Lebens durch Vater und Mutter und hilft ihm dabei, sich einzuordnen. Beispiel: Ein Mädchen, dessen Elternhaus wegen der kriegsbedingten Abwesenheit der Männer nur von Frauen geführt wurde, wechselte nach der Grundschule bis zum Abitur in ein **Klosterinternat**. Über die folgenden neun Jahre lernte die Tochter weitere Facetten weiblichen Verhaltens kennen: Die Nonnen waren zwar freundlich, leise, scheinbar wohlwollend, hatten immer ein offenes Ohr. Mit der Zeit jedoch wurde ihr der Grund dafür klar: Sie horchen an Türen, sie intrigieren, klatschen auch über intime Dinge ihrer Schutzbefohlenen, bilden Lager und bringen diese dann gegeneinander auf, verbünden sich mit Lehrkräften zum Nachteil einiger Mädchen, bevorzugen jene, deren Eltern ihnen wie immer geartete Vorteile organisieren und Versprechungen machen. Sie stellen mitunter harte Forderungen und verhängen Strafen für Verfehlungen, die nie stattfanden und nur auf Hörensagen beruhen. Man kann sie sogar beim Lügen ertappen. Sie verstehen sich grundsätzlich als moralische Instanz, die selbst Lügen einfach als moralisch geboten umdefinieren darf. Eine solche „Schule fürs Leben" lehrt jedes Mädchen, wie das Prinzip Weib tickt. Eine der Lehren ist aber auch, daß Gruppen, wie hier Nonnen, sich eine eigene Moral zurechtlegen können, die mit den rechtlichen Grundlagen und den darauf fußenden Gesetzen nichts mehr zu tun hat, aber von der Bevölkerung aus Angst erduldet, von der Wirtschaft vorauseilend akzeptiert und von Gerichten oftmals sogar toleriert wird. Man könnte auch sagen, die mehrfach gespaltene Republik besteht aus kriminellen Chaoten, verbissenen Grün-links-Ideologen sowie hilflosen Schafen und Waschlappen.

Dagmar Bludau – „**Sagrotan**", Pastellkreide
auf Malkarton, **1968**, 51,5cm x 50cm, **Unikat**

16. Cherchez la Femme!

Das **Erzbistum Freiburg** verlor im Jahre 2023 42.000 Kirchenmitglieder, die wegen der auch dort aufgedeckten Mißbrauchsfälle aus der Kirche austraten. Diese Zahl könnte sich für die Jahre 2024/2025 noch steigern, wenn man den Skandal um die willkürliche Kündigung des verdienten, hochgeschätzten und überaus beliebten Domkapellmeisters **Boris Böhmann** betrachtet. Vorauszuschicken ist, daß der Staat den Kirchen einstmals gestattete, ein eigenes Arbeitsrecht zu installieren, in welchem Gewerkschaften und Personalrat nicht vorgesehen sind. Die Entlohnung von Kirchenmitarbeitern ist regelmäßig niedriger als die der Tarifbeschäftigten im Öffentlichen Dienst und erfolgt nach gegenseitigen „Konsultationen" – „Dritter Weg" genannt – statt nach Tarifabschlüssen. Ein Streikrecht gibt es nicht. Die staatlichen Arbeitsgerichte sind aber berechtigt und auch verpflichtet zu prüfen, ob kirchliche Regelungen mit dem staatlichen Recht vereinbar sind. Ist eine kirchliche Regelung für den Mitarbeiter ungünstiger als die staatliche, so ist sie unwirksam. In einem solchen Fall gilt die staatliche Regelung (§ 134 BGB). Nicht unerwähnt bleiben sollte zudem, daß die Leiter der Bistümer einschließlich ihrer Verwaltungsspitzen in der Führung eines Unternehmens gänzlich unerfahren sind, da sie sich die Regeln selbst geben mit Zustimmung der Behörden und ihres jeweiligen Finanzamts. Deswegen trifft man hier oft auf eigenwillige Konstruktionen und Verschachtlungen. Und da für die Kirchen viele Regeln des Wirtschaftslebens nicht gelten, sind sie auch mit den Anforderungen an eine moderne Personalführung nicht vertraut, zumal ihnen der Umgang mit Frauen traditionell fremd ist. In der römischen **Opus-Dei-Zentrale** gibt es in der Fassade einen kleinen Seiteneingang, den ausschließlich Frauen (Reinigungskräfte, Küchenhilfen) benutzen müssen. Inzwischen mußte aber die Geistlichkeit die Veränderungen in ihrem weltlichen Umfeld zur Kenntnis nehmen, die zur zähen Akzeptanz von Frauen in ihrem eigenen Machtbereich führten. Einerseits konnte man sich diesen Entwicklungen nicht auf Dauer verschließen, andererseits – bedingt durch fehlenden Umgang mit dem weiblichen Gegenüber – führten Unkenntnis und Naivität zu Situationen und Entscheidungen, die „draußen" in der rechtlich geregelten Welt oft auf Unverständnis und Entsetzen, auch Empörung stoßen. Begünstigt wird dies noch von einem Gefühl der „Unfehlbarkeit", die zwar den Akteuren selbst nicht, erst recht nicht in solchen Angelegenheiten, zukommt, aber sozusagen als „dritte Macht" immer zugegen ist. Ein Fall wie der hier vorliegende wäre in jedem CEO-geführten Unternehmen unmöglich gewesen. Und auch das deutsche Beamtenrecht hätte wegen seiner Fürsorgepflicht niemals so agieren dürfen. Das mag manches erklären, entschuldigt aber nichts. Möglicherweise handelt es sich hier aber auch um einen klassischen Mann-Frau-Konflikt, den die geistlichen Männer, aus Angst, als „toxisch" zu gelten, lieber zugunsten der Frau lösen wollten, um sich nicht dieses Themas erwehren zu müssen.

Im Jahr 2003 berief das Bistum Freiburg den Kirchenmusiker Boris Böhmann (Jahrgang 1964) zum Domkapellmeister und Leiter der Domsingschule im Palais, wo er die Domsingknaben, den Domchor, die Domkapelle und die Choralschola an der Freiburger Kathedrale leitete. Die Freiburger Domsingknaben gehören zu den bekanntesten Chören Deutschlands. Um diese Leitungsstelle hatte sich auch die Kirchenmusikerin **Martina van Lengerich** beworben, ist ihm aber unterlegen, sodaß für sie „nur" die Stelle als Domkantorin und Stellvertreterin des „Gewinners" Böhmann übrig blieb, dem sie auch noch unterstellt ist. Ihre Homepage läßt den Schluß zu, daß wir es bei ihr mit einer ausgeprägt selbstbewußten und vielleicht auch narzisstischen Person zu tun haben. Sie verantwortet die Mädchenkantorei am Freiburger Münster sowie die Kantorenschola. Es ist zu vermuten, daß van Lengerich die Stellvertreterfunktion als Niederlage empfand, sich in der Folgezeit für die bessere Leiterin hielt und dies auch zum Ausdruck brachte, indem sie angebliche Fehler und Versäumnisse ihres Kollegen aufspürte und bei dessen Vorgesetzten meldete. Dieses Aufeinandertreffen von konkurrierenden Personen, hier Leiter und Stellvertreterin, ist wohl der eigentliche Keim für Zerwürfnisse, die 2018 in der Person des Domprobstes Weihbischof Peter Birkhofer kumulierten. Böhmann mußte eine Änderung seines Arbeitsvertrages hinnehmen, ohne daß er daran beteiligt wurde. Van Lengerich erhielt jetzt mehr Eigenverantwortung, was aber Böhmanns Verantwortung zugerechnet wurde, quasi eine Doppelspitze. Sein Angebot, ihren Mädchenchor in die Aufführung der Johannespassion zu integrieren, lehnte sie ab. Wiederholt mußte sich Böhmann van Lengerichs Vorwürfen erwehren, er verschleppe wichtige Entscheidungen, er habe kein Mißbrauchskonzept ausgearbeitet und weitere Anwürfe, die zu Abmahnungen führten, jedoch wieder zurückgenommen werden mußten, weil ein Mißbrauchskonzept nur formuliert werden kann in Zusammenarbeit mit dem vom Bischof bestellten Mißbrauchsbeauftragten. Diese

Postion ist aber seit langem vakant. Auch die Stelle der Geschäftsführung wurde nicht nachbesetzt und die nach einem Hackerangriff abgeschaltete Homepage der Dommusik wurde nicht wieder aktiviert. „Dissonanzen" soll es gegeben haben, „langjährige Spannungen" und ein „gestörtes Vertrauensverhältnis" Das reichte, Böhmann per 28. Februar 2025 per Post (mit falschem Briefkopf) zu kündigen, eine Begründung erhielt der Geschasste nicht. So steht am 1. März 2025 ein Mann sieben Jahre vor Renteneintritt mitsamt seiner Familie ohne Wohnung und ohne Existenzgrundlage auf der Straße. Eine Anschlußbeschäftigung wird er in seinem Alter nicht mehr finden. Und das weiß auch der Bischof. Auf Presseanfragen teilt das Bischöfliche Ordinariat lediglich mit, daß es sich bei Böhmann „nicht um das Thema Mißbrauch" handele. Alles andere unterliege dem Datenschutz. Bemerkenswert an dieser Kündigung ist, daß Böhmann weder freigestellt noch fristlos gekündigt wurde, allerdings erfolgte Tage später dann doch noch die sofortige Freistellung und aus einem „zusätzlichen" Kündigungsgrund, als nämlich Kollegen, Eltern der Chorkinder und die Gläubigen aufbegehrten, unterstellte man ihm, diese Proteste, wenn nicht initiiert, so doch geduldet zu haben. Der Freiburger Domgemeinde sowie den Chormitgliedern und Kollegen sind diese Hinterhältigkeiten nicht entgangen und sie bangen um das Schicksal ihres Leiters und Kollegen, dem sie Integrität, Kollegialität, hohe Fachkenntnis und gute Umgangsformen bescheinigen. In einem Leserbrief an die **„Badische Zeitung"** schrieben sie: „Dem Domkapitel fehlt offenbar jeder Sinn für Anstand, geschweige denn das Interesse an einem christlichen Miteinander. Das Kapitel verspielt gerade den letzten Rest an Glaubwürdigkeit, den es noch hatte." Anläßlich der Christmette im Dom und nach Ende des durch Böhmann einstudierten Chorgesangs und zum Ende der Messe applaudierten die Gläubigen über fünf Minuten lang, was den zelebrierenden Erzbischof Stephan Burger irritierte. Als er dann den Schlußsegen sprach, lachten ihn die Gläubigen aus. Die Fernsehübertragungen wurden unterbrochen.

Doch der Bischof treibt die Eskalation unbeirrt weiter. Als die hundert Domsingknaben mitsamt den Eltern, die sie hergefahren hatten, vor verschlossenen Türen standen, weil zwischenzeitlich die Schlösser ausgetauscht wurden, beschlossen Eltern und Chorknaben eine Art Streik: „Durch das unnachsichtige Agieren des Erzbischofs im Fall Böhmann werden die Kinder einer untragbaren Belastung ausgesetzt. Aus diesem Grund ist es uns nicht möglich, unsere Kinder bis auf Weiteres in die Domsingschule zu schicken. Auch werden unsere Kinder zunächst nicht an der musikalischen Ausgestaltung von Gottesdiensten im Münster teilnehmen." Böhmanns Anwalt Knut Müller: „Wir betrachten diese Freistellung als rechtswidrig und prüfen gemeinsam mit unserem Mandanten, ob kurzfristig gegen diese Freistellung rechtliche Schritte eingeleitet werden."

Bleibt die Frage, warum es für Böhmann keinen Kündigungsschutz gibt. Während die Geschäftsordnung vorsieht, daß Böhmann sich mit dem gesamten Domkapitel, gewissermaßen die „Vertragspartner" auf Arbeitgeberseite, abstimmen muß, wird ihm erklärt, daß sein Arbeitgeber der Domfabrikfonds als Träger der Domsingschule ist. Diese wiederum ist eine rechtlich selbstständige Stiftung, die man als Kleinstfirma mit weniger als zehn Angestellten bezeichnen kann. Bei dieser Konstellation sind Kündigungen ohne Angabe von Gründen jederzeit möglich. Wohl aus diesem Grund hat die Stiftung keinen Geschäftsführer, denn dann wäre die Zehn-Mitarbeiter-Grenze überschritten. Dem Geschädigten war wohl nicht klar, daß ihn hier die Kirche mit „Trick 17" hinters Licht geführt hat, denn er konnte davon ausgehen, daß sein Arbeitgeber das Bistum selbst mit Bischof und Domkapitel ist. Das bisherige Arbeitsgerichtsurteil folgte der Papierform und gab seinem Arbeitgeber ohne Begründung Recht. Für die Begründung kann sich das Gericht jetzt fünf Monate Zeit lassen. Dann ist Böhmann schon längst ausgeschieden – man kann auch sagen: mit Schimpf und Schande wie einen räudigen Hund vom Hof gejagt.

Es wurden für die nunmehr drei vakanten Tätigkeitsbereiche des entlassenen Böhmann drei Interimsbesetzungen bis zu einer regulären Neubesetzung vorgenommen. Diese soll im Jahr 2025 nach erfolgter „offenen" Ausschreibung feststehen. Auch bei „offenen" Ausschreibungen ist es meist so, daß der Ausschreibungstext so formuliert wird, daß sich wahrscheinlich nur ein(e) einzige(r) Bewerber(in) angesprochen fühlen kann, nämlich derjenige/diejenige, den/die man von vorne herein wollte. Dann wäre Frau van Lengerich endlich am Ziel! Es ist ja alles schon mal da gewesen: Salome tanzt, betört die Sinne des Herodes, daß dieser schwört, ihr jeden Wunsch zu erfüllen. Und da fiel ihr ein, der Kopf Johannes des Täufers sollte es sein, zumal auch ihre Mutter Herodias diesen lästigen Kritikaster loswerden wollte. Es muß ein erhebender Moment gewesen sein. Ein noch dampfender Kopf, präsentiert auf edlem Geschirr inmitten einer illustren Gesellschaft und die Siegerin geht hohen Hauptes vom Platz!

17. Die wertvolleren Menschen

Es hält sich übrigens hartnäckig die Überzeugung, Frauen seien kreativer, als Firmenlenkerinnen erfolgreicher als Männer, seien friedfertiger und vermieden deshalb körperliche Auseinandersetzungen und Kriege, indem sie sie „im Dialog" lösten. Überhaupt würde eine nur von Frauen bevölkerte Welt das Paradies sein. Dieses Selbstzeugnis wird inzwischen unverständlicherweise auch von Männern geteilt, zwar nicht von deren Mehrheit, aber immerhin. Die wichtigsten Akteure der deutschen Wirtschaft hatten sich schnell zurückgezogen und ein Diversity- und Klima-Projekt nach dem anderen aufgelegt, ihre Werbung gesäubert, ihre Prioritäten auf Gender-Divers und „klimaneutral" gestellt und mit Aktivisten jeder Couleur fraternisiert. Unterdessen sanken ihre Ertragszahlen kontinuierlich vor allem aufgrund unsicherer Energieversorgung. In Deutschland hatte man nämlich den Weg gewählt, erst den Ast abzusägen, auf dem man sitzt, um dann eine neue Struktur aufzubauen, die dazu noch verläßlich unsicher ist („Dunkelflaute"). Das alles haben die Wirtschaftskapitäne und ihre Verbände widerspruchslos über sich ergehen lassen. Möglicherweise ist hier versteckte Angst im Spiel, sie könnten es mit ihren Ehefrauen, Töchtern, Cousinen und Schwestern oder mit ihrer Bank zu tun bekommen, deren Leitung inzwischen rein weiblich ist, am Ende sogar mit der Bundeskanzlerin persönlich. Dann wäre ihr Platz im Regierungsflieger gestrichen. Und deshalb verfahren sie lieber – ehe es zu spät ist – nach der Devise: If you can't beat them join them. Nur müssen sie sich nicht wundern, wenn man sie jetzt für Waschlappen und Weicheier hält.

Die Silvesternacht mit den üblichen Böllerverletzten und leider auch fünf Toten nahm die neue Chefin der Grünen Jugend, die 25jährige **Jette Nietzard**, zum Anlaß, auf X über Männer herzufallen: „Männer, die ihre Hand beim Böllern verlieren, können zumindest keine Frauen mehr schlagen." Am nächsten Morgen, an dem man normalerweise ausgeschlafen und seine Sinne wieder im Normalbetrieb hat, präzisierte sie ihren Befund: „Männer, die Silvester die größten Raketen, die lautesten Raketen zünden müssen, sind auch die, die ihre Männlichkeit zu Hause durch Gewalt unter Beweis stellen müssen. Es ist nämlich so, daß alle bekannten Todesopfer und alle bekannten Verletzten, in Berlin zumindest, Männer waren. Welche Männer stehen um sechs vor dem Lidl und rennen da rein? Welche Männer müssen Böller aus der Hand abfeuern? Männer, die beweisen müssen, wie krass sie sind. Das sind auch die Männer, die Macht ausüben und ihre Männlichkeit und ihre Dominanz gegenüber Frauen demonstrieren, diejenigen, die ihre Frauen schlagen. Das ist dieselbe Kategorie mit demselben Problem". Daß sie mit ihrer Einschätzung richtig liege, bewiesen nach ihrer Meinung die Kommentare unter ihrem Tweet: Ein „bißchen echauffiert" habe man sich da, und zwar „von Männern". Jedenfalls wissen wir jetzt: Männer, die an Silvester Raketen zünden, schlagen zu Hause ihre Frauen. Dagegen muß doch was getan werden!

In ihrem Jahresrückblick zeigte sie sich auf Instagram mit ausgestrecktem Mittelfinger im sehr knappen Bikini an der Polestange. Offenbar waren die Reaktionen darauf nicht zufriedenstellend, denn sie nörgelte: „Das alles reicht, damit Männer im Internet der Meinung sind, meinen Körper zu kommentieren, meinen Körper zu sexualisieren. 32 Mails, 170 DMs, 900 Kommentare unter meinem neuesten Instagram-Post. Alle gefüllt mit Hass. Böller sollen meine Tampons ersetzen. Offene Gewaltandrohungen. Dank Poledance- und Bikinibilder bin ich zum Ficken aber gut genug. Im neuen Jahr darf Mann wohl Gewalt verherrlichen." Sie kann sich im Netz präsentieren, wie sie Lust hat. (Männliche) Betrachter können sich auch Gedanken machen, worauf sie Lust haben. So what? Und die Expertin für „frühkindliche Bildung", die sie sein will und wohl selbst gerade noch durchschreitet, könnte sich doch einmal Gedanken über ihre Texte und Bilder machen, bevor sie diese einfach ins Netz stellt. Das wäre zumindest der übliche Weg. Oder sie verzichtet auf ihre Netzpräsenz. Denn wo's nichts zu gucken gibt, gibt's auch keine Kommentare. Also, it's up to you!

Aber daraus wird vermutlich nichts, denn sie scheint, angeregt von den inzwischen als Fließband-anzeigende-Politiker wie Baerbock, Habeck oder Strack-Zimmermann, dauererregt im Netz herumzupesten: „Was machen Bullen eigentlich beruflich? Ich hab vor 3 Monaten 1 Anzeige gestellt wg Beleidigung, weil mich im Internet jemand als Scheiss Fotze beleidigt hat, dachte vielleicht krieg ich bisschen Geld daraus." Nicht verwunderlich ist, daß dieses Video auf X schnell für Hohn und Spott sorgte. „Egozentrisches Anspruchsdenken mit gleichzeitiger Abwertung des Gegenübers." Der ehemalige Präsident des Bundesamtes für Verfassungsschutz Hans-Georg Maaßen: „Ein hochgradig infantiles Kurzvideo von der Vorsitzenden der Grünen Jugend, wohl keine Jugendsünde, sondern von vor zwei Monaten." Und an den CDU-Kanzlerkandidaten Friedrich Merz gewandt: „Mit denen wollen Sie eine Politikwende einleiten?". Ob Nietzard finanziell entschädigt wird, ist nicht bekannt. Immerhin sind Polizei und Justiz inzwischen lahmgelegt durch die immensen Zusatzbelastungen durch Politiker. „Ich habe nichts, nichts, nada", so heult sie, „von den Bullen gehört. Gar nichts." „Und Femizide verhindern sie auch nicht. Nazis verhindern sie auch nicht. So was machen die bloß beruflich. Was machen die den ganzen Tag?"

Zum Grünen-Intriguen-Opfer **Stefan Gelbhaar** sagte sie: „Die Unschuldsvermutung gilt immer vor Gericht. Aber wir sind eine Organisation und wir sind kein Gericht als Grüne". (Sie meint damit wohl, daß Grüne ihre eigene Scharia haben). In Bezug auf Luke Mockridge und Thilo Mischke: „Da wurden den Männern Sendungen weggenommen", weil sich eine moralische Bewertung von einer juristischen Bewertung unterscheiden könne. „Wo Macht existiert, wird Macht mißbraucht, das ist auch in einer feministischen Partei so. Was es aber bedeutet, in einer feministischen Partei zu sein, ist, daß den Betroffenen geglaubt wird." Mitleid mit einem Menschen, dem sie und ihre Partei vorsätzlich und wahrheitswidrig die Ehre, seine Existenzgrundlage und seine soziale Existenz genommen haben, gibt es für sie nicht. Männer sind für sie à priori immer schuld, es gibt keine schuldlosen Männer.

Das ZDF beschäftigt eine **Henriette de Maizière**, Tochter des Politikers Thomas de Maizière, die sich wohl aufgrund ihres Familiennamens alles erlauben darf, selbst die Verbreitung verleumderischer Lügengeschichten über einen prominenten CDU-Politiker im Wahlkampf. Vorangegangen war ein Interview, das der Generalsekretär der CDU, **Carsten Linnemann**, am 30. Dezember 2024 dem „Deutschlandfunk" gegeben hatte. Anlaß war der Anschlag des 50jährigen Taleb

A. aus Saudi Arabien auf den Magdeburger Weihnachtsmarkt mit sechs Toten und 300 Verletzten. Unmittelbar nach der Tat teilte die Polizei per Schnelldiagnose mit, der Täter sei „psychische krank", was verwunderte, denn der Mann und seine Krankenakte waren den Behörden nicht bekannt. Linnemann hatte über den Anschlag gesprochen und über die daraus zu ziehenden Lehren: „Wir haben große Raster angelegt für Rechtsextremisten, für Islamisten, aber offenkundig nicht für psychisch kranke Gewalttäter". Dies sei ein „großes Defizit", „für diese Typen haben wir kein Raster in Deutschland (…) Es reicht nicht aus, Register anzulegen für Rechtsextremisten und Islamisten, sondern in Zukunft sollte das auch für psychisch Kranke gelten" Diese Formulierung war wohl das gefundene Fressen für die linksgerichtete Journaille, denn nun brauchte man von diesem letzten Satz nur den Kontext „Gewalttäter" wegzulassen, der in dem gesamten Interview gemeint, gesagt und vorherrschend war, und so konnte man Linnemann als übelsten Nazieugeniker beschimpfen. Hier tat sich besonders Henriette de Maizière hervor: Linnemanns Vorschlag sei „aus ethischer Sicht empörend". „Das gefährdet den sozialen Frieden und ist menschenverachtend". Dann rückt sie Linnemann noch in eine Reihe mit Nationalsozialisten, weil sein Vorschlag „auf fatale Weise an die 1930er Jahre, als unter Begriffen wie der ‚Gefahrenabwehr' und ‚Volksgesundheit' Stigmatisierung und Verfolgung psychisch kranker Menschen zur Politik der Nationalsozialisten gehörte." Man könnte jetzt einwenden, daß sie ihre eigene Familiengeschichte dauerverarbeitet, denn immerhin war ihr Großonkel **Clemence de Maizière** SA-Mitglied und Sturm-Mann, anschließend bruchlos IM (Deckname „Anwalt") in der DDR. An der Ungeheuerlichkeit des ZDF und seiner Autorin ändert auch nichts, daß es zuvor linke Medien wie die „taz" waren, die mit dieser Sichtweise rauskamen. Die verfälschte Darstellung rief natürlich Behindertenverbände auf den Plan, die befürchteten, Linnemanns „Plan" würde sie alle vorsorglich registrieren.

Aber was wollte die Autorin eigentlich? Den Generalsekretär der CDU schlachten? Behinderten-Aufstände lostreten? Den Grimme-Preis? Eine Monographie über sich von Heribert Prantl? Oder doch nur eine weitere Stufe auf der Hierarchieleiter? Man muß vom ZDF erwarten, daß sowohl in Berichten als auch Kommentaren sachlich richtig gearbeitet wird, auch unter dem Verzicht, die Zuschauer mit der persönlichen Gesinnung zu belästigen.

Als das **Bundesverfassungsgericht** 2021 in einem Urteil den Öffentlich-Rechtlichen eine stetige Beitragserhöhung quasi festschrieb, mahnte es zugleich auch eine besondere Verpflichtung zur Wahrheit an: „… Dies alles führt dazu, daß es schwieriger wird, zwischen Fakten und Meinung, Inhalt und Werbung zu unterscheiden. Sowie zu neuen Unsicherheiten hinsichtlich der Glaubwürdigkeit von Quellen und Wertungen. Der einzelne Nutzer muß die Verarbeitung und die massenmediale Bewertung übernehmen, die herkömmlich durch den Filter professioneller Selektionen und durch verantwortliches journalistisches Handeln erfolgt. Angesichts dieser Entwicklung wächst die Bedeutung der dem beitragsfinanzierten öffentlich-rechtlichen Rundfunk obliegenden Aufgabe, durch authentische, sorgfältig recherchierte Informationen, die Fakten und Meinungen auseinanderhalten, die Wirklichkeit nicht verzerrt darzustellen und das Sensationelle nicht in den Vordergrund zu rücken, vielmehr ein vielfaltssicherndes und Orientierungshilfe gebendes Gegengewicht zu bilden **(BverfGE 149, 222-262, Rn. 80)**. Dies gilt gerade in Zeiten vermehrten komplexen Informationsaufkommens einerseits und von einseitigen Darstellungen, Filterblasen, Fake News. Deep Fakes andererseits (vgl. etwa den Bericht der Enquête-Kommission Künstliche Intelligenz des Deutschen Bundestages v. 28.10.2020, BTDrucks 19/23700, S. 447 ff.).

Wie es scheint, stoßen diese Ermahnungen von höchster Stelle bei den Obrigkeiten der Öffentlich-Rechtlichen vielstimmig auf taube Ohren. Arbeitgeber der Skandal-Autorin Henriette de Maizière, der ZDF-Intendant **Norbert Himmler**, scheint nichts Anstößiges an ihrer Hetze zu finden. Jedenfalls läßt er seine Autorin einfach gewähren wie beispielsweise auch den Studienabbrecher **Jan Böhmermann**, dem erlaubt wird, in seinen Sendungen aus dem Nichts und grundlos völlig unbescholtene, harmlose Menschen, wie beispielsweise einen kleinen Imker mit Falschbeschuldigungen zu überziehen, die existenzgefährdend sein konnten und derer sich dieser erst gerichtlich erwehren mußte. Warum fällt diesem ZDF-Wüterich niemand in den Arm? Eine Erklärung könnte sein, daß sowohl Intendant Norbert Himmler als auch sein offensichtlicher Freund und Leib- und Magen-Autor Böhmermann Polizistenkinder sind. Das verbindet und erklärt manches. Zudem hat der in Mainz geborene Himmler mit Ausnahme dreier Jahre (Promotionsstudium in München 1996-1999) seinen Geburtsort Mainz nie verlassen, sein Arbeitgeber ZDF blieb von Beginn an bis heute ununterbrochen derselbe: das Mobiliar, die Kantine und ihre Speisekarte, die Kollegen von unten bis oben einschließlich ihrer nachrückenden Kinder. Da entwickelt man leicht eine Binnensicht, die unempfindlich macht für „draußen", man nur noch darauf achtet, Gefahren für den Gesamtkörper ZDF, wie es jede Kritik anscheinend ist, rechtzeitig zu erkennen und abzuwehren. Und da gibt es jede Möglichkeit: von Totschweigen bis Rausschmiß.

Karin Kneffel – „**Kirschen**", Farbserigrafie auf Vélin, 100cm x 70cm, Darstellungsgröße: 63cm x 50cm, **1998**, Auflage: **150**

18. Intrigue in grün
Oder: Toxische Weiblichkeit

Wenn eine Partei ihren eigenen Abgeordneten loswerden will, wie stellt sie das an? Normalerweise, das heißt unter normalen Umständen und unter normalen und erzogenen Menschen ist das schwierig, denn ein Abgeordneter übt sein Mandat für die gesamte Legislaturperiode aus. Nicht so bei den Grünen. Sie haben ein Patentrezept entwickelt, das sicher funktioniert und leicht zu handhaben ist. Außerdem kommt es nach grüner Logik sowieso nur für von Männern besetzte Sitze in Betracht. Um die Zielvorgabe zu erfüllen, inszenierten sie ein Schmierendrama, das ohne fachliche Begleitung durch die Justiz und ohne Trübung durch Anstand, Sitte und Moral und unter Inkaufnahme marginaler sie selbst betreffende Kollateralschäden nahezu verlustfrei schnell und effizient zum Ziel führte. Ausgangspunkt scheint der Noch-Bundeswirtschaftsminister **Habeck** zu sein, der seinem als Wahlkampfmanager unerfahrenen Freund **Andreas Audritsch** (40) zu einem sicheren Listenplatz nach dem abschbaren Verlust einer Grünen-Regierungsbeteiligung verhelfen wollte. So hatte man für dieses Manöver den 2. Platz des bisherigen Inhabers **Stephan Gelbhaar** (48) ausgeguckt, denn die sicheren Plätze 1 und 3 sind wegen der grünen Quotenregel weiblich besetzt und Platz 4 ist nicht mehr sicher. Es spricht deshalb viel für diese Lesart, zumal Habeck ab diesem Zeitpunkt fragende Journalisten wortlos stehen ließ, meist Hintertüren benutzte und einem RTL-Team vorab bestimmte Fragen untersagte.

Gelbhaar ist Strafverteidiger, hat Frau und zwei Kinder und gehört dem konservativen Flügel der Grünen an. Bei der letzten Bundestagswahl errang er ein Direktmandat. Für die bevorstehende Bundestagswahl wurde er von seinem Kreisverband Berlin-Mitte mit 98,4% als Direktkandidat dem Landesverband Berlin vorgeschlagen. Dann platzte die Bombe. Bei der Ombudsstelle der Grünen, die eine „niederschwellige Anlaufstelle für Meldungen sexualisierter Gewalt in grünem Kontext" sein soll, meldete sich plötzlich der beziehungsweise die Bezirksvorsitzende und Queerbeauftragte der Grünen, **Shirin Kreße** und berichtete über sieben Fälle sexualisierer Belästigung, begangen durch den Parteikollegen Stefan Gelbhaar. Man muß wissen, daß bei grünen Ombudsstellen die „doppelte Unschuldsvermutung" gilt, das heißt, es werden den Personen, die Vorfälle melden, geglaubt. Gleichzeitig sind für sie vermeintliche Täterinnen unschuldig, solange sie nicht verurteilt wurden. Da verhält es sich in etwa so wie mit meinem Lieblingskäse, von dem ich weiß, daß er im Kühlschrank ist, denn ich habe ihn ja selbst dort reingelegt. Wenn ich aber die Kühlschranktüre öffne, ist er nicht da (Quantenphysik).

Das öffentlich-rechtliche Fernsehen **RBB** sorgte für umgehende Verbreitung dieses „Skandals" mit der Absegnung durch den Justitiar des Senders. Der Beschuldigte Gelbhaar fiel aus allen Wolken, bestritt sämtliche Anwürfe und verlangte die Konfrontation mit den anonym gebliebenen Frauen. Der Druck der Partei jedoch wurde daraufhin so groß, daß er nicht umhin konnte, sein Mandat aufzugeben und sich von der Kandidatur zurückzuziehen. Unterdessen wandte sich eine Justitiarin der Grünen an Gelbhaars Anwalt mit der

Mitteilung, daß es sich bei den Vorwürfen der sieben Frauen nicht um strafrechtlich relevante Vorgänge handele. Wörtlich: „Ich möchte zur Klarstellung hinzufügen, daß nach dem Ombudsstellen typischen Sprachgebrauch ‚Grenzverletzungen' nicht mit ‚strafrechtlich relevantem' Verhalten gleichzusetzen ist. Vielmehr meint ‚Grenzverletzung' eine durch die betreffenden Personen selbst als solche Überschreitung des persönlichen Wohlbefindens." Außerdem teilte sie noch mit, daß sich die durch die sieben Frauen beschriebenen Fälle auffallend ähneln. Die Ombudsstelle interessierte das alle nicht, denn „Wir stellen die Betroffenengerechtigkeit in den Vordergrund. Die Perspektive der Betroffenen ist für uns handlungsanleitend". Im Vordergrund der Anschuldigungen stand für den RBB und damit der Öffentlichkeit eine „Anne K.". Diese Person hatte beim RBB nur dürftige Personalien ohne Geburtsdatum und eine offenbar nicht existente Adresse angegeben. So wurde diese Geschichte immer haarsträubender. Journalisten des „Tagesspiegel" machten sich auf die Suche nach „Anne K." Allerdings fanden sie am angegebenen Ort kein Name an Klingel und Briefkasten. Langjährige Anwohner hatten den Namen noch nie gehört. Auch im Berliner Personenregister ist eine „Anne K." nicht zu finden. Dann erfuhr die Öffentlichkeit, daß der RBB die Anzeigeerstatterin „Anna K. überhaupt nicht kannte. Man hatte sie nicht verifiziert, wie es die journalistische Pflicht gewesen wäre, nur ein Redakteur will mit ihr telefoniert haben. Offenbar reichte ihm deren „Eidesstattliche Versicherung" aus, die Shirin Kreße mitgebracht hatte. Dabei wurde übersehen, daß solche „Eidesstattliche Erklärungen" in diesem Fall völlig wertlos sind. Beweiskraft haben sie nur, wenn sie vor Gericht abgegeben werden.

Die frühere Vorsitzende der Grünen-Bundestagsfraktion, **Kerstin Müller**, sagt: „Es bestätigt sich immer mehr, daß hier wahrscheinlich mit einer Intrige eine nicht genehme Person beschädigt und aus dem Verkehr gezogen werden sollte." Da es eine Frau „Anne K." offensichtlich nicht gibt, kann die anzeigende Person nur die Vorsitzende der Grünen in Berlin-Mitte, Shirin Kreße, selbst gewesen sein. Diese legte inzwischen ihr Mandat nieder und trat aus der Partei aus, als sich abzeichnete, daß die Partei ein Ausschlußverfahren gegen sie vorbereitete. Der grüne Bildungspolitiker **Özcan Mutlu** (57) trat ebenfalls aus. Ihm hatte man vor der Bundestagswahl 2021 fälschlicherweise vorgeworfen, gezielt Mitglieder angeworben zu haben, um von ihnen bei der Bundestagswahl unterstützt zu werden: „Für eine Partei, die sich sonst moralisch über andere erhebt, ist es geradezu heuchlerisch und beschämend, einen Abgeordneten mit falschen Anschuldigungen derart skrupellos kaltzustellen."

Der Strafrechtler **Udo Vetter**, der bei den Grünen eine Kultur des Verdächtigens ausmacht, erklärte dazu: „Aus Herrn Gelbhaars Sicht hat jemand versucht, seinen Ruf komplett zu ruinieren und ihm die gesamte Lebensgrundlage zu entziehen. Also nicht nur beruflich, sondern auch sozial." Deshalb habe der Grünen-Politiker jetzt „selbstverständlich Unterlassungsansprüche, Schadensersatzansprüche und Schmerzensgeldansprüche." Das Fundament eines Schadensersatzanspruchs könnte der Verlust des sicheren Listenplatzes sein, den man in der Spanne zwischen 800.000 und 1 Million Euro verorten kann.

Inzwischen entschied am 20. Januar 2025 (**Az. 324 O 2/25**) das Landgericht Hamburg per Einstweiliger Verfügung, daß sämtliche Behauptungen und Anschuldigungen gegen

Gelbhaar nicht mehr erhoben und verbreitet werden dürfen. Damit ist diese Einstweilige Verfügung gleichlautend mit der vorangegangenen beim Landgericht Frankfurt (**Az. 2-03 10/25**). Gelbhaar hat weder eine Frau anläßlich einer Veranstaltung gegen ihren Willen festgehalten und geküßt, noch hat er eine Frau auf einer Veranstaltung gegen ihren Willen unsichtlich berührt und auch keine Frau während gemeinsamer Parteiarbeit gegen ihren Willen am Arm gestreichelt sowie am Po angefaßt. Der RBB hat in beiden Verfahren seine Fehler eingeräumt und entsprechende Unterlassungserklärungen abgegeben.

Shirin Kreße arbeitete bei dem Grünen Landtagsabgeordneten **Ario Mirzaie**. Hier arbeitete auch **Hacem Aydemir** (29), die scheinbar auch in die Kreße-Affaire verstrickt ist, denn ihr Wohnort ist identisch mit jenem, der in „Anne K's" Anzeige angegeben war. Aydemir bestreitet ihre Mittäterschaft. Mirzaie trennte sich auch von ihr: „Daß ein Verdacht auf zwei frühere Mitarbeiterinnen von mir fällt, erschüttert mich. Beide arbeiten nicht mehr für mich." In Aydemirs Selbstbeschreibung ihres Instagramprofils heißt es: „Your favorite cunt for bundestag." („Deine Lieblingsf**ze für den Bundestag").

Daß diese Affaire einfach so aus dem Nichts entstanden sein soll, glaubt kein Mensch, der noch seinem Verstand und seiner Lebenserfahrung vertrauen kann. Deshalb lohnt eine Betrachtung des Nutznießers und Habeck-Günstlings Andreas Audritsch, der selbst übrigens bisher kein Wort über diesen (seinen) Skandal verlor. Audretsch war Mitarbeiter des RBB, auch noch in den Anfängen seiner Grünen-Karriere. Die jetzige RBB-Chefin ist die Intendantin **Ulrike Demmer**, vormals Merkels Regierungssprecherin. Die jüngste Grünen-Abgeordnete im Berliner Parlament ist die 25ährige **Klara Schedlich**, die sich ihr Büro mit einem anderen Grünen-Abgeordneten teilt, dessen Mitarbeiterin **Leonie Wingerath** ist. Diese wiederum kommt vom Bezirk Berlin-Neukölln, ist Sprecherin der Grünen Jugend und trat mit öffentlichen Äußerungen über Gelbhaar die Intrige los. Sie wisse, raunte sie, daß es mehrere schwere Vorwürfe im Bereich sexualisierter Gewalt gegen Gelbhaar gebe. Würze erhält die Geschichte durch die Recherche, daß Wingerath und Audretsch demselben Bezirksverband Neukölln angehören. Und damit gab es die direkte Verbindung zu Klara Schedlich ins Landesparlament. Da Gelbhaar sich mit Habecks Wahlkampfmanager um einen aussichtsreichen Listenplatz duellieren wollte und wahrscheinlich obsiegen würde, sollte dieser Kampf auf jeden Fall vermieden werden. Gelbhaars Anwalt schrieb Ende Dezember 2024 an den RBB: „Mit einer Veröffentlichung der Vorwürfe würden Sie sich damit ohne Weiteres zu einem Sprachrohr des linken Landesflügels um Herrn Audretsch im parteiinternen Wahlkampf gegen unseren Mandanten machen." Im Januar 2025 wieder an den RBB: „In dem Umfeld von Frau Wingerath hieß es (…) bereits Wochen vor der Listenwahl, daß unser Mandant vor der anstehenden Listenwahl ‚erledigt sein wird'. Auch dies kann unser Mandant nachweisen." Gelbhaar hat mittlerweile auch Strafantrag gegen Wingerath gestellt.

Was bleibt? Wie man hört, war es das direkte Umfeld des Andreas Audretsch, das seinen früheren Arbeitgeber RBB im entscheidenden Moment mit Informationen zu dieser Schmutzkampagne versorgte. Es bleiben aber vor allem Fragen, deren Beantwortung eigentlich schon jetzt geradewegs zu Habeck, Audretsch und dem RBB führen, wir aber keine Antwort erwarten können. Es handelt sich aber um die übelste Polit-Affaire seit der Barschel-Affaire, und die Wähler sollten ihre Konsequenzen ziehen.

19. Die gläserne Decke

Viele Frauen haben ein Lieblingsbauteil, die „gläserne Decke". Diese steht für das vergebliche Bemühen aufstiegswilliger Businessfrauen auf einen Chefsessel. Man stellt sich Frauen vor inmitten eines Get-Togethers: High Heels, Prosecco, die Blicke sehnsüchtig auf die Decke gerichtet, die, weil gläsern, zeigt, daß da oben wichtige Männer stehen und sitzen, im Palaver über die strategische Ausrichtung einer neuen Abteilung. Wie gerne möchte man dazugehören! Eigentlich stünde einem der CEO zu. Schließlich hat man ja studiert. Daß das bisher nicht geklappt hat, kann nur damit zu tun haben, daß man eine Frau ist. In der Realität ist es aber so, daß viele Frauen zwar Träume haben, diese aber nicht verwirklichen wollen, weil sie aus vielen Gründen das Zeitbudget nicht haben für einen Job, der keine berechenbare Arbeitszeit kennt. Außerdem wirkt die Vorstellung, als Letztverantwortliche für alles geradestehen zu müssen wie für langwierige Rechtsstreitigkeiten (Bayer/Monsanto, Abgasskandale der Autohersteller) oder Produktionsausfälle (Havarie der EverGiven) oder unbeabsichtigte Umweltverseuchung (BASF) u.v.m. abschreckend. Bevor also wieder einmal das große Wehklagen angestimmt wird, sollte man sich zunächst selbst fragen: Kann ich das überhaupt? Will ich das überhaupt? Oder habe ich es in der „zweiten Reihe" nicht bequemer? Als der vormalige Siemens-Chef Kaeser der „Umweltfachfrau" **Luisa Neubauer** einen Sitz im Aufsichtsrat anbot – er wollte ihr wohl auf diesem Wege Einblick in die wirkliche Wirtschaftswelt ermöglichen – lehnte diese empört ab: Sie lasse sich nicht kaufen! Verstanden hat sie nicht, daß man mit einem Aufsichtsratsmandat niemanden kaufen oder bestechen kann, sondern dem Angebot lag die naheliegende Erwartung zugrunde, daß sie Zusammenhänge verstehen lernt, bevor sie mit ihren törichten Ratschlägen und Forderungen Öffentlichkeit und Fachleute auf die Palme bringt.

Gerlinde Beck – „**Konstruktion II**",
Siebdruck, **1995**, 20cm x 20cm, **Probe**

20. Der „Hochschlaf"

In Vorbereitung für die Seminareinladung „Darf frau sich hochschlafen?" zum Wintersemester 2023 wollte ein Professor der Juristischen Fakultät der Ludwig-Maximilians-Universität München (LMU) das Thema „Liebschaften am Arbeitsplatz" diskutieren. Der Professor ist Arbeitsrechtler mit mehr als 35 Jahren Berufserfahrung. Aber noch vor Semesterbeginn hagelte es Kritik, die juristische Fakultät distanzierte sich: „Indem das für geschlechtsunspezifische Formulierungen übliche Wort ‚man' in ‚frau' verändert wird, legt der Text nahe, allein Frauen versuchten, sich über sexuelle Beziehungen Vorteile zu verschaffen, und dies allein aus eigenem Antrieb." In der Einladung war auch die Rede von Julian Reichelt, dem Ex-Chef der „Bild", dem Machtmißbrauch vorgeworfen wurde, weil er sexuelle Annäherungen oder Beziehungen mit Mitarbeiterinnen einging. Dazu fragte der Professor: „Was ist ‚Machtmißbrauch' rechtlich (Fall Reichelt, jedenfalls in der Skandalisierungs-Wahrnehmung)?". Für die Fakultät jedoch handelt es sich hier ganz klar um Geschlechterdiskriminierung und Geringschätzung von Mißbrauchsopfern. Damit werde ein Stereotyp aufgegriffen und reproduziert, „wonach Frauen, die sich gegen sexuelle Übergriffe zur Wehr setzen, häufig dramatisieren und übertrieben empfindlich reagieren." Der Professor wollte die Vorwürfe, die auf eine falsche Einordnung der Thematik beruhten, nicht auf sich sitzen lassen. Er verachte niemanden. Personalverantwortliche in Unternehmen würden aber den Aufstiegsbeischlaf einfach deutlich überwiegend als Waffe der Frau betrachten. Soziologisch ist dieser Effekt bei der Partnerwahl gut belegt, denn da gelte: „Frauen orientieren ‚sich nach oben' und Männer ‚nach unten'".

21. Spieglein, Spieglein ...

Zur Zeit scheinen selbst reifere Frauen auf dem Weg zurück ins bonbonfarbene Kinderzimmer zu sein. Nach Vorbildern aus der Welt der Puppen oder auch der Polly-Pocket-Figürchen werden Mode und Accessoirs immer bunter. Angeklebte Klimperwimpern, Zöpfchen und Teufelshörnchen, bunter Glitzernagellack, Bommelmützen, Röckchen reichen knapp bis untern Po und Schuhe, bei denen die Fußwurzeldistorsion schon eingepreist ist. Dazu scheinen sie ihre Stimmen dressiert zu haben. Jetzt klingen sie so hoch, fast piepsig, irgendwie unschuldig und wecken damit in der Umgebung automatisch Beschützerinstinkte. Warum eigentlich diese kollektive Selbstverniedlichung?

Bei Kai Pflaume „Wer weiß denn sowas XXL" saß auch die Sängerin **Jeanette Biedermann**. Ihr Host war Bernhard Hoecker, den sie mit ihrer Quasselei und Besserwisserei arg maltraitierte und wahrscheinlich auch die Zuschauer. Als die Spielleitung zu einem gemeinsamen Physik-Experiment mit quadratischen Rädern vor die Studiotür bat, wurden die Teilnehmer aufgefordert, die bereitliegenden Helme aufzusetzen. Die überall in solchen Fällen geltenden Sicherheitsvorschriften verlangen das. Während die männlichen Gäste die Helme umstandslos aufsetzten, zickte Biedermann und weigerte sich: Das ginge gar nicht. Wegen ihrer Haare! Dabei konnte man bei ihr noch nicht einmal ansatzweise von einer Frisur sprechen, ihre Haare hingen einfach nur runter. Es hat sich bei ihr wohl eher um das Bedürfnis nach besonderer Aufmerksamkeit gehandelt, mit dem sie Gäste und Zuschauer zusehends nervte.

Frauen tragen ihre Haare heute offen, einfach so. Der einzige gestalterische Eingriff besteht im Ziehen eines Mittelscheitels. Hat den Damen denn niemand gesagt, daß ein Mittelscheitel, der die herabfallenden Haare einfach nur teilt, eine optisch niedrige Stirn macht? Und daß eine niedrige Stirn – leider – oft mit begrenzter Intelligenz assoziiert wird? In welchen Berufen sind die Langhaarigen eigentlich tätig? Lange Haare, sofern sie nicht in irgendeiner Form geknotet, gebunden oder gesteckt sind, stören bei den meisten Verrichtungen, weil sie ständig beiseite geschoben werden müssen und allgemein die Zeit für Arbeitsabläufe verlängern. Ernsthafte wertschöpfende Arbeit außerhalb des Beauty- oder Medienbereichs ist damit nicht möglich. Auch nicht unproblematisch sind Piercings und Tattoos. Viele Menschen mögen nicht in gepiercte Gesichter blicken, keine gepiercten Nasenflügel, Lippen oder Zungen anschauen müssen. Es kostet sie zu viel Überwindung. Viele Arbeitgeber haben deshalb entschieden, keine Stellen im Publikumsverkehr mit sichtbar gepiercten Personen zu besetzen. Das Arbeitsrecht erlaubt solches Vorgehen immer dann, wenn das eigene wirtschaftliche Interesse beeinträchtigt werden kann. Nicht minder problematisch sind Tattoos, die bisweilen die sichtbare Haut vollständig bedecken. Auch hier kann ein Arbeitgeber Tattoos nicht generell verbieten, im Kundenverkehr muß er sie aber nicht dulden. Tattoos bergen für ihre Träger übrigens langfristige schwere Gefahren. Die eingebrachten Farben werden nicht über den Stoffwechsel abgebaut, sie müssen von Abwehrzellen der Haut aufgespürt und „gefressen" werden. Die dafür immer wieder benötigte Neubildung dieser Zellen kann erlahmen, Sie werden von den großen Mengen an Farbpartikeln überfordert, sodaß man jetzt von Tattoos als krebserzeugend und krebsbegünstigend spricht. Die frühere Annahme, es käme nur auf die Farbe selbst oder ihre Qualität an, ist nicht länger haltbar. Partikel, gleich welcher Herkunft, können in den gesamten Körper wandern (migrieren), in die Gefäße oder Organe wie Lunge oder Leber.

Das nächste Problem ist buchstäblich bauchfrei. Es ist für den Großteil der Bevölkerung nicht zu verstehen, weshalb Frauen der Öffentlichkeit ungefragt ihre nackten Bäuche präsentieren. Und weshalb es ein Anschlag auf die Persönlichkeitswürde von Bauchfreien sein soll, wenn eine Schulleitung beschließt, in die inzwischen meist schlampigen Kleidungsgewohnheiten ihrer Schüler etwas Façon zu bringen, wozu auch die Abschaffung von „bauchfrei" gehört, zumal auch der ästhetische Aspekt von „bauchfrei" nicht zu vernachlässigen ist. Deutschland landet in Bildungsrankings stets auf hinteren Plätzen, die Schüler haben Wissenslücken in fast allen Fächern, elementare Bestandteile in Geschichte, Geographie, Mathematik, aber auch Deutsch und Fremdsprachen sind ihnen unbekannt. Es fehlt ihnen an grundlegendem Verständnis für Bildung. Es ist anzunehmen, daß ihnen auch der Begriff und Inhalt von „Persönlichkeit", die ihnen so wichtig ist, unbekannt ist.

Gerlinde Beck –
„Röhren-Konstruktion IV"
Stahl verchromt, **1968,**
45,5cm x Ø 5,2cm, **Unikat**

22. Zero Size

Aber das allerwichtigste für Frauen: Gewicht Zero Size! Da nur den wenigsten Frauen diese Anlage dazu in die Wiege gelegt wurde, bedeutet das für alle anderen, sich dahinzuhungern. Man fährt zwar mit Speckröllchen besser, vor allem bei anstehenden Klinikaufenthalten, die „Mehrpfünder" besser überstehen. Aber es hilft ja nichts: Covergirls, Modeschauen und ein Heer von Ernährungsberatern und anderen „Experten" reden Frauen ein, daß Kindergrößen erreichbar sind. Und da die Umgebung offenbar der gleichen Meinung ist und man die allgemeine Ächtung fürchtet, wird man Stammkundin bei den Produzenten von Flaschen- und Pulvernahrung. Dieses ist auf Dauer ohne Mangelerscheinungen nicht durchzuhalten. Man wird ja auch mal eingeladen oder hat inzwischen eine Familie. Denn die normale Ernährung besteht nach wie vor aus Gekochtem, Gebratenem, aus Suppe, Gemüse und Salat. Also sammelt man Tips bei den Freundinnen oder im Internet. Irgendwann landet man bei Amphetaminen und anderen, zweifellos wirksamen, jedoch immens nebenwirkungsbehafteten Medikamenten. Nicht unerwähnt kann aber bleiben: Zero-Size-Frauen haben nur geringes Unterhautfettgewebe. In diesem befinden sich beispielsweise die Hormone Östrogen (als Androstendion im Fettgewebe gespeichert) und Oxytocin (populär „Kuschelhormon" oder „Liebeshormon" genannt). Fehlendes Unterhautfettgewebe bedeutet also niedriges Depotöstrogen und das macht Frauen zu einer irgendwie dünnen, zierlich-püppchenhaften Erscheinung, was im Fernsehen bei einigen aus Politik und Gesellschaft bekannten Frauen auffällt. Niedrige Spiegel dieser Hormone haben aber Auswirkungen auf das Wesen, auf die psychische Gelagertheit solcher Frauen. Beispielsweise können sie im Liebesrausch zwar Hingabe und Extase darstellen, ihre Partner sind wahrscheinlich auch zufrieden und beglückt. Währenddessen können sie aber zielstrebig an die Gästeliste der nächsten Party, Neubepflanzung der Blumenkästen oder die anstehende Gehaltserhöhung denken, und das nicht aus Bosheit, sondern einfach aus einem Mangel an Empathie, den sie selbst übrigens nicht bemerken können und somit auch nicht darunter leiden. Es geschieht mit ihnen einfach, gewissermaßen natürlicherweise. Während es für solche Vorgänge eine biologisch-chemische Erklärung gibt, fehlt für das massenweise Auftreten von weiblichem Handtaschen- und Schuhwahn eine wissenschaftliche Erklärung.

23. Besser essen

Wichtig, aber nie darüber gesprochen wird, daß während der Evolution unser einst mächtiger Kiefer sich zurückbildete, während das Gehirn an Größe und Differenzierung zunahm. Grund war die Entdeckung des Feuers, denn fortan konnte man Speisen garen. Dadurch wurden die wertvollen Inhaltsstoffe aus tierischem und pflanzlichem Gewebe wie Vitamine, Mineralien, Elektrolyte, sekundäre Pflanzenstoffe u.v.m., die aus der Nahrung im Rohzustand wegen der oft harten Zellmembranen nur schwer herauszulösen waren, leichter aufgenommen. Der Mensch ist durch seine Verdauungsorgane vom Mund bis zum Anus als Fleisch- und Pflanzenesser angelegt. An dieser Tatsache läßt sich auch nicht durch Ideologie etwas ändern. Unser Körpereiweiß besteht aus essentiellen, semi-essentiellen und nicht-essentiellen Aminosäuren, welche die Proteine herstellen. Diese Aminosäuren entstammen unserer Nahrung, die tierische und pflanzliche Bestandteile hat. Die Kombination der verschiedenen Aminosäuren wird eingeteilt nach ihrer biologischen Wertigkeit und hier haben Aminosäuren aus dem Ei und aus der Kartoffel in ihrer Kombination die höchste Biologische Wertigkeit. Unsere Vorfahren kannten noch das Bauernomelett aus angebratenen Kartoffeln mit geschlagenen Eiern drübergegossen. Wie wertvoll diese Kombination ist, zeigt sich in der Intensivmedizin, wo Schwerkranke künstlich per Infusion ernährt werden müssen. Die Eiweiß-Infusionslösungen werden zusammengestellt nach dem Kartoffel-Ei-Muster (KE-Muster). Vegane Ernährung ist nicht gesund. In den USA stehen immer wieder Eltern vor Gericht, die ihre Kleinkinder vegan ernährt haben bis sie am Ende starben. Dafür müssen die verbohrten Erziehungsberechtigten dann für lange Jahre ins Gefängnis.

Die Produkte zur veganen Ernährung unterliegen alle einem hohen Fertigungsgrad und weisen alle sehr viele Zusatzstoffe auf. Erinnert sich noch jemand an „Analogkäse"? Ganz Deutschland war plötzlich aufgebracht, weil die Pizzeria nebenan Analogkäse auf ihrer Lieblingspizza servierte und das auch noch, weil diese Imitation billiger war als der gewohnte natürliche Käse. Derselbe Analogkäse, nur zu weit höherem Preis in der Bio-Vegan-Boutique, versetzt die Käuferinnen jetzt in Entzücken. Logisch? Den vegan Ernährten fehlen weit mehr als nur B-Vitamine. Unser Stoffwechsel ist eine große Chemiefabrik und benötigt für ihre Eigensynthesen soviel unterschiedliche essentielle „Bausteine" aus den Bereichen Mineralien, Elektrolyte, Vitaminen, Vitaminoiden, Aminosäuren, Fettsäuren und andere, die eine rein vegane Ernährung niemals liefern und auch durch Pflanzen gleichwertig nicht ersetzt werden können. Weil Mangelerscheinungen erst nach langer Zeit sichtbar und dazu von einem Arzt auch kaum als solche erkannt werden, werden viele Erkrankungen auch nicht auf eine chronische Unterversorgung mit Vitalstoffen zurückgeführt.

24. Rot

Das zweitwichtigste seit Merkels Blazer: Rote Klamotten! Die ehemalige Kanzlerin gab die Richtung vor. Nur rot, die Herrscherfarbe, ist angemessen, wenn man die erste Geige spielen will! Im Kreis von Präsidenten und Ministern, die üblicherweise in gedecktem Ton wie dunkelblau oder anthrazit zum Gipfel erscheinen, muß gleich am Anfang Klarheit herrschen, wer hier das Sagen hat. Eigentlich war die Farbe Rot in der Kleidung bisher unterrepräsentiert. Die Trägerinnen roter Kleidung gelten bis heute allgemein als geltungs- und herrschsüchtig, eitel, dominant, ordinär. Die Stimmung bei einem spontanen Zusammentreffen von einander bisher unbekannten Gästen bei einer Party kann durch die rote Kleidung einer Person von vorne herein belastet werden. Daran ändert auch nichts, daß immer mehr Politikerinnen in Signalrot erscheinen, vor allem aus dem SPD- und Linken-Lager. Durch sie angeregt, breitet sich die Rot-Mode auch unter den Medienschaffenden im Fernsehen aus, wobei sie hier übersehen, daß sie damit keine gute Figur machen. Das Rot-Pigment ist nämlich sehr klein – im Gegensatz zu den Pigmenten der übrigen Farben. Das bedeutet, daß sich pro Flächeneinheit mehr Pigmente in einem Stoffgewebe „drängen". Auf dem Bildschirm sieht man dann nichts mehr von einem Stoff und seiner Struktur, der fließend oder in Falten fällt, sondern nur eine plakative Fläche an der Person. Man hat den Frauen gesagt, daß sie in roter Farbe „als Frau gesehen" werden. Sicher. Nur sollte man aufpassen, daß man dadurch nicht als Mitarbeiterin von Nachtclubs gesehen wird. Und was allgemein die Bekleidung betrifft, so ist es eine Frage der Selbstdisziplin, Schlabberhosen nur zuhause, beispielsweise bei der Hausarbeit zu tragen.

Friederike Petzold – „Die **schwarzweiße Göttin und ihre neue leibhaftige Zeichensprache**", Anzeigenentwurf für „**MagazinKUNST**" zur Bewerbung ihrer Ausstellungen:
Staatliche Kunsthalle Baden-Baden 05.01.1977 bis 14.02.**1977** und
Neue Galerie Sammlung Ludwig Aachen 26.03.1977 bis 24.04.**1977**

25. Quasselstrippen

Frauen haben nicht nur das letzte Wort, in Gesprächsrunden haben sie überhaupt den größeren Wortanteil. Besonders deutlich zu beobachten bei den Grünen, deren Frauen vor einem Mikrofon sofort in einen ausufernden Redefluß geraten, ohne daß man am Ende weiß, um was es da eigentlich gegangen ist. Das stellte auch der Digitalverband Bitcom in einer Erhebung aus dem Jahr 2023 fest. So haben Frauen mit 61 Prozent gegenüber den Männern (46 Prozent) beim Posten die Nase vorn: Friseurbesuche, der gestrige Kneipenabend, die Gestaltung von Kandidatenlisten der Parteien, Verabredungen, Bürotratsch, Klamotten und Kätzchenbilder müssen ausgetauscht werden. Und da solche Neuigkeiten keinen Aufschub dulden, müssen sie auch sofort verschickt werden mit dem oftmals unangenehmen Nebeneffekt, daß sie entweder Bekanntschaft mit einem Laternen- oder Ampelpfahl machen oder auf dem Zebrastreifen ein Fall für den Rettungsdienst werden. Auch hier sind weibliche Blindgänger nach den Polizeistatistiken überrepräsentiert. Übrigens: Multitasker brauchen mehr Schlaf, damit die überreizten Gehirne wieder in den Reset-Modus kommen.

Dem weiblichen Bedürfnis entsprechend, auch in Diskussionen, die ihnen vermutlich fachfremd sind, ihre Meinung beizutragen, führt fast regelmäßig zu dem Einwurf, „Das sehe ich anders" oder „Ich meine, daß das nicht stimmt", „Das kann nicht sein". Dabei handelt es sich um die simple Konstruktion, Fakten gegen Meinung oder Glauben auszutauschen. Einfach gesagt, dem Faktum 2 + 2 = 4 werden dann Glaubenszweifel und Meinungen entgegengesetzt. Die Forderung einer Linken-Abgeordneten, Deutschland solle 1 Million Flüchtlinge pro Jahr aufnehmen, gehört dazu. Auf Berechnungen, die Grundlage einer solchen Forderung sein müßten und immer zuvörderst angestellt werden, wird verzichtet. Die französische Psychoanalytikerin **Luce Irigary** behauptet, daß Einsteins Gleichung E = mc^2 eine geschlechtsspezifische Gleichung sei und deshalb nicht allgemein gültig. Besser fährt man jedoch mit Petrarca (1304 – 1374) „Meinung ändert keine Tatsache". Petraca, who? Inzwischen werden wir Häuser, Brücken, Flugzeuge konstruieren mithilfe feministischer Mathematik.

26. Dekowahn

Die Sendung „Bares für Rares" bietet einen erstaunlichen Einblick in deutsche Wohnbehausungen. Da kommen Männer, Frauen oder Paare mit bisweilen seltsamen Dingen unter dem Arm, die sie hier bei den Trödelhändlern loswerden wollen: Heuwender, unvollständige Kinderbilderbücher, eine Ansammlung von Lettern aus einer alten Druckerei, ein altes Messgewand, eine große Disney-Figur, ein altes Butterfaß. Diese Dinge seien ihre „Deko" gewesen, wie die Damen erklären – Männer reden nie von „Deko" – jetzt müssen sie weichen, weil sie nicht mehr ihr „Stil", manche sagen auch „Style", seien, jetzt werde man sich von dem Erlös neue „Deko" zulegen. Automatisch stellt man sich Behausungen mit ornamentalen Tapeten vor, wo es vor Figuren, Herzchen, Kätzchenkissen, funktionslosem Gerümpel wimmelt. Im Garten stecken silberne Kugeln auf Spießen und verunsichern Vögel, an der Haustür bemaltes Salzgebäck, die Fußmatten mit Jahreszeitenmotiven. Die Hoheit über die häusliche Einrichtung hat die Ehefrau. Sie allein entscheidet über Hummel, Käthe Kruse oder Disney. Es kommt vor, daß der mitgeführte Ehemann Bedauern äußert, daß er hier sein geliebtes Erinnerungsstück aus Jugendtagen hergeben muß, weil es seine Frau „nicht leiden" kann. Wahrlich: Nicht nur solche Anlässe lassen Mitleid mit den Männern aufkommen!

27. Candlelight-Dinner

Ein Ehemann möchte mit seiner Frau zwei Wochen aus-
spannen, an seinem Arbeitsplatz tobt zur Zeit ein Kampf
zweier Alphatiere um denselben Posten. Er dachte an ein
Hotel mit Badesee in den Bergen mit Sportmöglichkeiten.
Solches hat sie früher gemocht. Jetzt will sie auf jeden Fall
in ein Romantik-Hotel. Also muß er jetzt Hotels abklappern
und nach Romantik-Kriterien fragen, dazu gehören für seine Frau Rosenblütenblätter im Bad, Candlelight-Dinner,
romantische Musik im Spa, entsprechende Düfte. Sie will
Sonnenuntergang und Sternenhimmel erleben. Der Mann
seufzt und ergibt sich still, er weiß: Das wird nichts mehr
mit dem Urlaub! Für Frauen ist Romantik das Thema. Ihre
Stimmen überschlagen sich im hohen Diskant, es ist Mä-
delsabend ... so süüüß!

Dagmar Bludau – „Hundebox"
Gouache-Collage-Mischtechnik,
1999, 21x19cm, Unikat

28. Buch der Frau

1975 veröffentlichte die Schauspielerin **Hildegard Knef** ihr Buch „Das Urteil", in dem sie die Stationen ihrer Krebserkrankung schilderte. Das kann man gewissermaßen als Startschuß für die dann einsetzende und bis heute anhaltende Flut an Frauenliteratur ansehen. An erster Stelle steht dabei die „Betroffenheitsliteratur" mit Schilderungen von Krankheitsverläufen oder anderen Schicksalen, gefolgt von Liebes- oder Eheromanen, Trauer-Bücher, Romance- und Rote-Rosen-Romane, Erlebnisse von und mit irdischen oder außerirdischen Phantasiegestalten, gefolgt von Ratgeberbüchern und Lebenshilfe aller Art sowie sogenannte Anliegensliteratur. Für die Lektüre von Frauen-Literatur muß man einen Nerv haben. Die ständige Begegnung mit Betroffenheit aller Art und hohen Moralansprüchen läßt einen ermattet ins Polster sinken. Zur sogenannten „neuen Erwachsenenliteratur" für die Hauptzielgruppe junge Frauen gehört neuerdings das befremdliche Genre „Dark Romance", das der Branche vergangenes Jahr die Bilanz gerettet hat. Dabei handelt es sich meist um die romantisierte Darstellung männlicher Gewalt. Und wenn Frauen lesen, lesen sie anders. Auf der Social-Media-Plattform TikTok sind die Book-Toker-Aktivistinnen unterwegs mit kurzen Videos und emotionalen Leseempfehlungen. Sie erhalten die Bücher von den Verlagen zur Rezension. Dann erfolgt im Wohnzimmer vor der Kamera das spannende „unboxing", was heißt, daß die Mädels einfach Pakete öffnen und den Inhalt auspacken. Viele Buchhandlungen haben mittlerweile ganze Regale für sie freigeräumt. Da gibt es das Mädel **Jess** mit 522.000 Followern. Ihre Buchrezensionen bestehen aus einer kurzen

Inhaltsangabe mit anschließender Empfehlung in der heute üblichen deutsch-englischen Mischsprache. Und dann verrät sie noch: „Seitdem ich klein bin, liebe ich das Lesen". Lehrbücher zum Erwerb der deutschen Sprache gehörten wohl nicht dazu.

Die **FAZ** ist eine Institution. Vor Jahren saß auch immer „ein kluger Kopf" dahinter. Jetzt macht sich um sie ein Nebel breit, sodaß der Leser befürchten muß, sie demnächst als Hauspostille der LGBTQ-Community in seinem Briefkasten zu finden. Eine **Jovana Reisinger** (Jahrgang 1989) mit den Berufsangaben Schauspielerin, Filmemacherin, Schriftstellerin und bildende Künstlerin, darf Kolumnen – „Single-Kolumen" – schreiben, die sich ausnahmslos um sie selbst drehen. Ihre abwehrende Erklärung für dieses selbstverliebte Ausbreiten ihres Egos: „Es ging mir nie darum, die deutsche Carrie Bradshaw zu sein". **Carrie Bradschaw** ist eine Figur aus der „Sex in the City"- Serie. Von einem Freund die 1. Folge ausgeliehen und diese Filmfigur über zwanzig Minuten ertragen. Es ging dabei nur um Carrie selbst, meist als Ich-Erzählung oder mit anderen Mädels. Ihre Bedürfnisse entsprachen den Auslagen umliegender Boutiquen, das Geplapper (im Originalton) unerträglich. Die selbstreferentiellen Kolumnen der Frau Reisinger sind aber ein 1:1-Abklatsch von Carrie, die sie aber nicht sein will.

Sie erklärt; „Warum Carrie Bradshaw kein gutes Vorbild für Single-Frauen ist. Bei einem schicken Dinner im unlängst vergangenen Jahr, geladen waren Chefredakteure, Herausgeber,

Journalistinnen und Kulturschaffende, rutschte mir der äußerst dünne Träger meines hochgeschlitzten Kleides runter. Ich zog instinktiv meine Schulter nach oben und versuchte, mit der linken Hand den Träger zu angeln, konnte ihn aber nicht sofort einfangen, als mir ein bislang verhältnismäßig stiller Mann zu meinen Flirtkünsten gratulierte. Es ist bis heute unklar, ob er sich von meinem Busenblitzer gemeint fühlte oder nur etwas Irritierendes sagen wollte. Jedenfalls kam der Small-Talk nicht viel weiter als bis zum Beruflichen, denn beim Stichwort ‚Single-Kolumnistin' war es um ihn geschehen."

„Hätte ich auf diese Begegnungen im Nachhinein lieber verzichtet?": Da sinniert sie darüber, auf welche Erfahrung im vergangenen Jahr sie hätte verzichten können, wer in ihrem Leben bleiben darf, wen sie dringend rausschmeißen muß.

„Wir sollten über Liebe in Freundschaften nachdenken": Da half ihr eine Freundin über das Gefühl des Nicht-Geliebt- und Nicht-Begehrtwerdens hinweg. So ist das: Jeder Liebeskummer in Deutschland muß unbedingt in allen Zeitungen als relevantes Ereignis behandelt werden.

„Als würde ich die großen Gefühle auslagern" – Ihre existentielle Frage: „Wieso date ich nur Männer, die in anderen Städten leben?" Tja, das muß sie sich wohl selbst beantworten. Da können ihr die FAZ-Leser nicht helfen.

„Es war eine dieser Nächte, in denen man sich hingibt": Sie trug ein hochgeschlitztes, tief ausgeschnittenes, ärmelloses schwarzes Kleid. Sie hatte Appetit. Und sonst so?

„Ich kenne Männer, die unbemerkt das Kondom abziehen": Es ist Frühling, sie hat mit zwei Männern geschlafen, einer zog das Kondom ab und nun sitzt sie in der Küche und zapft sich Blut aus ihren Fingern ab für Tests auf Geschlechtskrankheiten. Sie sollte nachschulen: Erstens lassen sich Erreger, Antikörper oder Metabolite nicht sofort nach Exposition, sondern erst mit einer Zeitverzögerung von mehreren Tagen bis Wochen nachweisen und, zweitens, lassen sich Gonorrhoe, Chlamyden genitalis und Herpes genitalis nicht im Blut feststellen, sondern nur im Abstrich. Drittens benötigt man für einen teuren Safer-Sex-Bluttest, anders als die Autorin hier praktiziert, venöses und kein Kapillarblut (HIV, Lues, Hepatitis C, IgG Screening und Hepatitis B-s-Antigen). Diese Tests und deren Auswertung können übrigens nur in Fachlaboren bearbeitet werden.

„Wollt ihr nicht verheiratet bleiben – des Status wegen?": Als die Kolumnistin Anfang dreißig war, wurde sie von ihrem Mann verlassen. Jetzt überlegt sie, was sie machen soll.

„Verlassen zu werden war das Beste, was mir hätte geschehen können.": Sie sucht nach ihrem Ehering, kann ihn aber nicht finden, weil sie nicht weiß, wann, wo und bei welcher Gelegenheit sie ihn abgenommen hat. Zu Herzen gehend wie zu kalter Heringssalat.

„Er slidete ganz unauffällig in meine DMs": Ein Mann hat ihr eine Textnachricht geschickt. Sie hat geantwortet und wachte dann im größten Bett auf, in dem sie jemals gelegen hatte. So schnell kann`s gehen.

„Männer wandten sich ab, weil ich zu unabhängig war." Jetzt hat sie wieder einen. Männer sind eben oft gekränkt in ihrem Ego, wenn sie es mit solch einer bedeutenden Frau wie dieser Jovana zu haben, findet sie.

Die FAZ illustrierte diese Selbstfeierei mit inszenierten Fotos, die die Autorin in zehn verschiedenen Posen zeigen, während das Therapiezentrum in der kardiologischen Abteilung der FAZ versucht, ihre Autorin zu erklären, und das klingt wie der Klappentext zu einem Herz-Schmerz-Roman aus dem Selbstverlag: „Als unsere Autorin anfing, diese Kolumne zu schreiben, war ihr Herz gebrochen. Heute, zwei Jahre später, schlägt es wieder gleichmäßig und ruhig. Über eine Heilung, die nichts mit der großen Liebe zu tun hat, und das Glück der Unabhängigkeit."

Jovana Reisinger ist fleißig, die Bezeichnung „Kolumnistin" muß man sich verdienen. Auch gibt es am und im eigenen Körper so viel zu erkunden, daß man die Ergebnisse der Exploration der Öffentlichkeit einfach nicht vorenthalten darf. So fand sie in der einstmals seriösen und dem finanziell potenten Publikum hochglanzmäßig zugetanen „Vogue" ein weiteres Medium, wo sie ihre Schreibarbeit loswerden konnte. Hier hatte sie sich ihre Monatsblutung unter dem Titel „Bleeding Love" zum Thema genommen. Sie spricht „über das Mysterium Monatsblutung", über die Geheimniskrämerei drum herum, sie beklagt, daß sie während ihrer Menstruation nicht ernst genommen wurde, daß man im Meeting nicht einfach heulen könne, ohne gleich in den Perioden-Verdacht zu geraten. Und wenn sie vom plötzlichen Blutungsbeginn überrascht war, suchte sie dafür eine Erklärung: „Ich hatte also nicht nur exzessiv gesoffen und mit dem Typen rumgemacht...". Und sowas muß brühwarm unter die Leute gebracht werden!

„Bleeding Love – Die kritischen Tage": „Letztens wurde ich von meiner Periode überrascht. Sie kündigte sich nicht an, sie stürmte einfach durch die Tür. Eine Woche zu früh!

Wenigstens hat sie das PMS gleich mit übersprungen. Und sie kam netterweise morgens quasi zum Frühstück. Dann stand ich da vor meinem Kleiderschrank und war trostlos. Nicht nur mein Körper, sondern auch mein Kleidungsstil und ich machen einen Zyklus durch. Alle paar Wochen erscheint mir die dargebotene Auswahl extrem unsinnig und ich frage mich ungläubig, warum selbst meine Jogginghose weiß ist ……" ad libitum…

„Bleeding Love – Über die wohltuende Wirkung von Orgasmen während der Menstruation": Hier beklagt sie die gesellschaftlichen Tabus, die das Thema Menstruationsblut umgeben. Sie will Offenheit überall. Tampons, Menstruationstassen. Spielzeug, Vibratoren, befleckte Bettwäsche. Und natürlich Orgasmen. Wo soll die „Offenheit" denn stattfinden? Weiterhin in der Presse, die übrigens seit Jahren gerade dieses Thema bis zum Überdruss abhandelt? Anders als die Autorin behauptet, ist die heutige Jugend über alle Facetten des Sexuallebens ausgiebig informiert. Man kann sogar sagen, oft besser als ihre Eltern. Ob dies auch immer in der notwendigen neutralen Weise geschieht, ist nicht gesagt. Deshalb ist diese Thematik gerade bei der Jugend nicht mehr so interessant und sie wird auch nicht interessanter durch die edel auf Mitte gesetzten Texte in der „Vogue".

Die **ARD** wollte für ihr Format „**ttt**" als Nachfolger für dessen Moderator Moor den Journalisten und Fernsehmoderator **Thilo Mischke** (Jahrgang 1981) installieren. Auf den Fuß folgte entrüsteter Protest von 140 „Kulturschaffenden". Denn der Kandidat hatte sich eines schweren Vergehens schuldig gemacht: Er hatte eine Wette abgeschlossen, wozu er eine Weltreise antrat und nach seiner Rückkehr sein 2010 erschienenes Buch „In 80 Frauen um die Welt" verfaßte. Man kann davon ausgehen, daß von den Kritikern – 100 weiblich und 40 männlich – niemand das Buch gelesen hatte. Für die Empörung reichte der Titel aus. Und schließlich war er ein Mann! Worüber er nicht berichtete: Auf den Fidschi-Inseln verliebte er sich in eine 19jährige Leah und brach die Wette ab. Frauenfeindlich, sexistisch und rassistisch sei sein Buch und er habe auch keine Selbstkritik geübt. Das Instrument der Selbstkritik ist aus dem Marxismus-Leninismus bekannt und bedeutet immer die Vergrößerung und Vergröberung von Schuldvorwürfen, auch wenn deren Gründe nie vorhanden waren. Verbunden damit ist die Unterwerfung unter eine Bestrafung durch ein Kollektiv. So wurde dies in der untergegangenen Sowjetunion und in der DDR praktiziert. Nachdem die ARD dem Protest zunächst standhielt, knickte sie dann doch ein und zog sich auf heute überall übliche Phrasen zurück, daß die heftige Diskussion die Personalie überschattet habe und man jetzt Schaden für die Marke „ttt" vermeiden wolle. Mischke hatte das Buch schon längst vom Markt genommen. Diejenigen, die es, im Gegensatz zu den Kritikern, gelesen haben, schildern es als freundlich, fast liebevoll gegenüber Frauen. Der Kreuziget-ihn!-Forderung des Kollektivs – hier der „Kulturschaffenden" – folgt dann die programmatische „Unterwerfung", hier der Rausschmiß des unbescholtenen Mischke. Wir wissen heute, daß zu den Chaos-Gruppen und Gewaltprotestlern, die bei jeder Gelegenheit Randale machen, Polizisten angreifen, Ministerien beschädigen, Scheiben einschmeißen, immer auch „Kulturschaffende" gehörten und gehören. Es wäre interessant zu wissen, was die Protestler in ihrer eigenen Jugend und bis heute getrieben haben? Wir hatten immerhin einen Polizisten prügelnden Taxifahrer als Außenminister, der heute als Weltweiser in Berlin erbetene und ungebetene Ratschläge erteilt. Haben die „Kulturschaffenden" sich nichts vorzuwerfen? Da ist doch Jovana Reisinger, die über ihre Menstruation, über ihre Geschlechtsverkehre, ihre Orgasmen zum Überdruß berichtet. Und die ist jetzt plötzlich so empfindlich? Oder meint sie, daß dieser Job bei „ttt" eigentlich ihr zustünde? Und was treibt die „Kulturschaffenden" überhaupt um, glauben sie tatsächlich, solche Interventionen seien konstruktiv? Als Gustave Eiffel seine Pläne für einen 300 Meter Turm aus Eisen den städtischen Gremien vorstellte, hagelte es Kritik. Auch hier meldeten sich „Kulturschaffende" mit allerlei Gegenargumenten und düsteren Prophezeiungen. Zum Glück hatte die Präfektur nur taube Ohren für sie übrig, sodaß der Turm gebaut werden konnte. Der Eiffelturm ist nicht nur zu dem Wahrzeichen von Paris geworden, sondern ist bis heute die touristische Attraktion schlechthin. Sollen wir glauben, „Kulturschaffende" wie Schauspieler, Regisseure, Musiker, Maler hätten einen größeren Durchblick, ein umfassenderes Wissen, größere Lebenserfahrung als ihre Mitbürger? Es sei ihnen gesagt, ihre Ansichten, Prognosen und Wertungen sind entbehrlich, liegen sie doch genauso oft daneben wie richtig, eben im durchschnittlichen Bereich. Warum also immer die große Welle?

29. Housewife's Duty

Im nordhessischen **Borken** fand der „Aktionstag saube-
res Borken" statt, zu welchem auch eine allgemeine Müll-
sammelaktion gehörte. Dabei durchkämmten Schüler und
Lehrkräfte in Gruppen die Ortsteile, Feldränder, Sportplät-
ze usw. Eine 66jährige Frau, die sich von den Gruppen ab-
gesondert hatte, zog allein weiter zur Bahn. Sie wollte das
Schienenbett reinigen, übersah und überhörte dabei den
herannahenden Zug der Hessischen Landesbahn und wurde von deren Lok erfaßt. Sie starb als Aspirantin auf den
„Darwin-Award" noch an der Unfallstelle, der 34jährige
Lokführer erlitt einen Schock und mußte ärztlich versorgt
werden.

Beim Zappen hängengeblieben: Eine Mutter, offenbar alleinerziehend, mit ihren zwei Buben im Alter von ungefähr
8 und 10 Jahren. Alle drei stehen in der Küche und leeren
Säcke mit Plastikmüll, den sie zuvor in ihrem Wohnort auf
Straßen, Wegen und Anlagen aufgesammelt hatten. Die Kinder reichen der Mutter nach und nach den Inhalt der Säcke
– Joghurtbecher Trinkflaschen, Plastikbesteck, Speiseeis-
dosen u.v.m. – zum Auswaschen und Reinigen im schaum-
vollen Spülbecken. Danach wandern die so gereinigten Teile
in den gelben Sack. Die Mutter erklärt vor der Kamera, daß
sie dies täglich nach den Hausaufgaben der Kinder täten,
sie lernten so Verantwortung und Sauberkeit und auch der
Klimawandel durfte hier nicht fehlen. Leider hatte der verantwortliche Redakteur die Buben nicht gefragt, ob sie vielleicht nicht lieber auch mal mit den Kumpels von nebenan
Fußballspielen möchten oder mit den anderen lieber Skate-

board fahren oder ins Baumhaus zu Freund Felix klettern? Kann es sein, daß Kinder in entscheidenden Lebensphasen nach ihren Schulpflichten wegen sinnloser und zudem moralisch überhöhter Tätigkeiten einer unaufgeklärten und offenbar überforderten Mutter auf Freude und Freunde verzichten müssen?

2008 verlor die Astronautin **Heide Stefanshyn-Piper** einen Werkzeugkoffer im All, als sie zu Reparaturarbeiten die ISS verließ. Dasselbe passierte im November 2023 den beiden Astronautinnen **Jasmin Moghbellin** und **Loral O'Hara**, als sie einen Spaziergang im All unternahmen, um einige Instandsetzungsarbeiten auszuführen. Dabei entschwebte ihr Werkzeugkoffer ihnen voran in die Schwerelosigkeit. Nachfragen bei den zuständigen Pressestellen ergaben, daß es bisher keine Meldungen über im Orbit verlorene Werkzeugkoffer durch männliche Astronauten gibt.

30. „Frau am Steuer"

Eine Darbietung von Folgen ausufernder Betriebs-Weihnachtsfeiern und Einkaufsstreß boten gleich zwei Frauen in Süd- und Norddeutschland. In Mittelfranken, irgendwo zwischen dem bayerischen Mühlhausen und Geiselwind wollte die Polizei eine Frau stoppen, die zuvor auf dem Parkplatz eines Einkaufszentrums mehrere andere Wagen gerammt und eine Blechschneise hinterlassen hatte. Als die Polizei die 52jährige stoppen und kontrollieren wollte, rastete sie aus, rammte einen Streifenwagen und fuhr mit hoher Geschwindigkeit auf Polizeibeamte zu, welche zur Seite springen mußten. Daraufhin versuchten mehrere Streifenwagen, die Frau in ihrem Auto einzukeilen, mit der Folge, daß sie erneut das Polizeiauto rammte und ein anderes streifte. Schließlich gelang den Beamten mit gezielten Schüssen in die Reifen, den Wagen zum Stehen zu bringen. Sie und zwei verletzte Polizeibeamte wurden ins Krankenhaus gebracht. Die Polizei ermittelt jetzt aufgrund der gefährlichen Fahrmanöver der Frau wegen des Verdachts eines versuchtem Tötungsdelikts. Später teilte die Polizei ergänzend mit, daß sich die 52jährige in einem psychischen Ausnahmezustand befunden haben könnte, sodaß sie dem Ermittlungsrichter vorgeführt wurde zur Prüfung der Unterbringung in einer Fachklinik.

Eine 38jährige fuhr in ihrem Alfa Romeo nachts um drei Uhr durch Lübeck. Das Ergebnis ist eine 100 Meter lange Schneise der Verwüstung mit sieben stark beschädigten Autos, zwei stehen in Flammen, eine Bushaltestelle und eine Grundstücksmauer sind zerstört. Die Einsatzleitung wußte nicht, mit wie vielen verletzten Personen sie eventuell rechnen müßten. Der Hergang lief so ab: Der Alfa Romeo der Unfallfahrerin krachte in einen 330-PS-Golf, der seinerseits in einen geparkten Chrysler mit Gasantrieb stieß, dieser wiederum knallte gegen einen Tesla. Als aus dem Golf Flammen loderten, sprangen diese auf den Chrysler über. Die Alfa Romeo-Fahrerin und ihre 42jährige Beifahrerin wurden von Sanitätern untersucht. Sie sollen nur leicht verletzt gewesen sein und lehnten eine Behandlung im Krankenhaus ab. Der bei der Fahrerin durchgeführte Alco-Test ergab 1,06 Promille, Führerschein und Auto wurden beschlagnahmt. Die Höhe des Sachschadens wird von der Polizei auf weit mehr als 400.000 Euro geschätzt.

Trust **WOMEN**

How Harris may win back a critical group of voters who abandoned Biden

Screenshot: CNN, Analysis by Ronald Brownstein, Published Tue July 30, 2024: „**Vertraut Frauen**" war einer der Slogans, mit denen sich Kamala Harris bei der amerikanischen Bevölkerung als Spitzenkandidatin der Demokraten im Jahre 2024 um das Amt des US-Präsidenten bewarb. Ein Vorhaben, mit dem sie krachend scheiterte. Als am Wahlabend ihre Niederlage feststand, ließ sie sich nicht mehr blicken und war zudem auch nicht bereit – wie normalerweise üblich – ihre Niederlage einzugestehen und dem Sieger zu gratulieren.

31. Aggressive Empfindsamkeit

Noch nie in der Geschichte der Bundesrepublik haben Politiker so viele Beleidigungsklagen losgetreten wie das Duo **Baerbock/Habeck**, auf deren Konto 90% aller Strafanzeigen aus dem politischen Raum gehen (während ihrer Amtszeit zwischen 2021-2024 = 1.300 Anzeigen. Quelle: Statista). Sie lassen Agenturen die deutsche Tagespresse, das Netz und das Fernsehen akribisch nach angeblich relevanten Tatbeständen untersuchen, ob irgendwo ein Mensch sich negativ über sie geäußert hat. Mit einer beispiellosen Klagewelle werden dann unbescholtene Bürger überzogen, denen die Kosten des grünen Energiegesetzes die Existenzgrundlage genommen haben, die unter den Verkehrsbeschränkungen leiden und deshalb ihre Geschäfte schließen mußten oder ihre Arbeitsstellen nicht mehr mit ihren Autos als einzige verfügbare Verkehrsmittel erreichen können. Die Dauerbeleidigten übersehen dabei, daß das Gesetz nicht dazu gemacht wurde, jedes negative Wort zu bestrafen, sondern so zu verstehen ist, daß „Politikerbeleidigung" dann strafbar ist, wenn die Beleidigung den Politiker in seiner Eigenschaft und Tätigkeit als Abgeordneter oder Minister beschädigt. Für Allerweltsbeleidigungen, die im normalen Leben immer mal vorkommen, ist die Privatklage vorgesehen, deren Kosten auch ein Politiker dann selbst tragen müßte. Es ist deshalb ungeheuerlich, daß dem Steuerzahler die Kosten für solche ausufernde „Strafverfolgungen" inclusive Hausdurchsuchungen aufgebürdet werden. Dazu kommen die Regelungen zur Gendersprache oder zum Umgang mit Migranten, mit dem Islam, mit Transmenschen und LGBTQ, die sich bekanntermaßen ständig diskriminiert fühlen. Es ist nur natürlich, daß sich dann pure Verzweiflung und Angst, gepaart mit Ohnmachtsgefühlen Bahn bricht und man sich dann wenigstens etwas Luft verschaffen will. So ging es auch dem 64jährigen Rentner **Stefan Niehoff** aus Franken, der Robert Habeck wegen seiner gemeinschaftsschädlichen Wirtschaftspolitik im Netz als „Schwachkopf" titulierte, eingebettet in das Emblem „Schwarzkopf" der Firma Wella. Es folgte außer einer Anzeige wegen Beleidigung eine Hausdurchsuchung. Nachdem Niehoff, Juristen, Bürger und am 8. Januar 2025 auch Markus Lanz erstaunt fragten: Hausdurchsuchung bei Beleidigung? Erklärte der 35jährige Grünen Vorsitzende **Felix Banaszak**, daß die Hausdurchsuchung wegen „vieler anderer Verdachtsfälle auf Volksverhetzung" stattgefunden habe. Doch das ist falsch. Der Durchsuchungsbeschluß des Amtsgerichts Bamberg stützt Niehoffs Position: dieser beziehe sich ausschließlich auf das „Schwachkopf"-Emblem. Eine Anklage wegen Volksverhetzung wird nicht aufgeführt. Da dieser Straftatbestand nicht zutraf, fordert Niehoffs Anwalt **Markus Pretzell** Unterlassungserklärungen von Banaszak und dem **BR**, bei deren Weigerung wird er die beiden verklagen. Banaszak berief sich auf einen Bericht des Bayerischen Rundfunks und behauptet, er habe sich auf die Berichterstattung des BR verlassen und berief sich auf das sogenannte „Laien-Privileg"– **Bundesverfassungsgericht, 1 BvR 3388/14 v. 28.06.2016** –, wonach sich Laien zunächst auf unwidersprochene Presseberichte berufen können. Allerdings hatten zu dieser Zeit bereits „**Welt**", „**Spiegel**" und „**Süddeutsche Zeitung**" die Geschehnisse korrekt dargestellt. Bei Banaszak konnte man voraussetzen, daß er über die Umstände der Hausdurchsuchung korrekt informiert war, erschwerend kommt hinzu, daß er als Politiker den täglichen Umgang mit der Presse (Newsticker) gewohnt ist. Auch hier sehen wir wieder ein Beispiel, daß Grüne besonders skrupellos mit der Ehre ihrer Mitmenschen umgehen. In diesem Zusammenhang nicht unerwähnt bleiben sollte, daß **Angela Merkel** während ihrer 16jährigen Kanzlerschaft keine einzige Strafanzeige gestellt hat!

Wolfram Weimer, Verleger Weimer Media Group, der frühere Chefredakteur von „Welt", „Focus" und des von ihm gegründeten Magazins „Cicero": „Wir haben das in der Geschichte der Republik noch nie gehabt, daß zwei amtierende Minister, zwei Schlüsselminister, die Außenministerin und der Vizekanzler, hunderte von Strafanzeigen, eher über 800 – wahrscheinlich sind es über 1.000 – gestellt haben.

Strafanzeigen gegen Menschen, die sie kritisiert haben. Robert Habeck und Frau Baerbock haben diese sehr aggressive strafrechtliche Einführung in den politischen Diskurs zum Programm gemacht." Er meinte, daß es doch die Grünen gewesen seien, die den öffentlichen Raum ausgeweitet hätten und „gerne auch mal frech" gewesen seien. „Ich komme aus Frankfurt, die Frankfurter Sponti-Szene, die lebte davon, daß man die Obrigkeit auch einmal angegangen ist. Wenn jetzt ausgerechnet diese Grünen, wenn sie dann an der Macht sind, anfangen, in Hunderten von Fällen Strafanzeigen zu stellen, dann verletzen sie ihre eigene politische Kultur." Habeck teilte übrigens mit, er wisse von den Strafanzeigen nichts, die Fälle seien ihm nicht bekannt, das mache alles seine Agentur. Das kann aber nicht stimmen, denn Habeck hat jede seiner Anzeigen selbst unterschrieben! Nicht zu vernachlässigen ist auch der enorme Zeit- und Personalaufwand, der für Polizei und Staatsanwaltschaften benötigt wird, da ja jede einzelne Anzeige erst ermittelt werden muß, um dann eventuell angeklagt oder eingestellt zu werden. Diese Zeit fällt an, wenn sich der Strafvorwurf als haltlos herausstellt und das Verfahren eingestellt werden muß. Da werden ganze Gerichte damit belegt, weil ein Herr Habeck und eine Frau Baerbock sehr empfindlich sind. Rechtssachen, die keine Sondermenschen in Auftrag gaben, müssen dann eben auf der langen Bank warten.

Erinnert sich noch jemand an die ausführlichen Presseberichte über den Schüler **Marco Weiss** aus Uelzen? Während eines Türkei-Urlaubs 2007 mit seinen Eltern lernte der 17jährige Junge eine 13jährige Britin kennen, die mit Mutter und Schwester im selben Hotel logierten. Sie freundeten sich an und verbrachten Zeit miteinander. Marco hielt das Mädchen für 15jährig, da es am Handgelenk ein Hotelarmband trug als

Zeichen, daß die Mutter Alkoholkonsum ihrer Tochter erlaubte. Nachdem das Mädchen aber plötzlich behauptete, vergewaltigt worden zu sein, wurde der Junge Marco von der Polizei festgenommen. Er räumte den Kontakt zu dem Mädchen ein, bestritt jedoch eine Vergewaltigung. Später bestätigte ein Arzt nach einer Untersuchung des Mädchens dessen Unversehrtheit („virgo intacta") und auch die türkischen Behörden bestätigten dieses. Das Verfahren vor dem türkischen Gericht war von Beginn an belastet mit Verfahrensfehlern, die hierzulande zwingend zum Ende des Verfahrens hätten führen müssen. So gab es keine Beweissicherung (beispielsweise die Untersuchung von Wäschestücken und Bettzeug), Mutter und Tochter hätten als Zeugen persönlich gehört werden müssen, sie hätten der Verteidigung zugänglich sein müssen usw. Es hieß, die Mutter habe gebeten, sie und ihre Tochter mit Fragen zu verschonen, da sie sehr empfindlich seien und um ihre Gesundheit fürchteten. Marcos türkischer Gefängnisaufenthalt dauerte 247 Tage, während er zuhause ein ganzes Schuljahr verlor. Erst die Intervention des in Deutschland lebenden Vural Öger, Chef eines großen türkischen Reiseunternehmens, besprach den Fall mit entscheidenden Regierungsstellen seines Landes, die ein günstiges Klima schufen und dem Jungen letztlich die Ausreise ermöglichten. In der Öffentlichkeit erregte dieser Fall viel Aufmerksamkeit, doch diese richtete sich merkwürdigerweise nie auf die Mutter, die ungerührt, kalt und unanständig nicht nur nichts tat, um dem Jungen zu helfen, sondern durch ihre Weigerung, zur Klärung des Falles beizutragen, ihm vorsätzlich Schaden zufügte. Sie wußte, daß es zwischen den beiden Jugendlichen eine in diesem Alter typische Liebelei, aber keine Vergewaltigung gegeben hat und vor allen Dingen hätte sie wissen müssen, daß ihr offensichtlich laxer Erziehungsstil vermutlich dieses Drama erst angerichtet hat.

32. Die Besetzungscouch

Wer zum Film oder ins Fernsehen wollte, wußte, daß es in den Büros maßgeblicher Entscheider über Rollenbesetzungen ein spezielles Möbel gab, die sogenannte „Besetzungscouch". Man kann unterstellen, daß jede glücklich war, eine oder die Rolle ergattert zu haben. Schließlich ist die Auswahl an Darstellerinnen riesig und ebbt auch nicht ab trotz der schrecklichen Aussicht, ins Chefzimmer geladen zu werden. Und nun nach 20 Jahren und eine beachtliche Karriere dazwischen, fällt einem ein, daß damals, am Anfang, ein Geschlechtsverkehr stattfand, vielleicht war es aber auch nur ein Klaps auf den Po, vielleicht hat er ihr nur vielsagend tief ins üppige Dekolleté geschaut – wir werden es nie erfahren, schließlich fand die Begegnung nur zwischen zwei hoffentlich erwachsenen Menschen statt. Aber da jede Karriere irgendwann einmal eine Auffrischung braucht, wurde von Frauen, vorwiegend im reiferen Alter, „Me Too" erfunden unter gleichzeitiger intercontinentaler Mitwirkung Tausender Leidensgenossinnen, die „schwer traumatisiert" tränenüberströmt, gestützt von Freundinnen, der Weltöffentlichkeit von ihrem Martyrium berichten, das sie in einiger Vorzeit wahrscheinlich doch selbst riskiert haben. Ein wichtiges Ziel war sofort erreicht: Die beschuldigten Männer erlebten den Alptraum ihres Lebens. Sie verloren auf der Stelle ihren Job und damit meist die einzige finanzielle Grundlage ihrer Existenz, sie und ihre Familien waren geächtet, ihre Kinder in der Schule gemobbt, ihre Häuser beschmiert, ihre Autos angezündet. Und das – bis auf wenige Ausnahmen – ohne ein Gerichtsurteil. Die Beschuldigungswelle rollt bis heute, sie erfaßte bisher Sänger,

Schauspieler, Regisseure, Dirigenten, Solisten, immer Personen, die auf ihrem Gebiet überragende Leistungen vollbrachten und die solche Anschuldigungen oft als Hochbetagte trafen. Wie kann man sich denn da überhaupt noch wehren? Die Perfidie ist doch gerade, daß kein Gericht dazwischen ist, sondern wir es hier mit einer fürchterlichen Art von Selbstjustiz zu tun haben. Dafür spricht, daß diese Frauen explizit keine juristische Klärung wollen, weil ihnen dann das Instrument des Rufmords abhanden käme. Frauen möchten als empfindsame und daher schutzbedürftige Wesen, als Opfer behandelt werden, die gleichzeitig das hemmungslose Ausleben von Aggressivität für berechtigt halten. Man kann schon sagen, das Muster dahinter ist: lange Zeit warten, Erinnerungen verblassen, dann zuschlagen, Aufmerksamkeit generieren, Karriere pushen, als Begleiteffekt neuen attraktiveren Lebenspartner an sich binden. Verfügten Männer über die ihnen von Frauen zugeschriebene Toxizität, sie hätten sich schon längst verbündet, hätten eine Agentur gegründet, deren einzige Aufgabe wäre, solche Frauen einzusammeln und vor Gericht zu zwingen. Hier wie in allen anderen Rechtsstaaten gilt: Schuldig ist jemand nur dann, wenn ein Gericht – und nicht irgendwelche Aktivistengruppen –, jemanden schuldig gesprochen hat, bis dahin gilt er als unschuldig!

33. Grausame Schicksale

Der gesamte Zuhörerraum des Amtsgerichts **Hannover** heulte bitterlich, als eine Klima-Chaotin von der angeblich letzten Generation vor Gericht stand. Sie hatte das Reiterstandbild von König Ernst-August l. (1771-1851) mit kaum zu entfernender Acrylfarbe in Orange besudelt. Als Grund gab sie ihre große Klimaangst an, ohne freilich erklären zu können, wie ein altes Denkmal ihr bei einer wie auch immer gearteten Klimarettung behilflich sein könne. Vor Gericht verlas sie Reden von Nelson Mandela und Guterres, sie wollte internationale Klimaexperten als Zeugen geladen wissen. Unter fortwährendem Geschluchze beklagte sie alle künftigen Klimatoten, sekundiert vom lauten Geschluchze ihrer zuhörenden Anhängerinnen. Aber es half nichts. Die Richterin belehrte sie, daß nämlich der Zweck niemals die Mittel heilige und verurteilte sie, immerhin äußerst milde, zu 50 Tagessätzen à 10 Euro, ihr Verteidiger hatte Freispruch für seine uneinsichtige Mandantin gefordert. Die Deutsche Bahn, auf deren Vorplatz sich das Standbild befindet und dessen Eigentümerin sie ist, kündigte an, die Reinigungskosten von bisher 10.000 Euro bei ihr geltend zu machen.

Etwas weiter nördlich, auf **Sylt**, besaß eine ältere Dame ein kleines Flugzeug, das auf dem Flugplatz abgestellt war. Eine Gruppe Klimakrimineller entschied, dieses gesellschaftsschädliche Objekt zu zerstören, indem sie den Motorraum komplett mit Farbe auffüllten, sodaß eine Reparatur unmöglich wurde und ein Totalschaden von mehr als 1 Million Euro feststeht. Während sie ihre Aktion wie üblich tränenreich verteidigten, weil sie angeblich morgen schon auf einem kahlen steinernen Planeten leben müßten, leiden jetzt andere: Da die Besitzerin wegen ihres Alters schon lange nicht mehr selbst flog, hatte sie nämlich den örtlichen Rettungsdiensten und dem Krankentransport ihr Flugzeug zur kostenlosen Nutzung überlassen!

Gleichzeitig zeigte das Fernsehen eine Videosequenz einer etwa 20jährigen Frau, wie sie sich, halb über ihren Einkaufswagen gebeugt, durch die Gänge einer Lebensmittelabteilung in einem Supermarkt schiebt. Dabei heulte und schluchzte sie unaufhörlich, sodaß man zunächst schlecht verstehen konnte, welches Leiden sie gepackt hatte. Doch dann wurde deutlich: Die Dame hatte Hunger. Und das umgeben von vollen Regalen! Und da wurde der Weltöffentlichkeit zum ersten Mal bewußt, daß auch hier, mitten unter uns, Hunger und Mangel herrscht. Das gute Kind bestand nämlich auf veganen Lebensmitteln und da entsprach die Auswahl offenbar nicht ihren Ansprüchen. Kleiner Tip: Veganer müssen keine industriell gefertigten Convenience-Produkte essen, es reicht vollkommen, wenn sie Kartoffeln, Gemüse und Salat kaufen und sich daraus eine Mahlzeit zubereiten, wobei sie beachten sollten, daß Fleischtomaten tatsächlich vegan sind, den bösen Namen tragen sie nur, weil sie ihn von bösen fleischessenden Menschen erhalten haben. So könnten sie auch sich und ihrer Umwelt das Gejammere und Geheule ersparen. Wetten – das geht?

Katharina Stolla (Jahrgang 1998), Chefin der Grünen Jugend, fordert die 20-Stunden-Woche: „Wofür soll ich mich in dieser kaputten Welt kaputt arbeiten?" Die TikTokerin **Dana R.**, augenscheinlich um die 20 Jahre alt, erlebt gerade „den größten Nervenzusammenbruch ever". In ihrem Selfie-Video, das viral ging, äußert sie sich regelrecht verzweifelt über die Bedingungen, die ihr zum Berufsstart geboten wurden: „Da sind Leute, die wollen dir 36.000 Euro geben zum Berufsstart als Vollzeitangestellte. Aber: du kriegst 30 Tage Urlaub im Jahr. Das Schlimmste ist: die 30 Tage sind ja noch viel." Jetzt weiß sie nicht, wie sie das überleben könne. Für Unternehmen, also Arbeitgeber und die zukünftigen Kollegen von Berufsanfängern wie Dana R. ist ein solches Verhalten ein Problem. Wenn die einen weniger arbeiten, müssen die anderen mehr arbeiten, sonst funktioniert die Wirtschaft nicht. Wer sich selbst ein üppiges Zeitbudget an Social-Media-Nutzung, Mit-Freunden-Abhängen, Fun-Events, „Seele-baumeln-Lassen" und „Mal-richtig-Ausschlafen" zubilligt, wird auch bei angespannter Fachkräftelage kaum einen dauerhaften Arbeitsplatz sichern können. Kann es sein, daß die Danas dieser Welt ernsthaft glauben, die Allgemeinheit würde dann mit ihren Steuern für ihre Lebensansprüche aufkommen?

Der Jude **Ralph Erwin** (eigentlich Erwin Vogl) wurde 1896 in Bielitz (später Polen) geboren. Nach seinem Abitur 1915 in Wien wurde er im 1. Weltkrieg verwundet. Danach studierte er unter anderem Musikwissenschaft und übersiedelte 1927 nach Berlin. Hitlers Machtergreifung zwang ihn zur Flucht nach Paris. Bis dahin hatte er schon über 50 Filmmusiken geschrieben, viele Chansons („Ich küsse Ihre Hand Madame") und setzte auch in Paris seine Tätigkeit fort für französische Produktionen. Nach dem Einmarsch der Deutschen verschleppte man ihn in das Internierungslager von Beaune-La-Rolande. Seine mit ihm geflohene Ehefrau konnte ihn aber bei eigener Lebensgefahr befreien und auch verstecken. Dort starb er am 15. Mai 1943 durch einen Bombensplitter der Alliierten. Bis heute ist das Schicksal der Ehefrau unbekannt. Man kennt noch nicht einmal ihren Namen.

34. Die Opfer

Die „**Rheinpfalz**" titelte am 6. Dezember 2023 „Plötzlich die Hand auf dem Po – So erleben Frauen in der Südwestpfalz Sexismus" und stellte für die Erzählungen aus der Hölle des Frauseins eine ganze Seite zur Verfügung. Außer den Äußerungen von drei Mandatsträgerinnen berichteten alle anderen von ihren im übrigen doch recht harmlosen Begegnungen mit dem anderen Geschlecht und zwar anonym. Warum das eigentlich? Als Kinder haben wir „Klingelmännchen" an fremden Haustüren gespielt, um dann nicht erwischt zu werden, sind wir dann schleunigst weggerannt. Hinter der nächsten Hausecke haben wir dann die Reaktionen der gefoppten Leute an der Haustür beobachtet und hatten unseren Spaß. Aber warum verhalten sich erwachsene Frauen wie solche Kinder?

Mit 81 Jahren fiel es der früheren „Miss Tagesschau" **Dagmar Berghoff** noch ein, Ende der 1980er Jahre sexuell belästigt worden zu sein. „Einmal saß ein berühmter ARD-Korrespondent neben mir und hat mir immerzu über den Rücken gestreichelt und irgendwann an meiner BH-Schnalle herum gefummelt", wie sie der „Süddeutschen Zeitung" verriet.

Das Land **Hessen** will jetzt energischer für Frauen da sein. Dazu will man sexistische Äußerungen wie anzügliches

Rufen (Catcalling) oder Gestikulieren gegenüber Frauen effektiver verfolgen. Catcalling soll künftig auch angeklagt werden. Justizminister **Christian Heinz** (CDU) zufolge wird die Generalstaatsanwaltschaft Frankfurt all dies in einer Rundverfügung an alle hessischen Staatsanwaltschaften sicherstellen. Zudem werde bei der Generalstaatsanwaltschaft ein Beauftragter als zentraler justizinterner Ansprechpartner für Fragen bei Straftaten mit Catcalling-Hintergrund zur Verfügung stehen. Laut Justizministerium können bei diesen Delikten je nach Einzelfall die Straftatbestände Beleidigung, Nötigung oder sexuelle Belästigung erfüllt sein. – Wir hätten vom Justizminister lieber etwas zu der Tatsache gehört, daß die nicht gerade kleine und ihm sehr bekannte Anzahl von Frauen-Verächtern, (Gruppen-)Vergewaltigern, Schlägern, Messerstecher und Mördern mit demselben Eifer in ihre Heimatländer abgeschoben wird!

Antonella Bizzini ist Leiterin der Anlaufstelle „Frau+Arbeit" in **Zürich**. Ihr ist bewußt, daß im normalen menschlichen Zusammenleben immer wieder Mißverständnisse vorkommen, weil eben Begriffe oder der Tonfall des Gesagten vermeintlich dazu Anlaß geben. Es geht also immer um das Gemeinte und wie es verstanden werden kann. Dazu hat sie Beispiele: Da ist eine Journalistin, die in ihrem Text von einem anderen Autor Zitate verwendet hat. Sie möchte, daß dieser ihren Text gegenliest. Das ist ein üblicher Vorgang. Der Angesprochene sagt, daß er eigentlich jetzt Feierabend habe, aber für eine schöne Frau gerne eine Ausnahme mache. Diese Antwort wird als grenzwertig betrachtet, denn die Aussage zeige das Machtgefälle und sei nicht auf Augenhöhe zu verstehen, denn der Mann stehe als der Mächtigere da, der einer schönen Frau einen Gefallen tut. Eine Fernsehjournalistin soll eine Live-Moderation machen. Der anwesende männliche Kollege sagt zu ihr, daß sie keine Angst zu haben brauche, er sei ja da, wenn etwas schief ginge. Auch eine solche Aussage könne nur toleriert werden, wenn die Journalistin die Sendung zum ersten Mal mache, dann könnte das als Hilfsangebot ohne Hintergedanken aufgefaßt werden. Eine andere Journalistin machte Fotos für eine Reportage. Da mußte sie sich anhören, daß sie so gut aussehe, daß sie nicht hinter sondern vor die Kamera gehöre. Auch dieses Kompliment fiel unter das Sexismus-Verdikt. Denn eigentlich habe der Mann gesagt, daß sie fürs Fotografieren unfähig sei. Diese Fälle zeigen, daß Männer mit Frauen am besten gar nicht kommunizieren. Denn, so **Susanne Nef**, die Leiterin der Fachstelle „Gleichstellung" in Zürich, die Frage, ob eine Belästigung vorliege, könne nicht im Allgemeinen beantwortet werden. Ausschlaggebend sei immer das Empfinden der belästigten Person und nicht die Absicht der belästigenden Person. „Die Relativierung von als Humor verpackten sexistischem Verhalten kann ein Nährboden sein für eine Unternehmenskultur, die übergriffiges Verhalten begünstigt. Dasselbe gilt für ein vermeintliches Kompliment."

Kassel, Juni 1964, Documenta Eröffnungsparty im Park, warmer Sommerabend, schon etwas dunkel, tout le monde flaniert, lacht, ist fröhlich. Es gibt Häppchen und Wein. Sie, ihr Mann und befreundete Künstler stehen beieinander und erzählen sich von ihren Neuerwerbungen und Reisen, als sich ihnen im Halbdunkel eine etwas beschwipste Männergruppe nähert, die als bekannte Museumsdirektoren zu identifizieren waren. Einer von ihnen ergreift an ihrem Kleid den Zipper vom langen Rückenreißverschluß und will ihn aufziehen. Sie dreht sich um: „Na, noch nicht müde?" Er, nicht mehr ganz sprachsicher: „Ich bin doch der Haftmann!" Sie lacht belustigt und gibt ihm einen Klaps auf den Arm:

„Jetzt aber ab ins Bettchen!" Ausnahmslos alle lachten und hatten ihren Spaß. Frage: War die Frau in dieser Szene Opfer? Hat sie sich falsch verhalten? Hätte sie „Zeit", „Süddeutsche" und „Spiegel" benachrichtigen oder gar die Polizei rufen müssen, schon allein, um „ein Zeichen zu setzten"?

Wir sollen denken: Frauen seien immer und überall Opfer, sie wehrten sich jetzt nur. Dieses Wehren betreiben sie auf vielfältige Weise. Als es noch das Instrument der Arbeitsbeschaffungsmaßnahme (ABM) gab, die es unter anderem Kommunen ermöglichte, über die Arbeitsverwaltung für längstens 24 Monate auf Kosten der Arbeitsämter Arbeitslose zu beschäftigen in der Hoffnung, sie so in reguläre Arbeitsverhältnisse zu bringen, war dies für klamme Kommunen oft ein Strohhalm zur Bewältigung ihrer Pflichtaufgaben. Eine **norddeutsche Großstadt** griff zu bei den Studienabgängern „Kulturwissenschaft" einer benachbarten Fachhochschule und hatte binnen kurzer Zeit über zwanzig solcher Arbeitsbeschaffungsmaßnahmen zu betreuen. Man versprach sich Unterstützung bei Kita und Schule, bei Freizeitgestaltung und Seniorenbetreuung. Wegen Platzmangel wurden die „ABMs" in einem leerstehenden Klassenraum einer Schule untergebracht. Da saßen dann die Frauen täglich zusammen – männliche Absolventen gab es in diesem Jahrgang nicht – und heckten gemeinsam Vorstellungen darüber aus, die Stadt in ihrem Sinne umzukrempeln. Bald schon hatten sie ihr zentrales Objekt gefunden: Der Museumsdirektor muß weg! Er war zwar ein international anerkannter Fachmann, zeigte Documenta- und Biennale-Künstler, errichtete eine Spezialsammlung, wofür man ihm dankte. Denn durch seine Verbindungen konnte bemerkenswert günstig eingekauft werden. Die Besucherzahlen konnten sich sehen lassen. Doch die Frauen pochten auf ihre „Fachkenntnis" – schließlich hätten sie ja studiert! – und erstellten mehrere Exposés darüber, wie nach ihrer Ansicht ein Museum geführt werden müsse, welche Kunst gezeigt werden solle – ausschließlich von nichtweißen Künstlerinnen – und verlangten ultimativ die Umsetzung ihrer Forderungen, die sie regelmäßig auch in der örtlichen Presse erhoben. Nachdem der Spuk vorüber war, kehrte wieder Ruhe ein in die am Ende verunsicherte Bevölkerung. Der Kulturbereich ist eben weiblich, Frauen sind hier seit langem bis in die Leitungsebenen – Museen, Theater, Volkshochschulen, Kulturämter, Kulturredaktionen in Print, Funk und Fernsehen – überrepräsentiert. Vielen reicht dieses jedoch nicht, so beanspruchen sie auch die restlichen noch männlich besetzten Stellen für sich. Und dort verbreiten sie dann alles, was ihrer Meinung nach regelbedürftig ist. Jeder, der sich ihnen widersetzt, verdient, in die Tonne getreten zu werden und muß am Ende sehen, was von seinem Leben noch übrig bleibt.

Tatort eine **Mannheimer Klinik.** In einem Zweibettzimmer liegt eine 79jährige Covid-Patientin, die auf maschinelle Beatmung angewiesen ist. Es ist Anfang November 2022, ihre 72jährige Mitpatientin stört sich an den Geräuschen der Beatmungsmaschine und will ihre Ruhe haben. Deshalb legt sie den Hauptschalter um, die Maschine verstummt. Das Personal bemerkt die Unterbrechung, schaltet die Maschine wieder an und ermahnt die Frau. Nur eine Stunde später schaltet diese wieder die Beatmung ab. Dieses Mal muß die Patientin reanimiert werden, stirbt aber drei Wochen später. Die geräuschempfindliche Patientin wurde unter Mordverdacht in Untersuchungshaft genommen.

In einem Zweibettzimmer einer **Bremer Klinik** gab es Heiligabend aus bisher unbekannten Gründen Streit zwischen den beiden Patientinnen, der tödlich endete. Eine 41jährige Frau hatte ihre 62jährige Bettnachbarin erwürgt. Nachdem Reanimationsmaßnahmen erfolglos blieben, mußte ein Arzt den Tod der Patientin feststellen. Die Tatverdächtige wurde festgenommen, die Mordkommission ermittelt.

35. Hubertus Knabe

An dieser Stelle bietet geradezu herausragende Leistungen **Carolin Würfel** (geboren 1986 in Leipzig), die beim Untergang der DDR zwar erst vier Jahre alt war, man aber annehmen kann, daß ihre Familie sie weiterhin in gewohnter Weise erzogen hat. Sie kann inzwischen auf eine beachtliche Jagdstrecke prominenter Männer blicken: den Historiker **Hubertus Knabe** selbst, vormaliger Direktor der Stasi-Gedenkstätte Berlin-Hohenschönhausen, trifft zwar nicht ihr Hauptvorwurf, vielmehr seinen Stellvertreter **Fraundorfer**, jedoch kennen sich die beiden gut. Deshalb wurde auch Knabe Opfer des Furors von sechs Frauen, die in einem Interview (Zeit-online 18.12.2018) ihr Leid ausbreiten durften. Stellvertretend für ihre Kolleginnen klagte ihn eine „**Amina F.**" an: „Es herrschte unter ihm eine Kultur des Kleinhaltens. Jeder Text, jeder Brief, so meine Erfahrung als Volontärin, mußte über seinen Schreibtisch. Das ist eine Methode, um Menschen einzuschüchtern". Offensichtlich reichte dieser schwere Vorwurf der Interviewerin Würfel nicht, denn sie hakte nach: „Ging es nicht vor allem um Sexismusvorwürfe?" „Amina F.": „Das sexistische und übergriffige Verhalten meines Vorgesetzten kam dazu. Damit meine ich vor allem unangebrachte Komplimente, anzügliche Blicke oder sehr nahes Herantreten an meinen Körper. Ich fühlte mich in der Gedenkstätte nicht als Person wahrgenommen, die inhaltlich kompetent ist und einen Studienabschluß hat, sondern als das hübsche Gesicht der Gedenkstätte betrachtet". Abgesehen davon, daß die Zeit-Leser jetzt wissen, daß, verbrieft durch Selbstzeugnis, Amina F. hübsch ist, wurde sie wohl von niemanden in ihre Arbeit eingewiesen. Man hätte ihr sagen müssen, daß eine Volontärin eine Volontärin ist und keine Abteilungsleiterin, daß ein Vorgesetzter deshalb ein Vorgesetzter ist, weil er für das Geschehen in seiner Abteilung haftbar ist. Zudem ist das Thema der Gedenkstätte bis heute für Teile der Gesellschaft heikel. Da kann nicht jeder Gedanke, der einer jungen Frau zum Berufsbeginn durch den Kopf schießt, ungeprüft als offizielle Verlautbarung der Stasi-Gedenkstätte Hohenschönhausen in die Welt gesetzt werden, sondern muß den Schreibtisch des Verantwortlichen passieren. Zum Schluß Interviewerin Würfel noch: „Sie sind bis jetzt anonym geblieben. Wieso?" „Amira F.": „Viele von uns hatten Angst. Sie hatten Angst vor Knabe und vor den möglichen Auswirkungen auf ihre Karriere. Dies steht sinnbildlich für eine Gesellschaft, in der sexistisches Verhalten teilweise noch als Kavaliersdelikt verstanden wird. (…) Ein weiterer Grund, warum wir anonym geblieben sind, war, daß wir keinen Grund gesehen haben, in der Öffentlichkeit mit Namen aufzutreten. Das tut nichts zur Sache." Doch! Wer jemanden öffentlich beschuldigt (und das auch noch in Verbindung mit der Namensnennung des Beschuldigten), ist geradezu verpflichtet, auch seinen eigenen Namen zu offenbaren. Das Bürgerliche Recht und auch das Strafrecht sind keine Veranstaltung von und für Heckenschützen! Vorwürfe solcher Art gehören verhandelt und geregelt dort, wohin sie gehören, bis vor ein Gericht. Hier hatten sich sechs Damen entschieden, auch mithilfe der Autorin Würfel, den Weg der Vernunft und vor allem des Anstands zu verlassen. Es sollte ihnen aber mal jemand sagen, daß auch der Informantenschutz (Zeugnisverweigerungsrecht) Grenzen hat, die vom BGB beziehungsweise StGB gezogen werden. Wäre dies nicht so, wären alle Menschen, die von irgendwelchen gerade angesagten Aktivistinnen nicht gemocht werden, Freiwild und würden dann unter dem vermeintlichen Schutz ihrer Peiniger durch Anonymität sowohl psychisch als auch physisch in den Tod befördert.

Kubach Wilmsen-Team – „**Mutter, Vater, Kind**",
Basaltstein, teils poliert, **1984, Mutter**: 66cm x 25,5 cm x 24cm;
Vater: 100cm x 20cm x 16cm; **Kind**: 22cm x 17cm x 18cm; **Unikat**

36. Thomas Höpker

Dem Fotografen von Weltgeltung Thomas Höpker warf die Fachfrau für Schmutzkampagnen **Carolin Würfel** Ende November 2014 in der **FAS** zwar keine sexuellen Verfehlungen vor, was auch schwierig gewesen wäre, denn sie kannte ihn überhaupt nicht, sondern dieses Mal die Tatsache, daß Höpker als 27jähriger im Jahr 1966 einen Auftrag für die damalige Illustrierte „Kristall" erledigte, dessen Chefredakteur der ehemalige Nazi und spätere Springer-Chefredakteur **Horst Mahnke** hieß, dieses anläßlich des Erscheinens seines Bildbands „Heartland" (2014) aber verschwieg. Donnerwetter! Wußte die heilige Selbstgerechte denn, ob Höpker die Vita von Mahnke (verstorben 1985) überhaupt kannte? Sie unterstellt einfach, Mahnke habe Höpker „instrumentalisiert" – Jawoll! Er hat ihm einen Auftrag gegeben und gesagt, daß er ihn, Höpker, auch dafür bezahlen werde! Typisch Nazi eben! – und Höpker habe versäumt, 48 Jahre später diese „Tatsache" in seinem Bildband zu erwähnen, wo dieses epochale Ereignis hingehört hätte. Da hat jemand eine Türklinke angefaßt, die eine Generation zuvor von einem Nazi angefaßt wurde („Kontaktschuld"). Unerhört! Der Hinweis, daß, wie alle Menschen, auch ein 27jähriger freiberuflicher Fotograf sich ernähren und seine Miete bezahlen muß, zählt nichts im Universum einer Carolin Würfel. Es ist eine probate Methode: man braucht nicht viel Phantasie sondern nur Fleiß, um die beiden Lieblingsthemen der sehr speziellen Fachautorin „Nazi" und „Me Too" mit Menschen, die man sowieso nicht leiden kann, zu verknüpfen. Ist ja auch einfach: Je länger ein Leben währt, desto wahrscheinlicher ist, daß es gewollte oder ungewollte Berührungen mit

Menschen oder Ereignissen gegeben hat, die erst Enkelgenerationen als problematisch, nicht hinnehmbar, skandalös, ungeheuerlich (ad libitum) verurteilen, ob zu Recht, ist nicht gesagt. Dabei fällt dann auch nicht auf, daß die Moralbesoffene die Angeklagten überhaupt nicht kannte oder diese schon tot sind.

Es folgt ein ungekürzter satirischer Beitrag zu diesem Thema, der am 01.12.2014 im Blog „**Meerschweinchenreport**" erschien:

Carolin Würfel c/o FAZ am Sonntag!

In der aktuellen Ausgabe der «FAZ am Sonntag» (*30. November 2014*) wird deutlich, daß Sie unter der Überschrift «*Viele Bilder und ein Zerrbild*» der Versuchung, diese als Sondermülldeponie für Ihre ganz persönlichen Geistesprodukte zu mißbrauchen, nicht haben widerstehen können. Das ist bedauerlich, weil Sie mit dieser Vorgehensweise beileibe keinen Einzelfall darstellen und somit diese Unart hartnäckig dazu beitragen wird, dem sogenannten «Qualitätsjournalismus» weiterführend und in aller Nachhaltigkeit den Rest zu geben.

Zunächst wird transparent, daß Sie nicht einmal die einfachsten Grundregeln der ohnehin nicht *soo* sonderlich komplizierten Mengenlehre beherrschen. Merke: Nur weil auch Nazis, die nach dem Krieg unbeschadet den Entnazifizierungsprozeß durchlaufen haben und sich morgens zum

Frühstück – das ist nur ein Beispiel – ein Glas Orangensaft genehmigen, heißt das noch lange nicht, daß jeder und jede, der oder die sich morgens irgendwo auf der Welt ebenfalls ein Glas Orangensaft zum Frühstück einschenkt, automatisch als Nazi oder Neo-Nazi einzustufen ist. Auch besteht für diese weltweit angesiedelten Orangensaftkonsumenten – wir sind immer noch im Beispielverfahren – in keiner Weise die Pflicht, bei jedem Schluck Orangensaft die ebenfalls mit am Tisch sitzenden Personen darauf aufmerksam zu machen, daß es nicht restlos auszuschließen sei, daß sich unter ihnen Nazis oder Neo-Nazis befinden könnten, die – Oh Gott, oh Graus – ebenfalls zum Frühstück Orangensaft trinken – und deshalb der Konsum von Orangensaft grundsätzlich zu hinterfragen sei.

Jedem funktionstüchtigen Geist dürfte klar sein, daß das alles Schwachsinn ist, doch Sie begründen die Notwendigkeit eines solchen argumentativen Verhaltens wortwörtlich mit: «*Allein aus (Selbst)schutz vor möglichen Angriffen*». Quoi? Sind wir mit unserem Beispiel durch? Leider nein, denn schließlich wird auch nicht, wir müssen das leider in epischer Breite durchkauen, aus jemandem, der mal in der Nachkriegszeit mit einem entnazifizierten Nazi zusammen an ein und demselben Tisch saß und dort sowohl er als auch der entnazifizierte Nazi jeweils für sich ein Glas Orangensaft tranken ebenfalls ein Nazi – und es wäre bereits illegitim, ihn allein durch diesen Umstand auch nur zwischen den Zeilen in diese von Ihnen festgelegte «Nazi-Nähe» zu rücken. Doch genau das, Carolin Würfel, genau das tun Sie. Die Frage ist nur: Warum?

Ihr Vorwurf in realiter lautet: «*Horst Mahnke war Nazi, Chefredakteur bei Springer und Spitzel des BND. Weniger bekannt ist, daß er auch Fotografen wie Thomas Hoepker intrumentalisierte».* Aha. Und das soll jetzt die Schuld Thomas Höpkers sein, weil davon nichts in seinem hervorragenden Bildband «Heartland» steht? Die darin abgebildeten Aufnahmen entstanden 1963 als Auftragsarbeit für die Illustrierte «Kristall», dessen damaliger Chefredakteur Horst Mahnke war. Er bat den damals 27-jährigen Höpker zusammen mit seiner Frau Eva Windmöller, quer durch die Vereinigten Staaten zu reisen und darüber zu berichten. In Ihrer grenzenlosen und darob überaus eitlen Selbstgefälligkeit schreiben Sie: *«Man mag ihm, dem alten Herrn Hoepker, der ‹sein› Amerika ja immer so bedingungslos geliebt hat, vielleicht sogar glauben, dass er damals nichts von Mahnkes Vergangenheit wusste, oder wie so viele, nichts wissen wollte, weil es ja vorwärts gehen sollte. Aber man ist doch schwer verwundert über die Naivität, mit der Hoepker 2013 einen Bildband publiziert mit Fotos, die unter Horst Mahnke entstanden sind und es nicht in Erwägung zieht, auch nur in einer Fußnote auf die Rahmenbedingungen zu verweisen.»* And here it comes: *«Allein aus Schutz vor möglichen Angriffen».*

Man mag Ihnen, der grünschnäbeligen und viel zu unerfahrenen Frau Würfel, die ihr eigenes beschränktes Auffassungsvermögen ja immer so bedingungslos liebt, vielleicht sogar glauben, daß Sie damals nichts von der Möglichkeit, sich an von der öffentlichen Hand bezahlten Bildungs- und Fortbildungsinstituten (Kindergarten, Schule, Hochschule, Universität, VHS-Benimmkurse) das nötige Rüstzeug für das spätere Leben zuzulegen, wußten, oder wie so viele, nichts wissen wollten, weil es ja vorwärts gehen sollte mit der Etablierung des eigenen geistigen Notstandes als ultimatives Maß aller Dinge. Aber frau ist doch schwer verwundert über die mangelnde Erziehung, mit der Sie einem verdienten und honorigen Thomas Höpker begegnen und es nicht mal ansatzweise in Erwägung ziehen, auch nur in einer Fußnote auf die Rahmenbedingungen für eine unterbezahlte Möchtegernjournalistin zu verweisen. Allein schon aus Schutz vor möglichen Angriffen.

Thomas Höpker, der das mit Ihnen geführte Telefonat möglicherweise als unheimliche Begegnung der dritten Art empfunden haben mag, schrieb Ihnen deshalb kurz nach Beendigung noch eine Mail, aus der Sie wie folgt zitieren: «*Man kann natürlich darüber diskutieren, ob Hans-Michael Koetzle in seinem Vorwort zum ‹Heartland›-Buch die braune Vergangenheit Mahnkes hätte erwähnen sollen. Ich selbst halte das nicht für relevant in diesem Zusammenhang und mein Klassenlehrer hätte das sicher in roter Tinte als ‹Thema verfehlt› moniert.*» Um es vorwegzunehmen: Wir halten das, siehe eingangs dargelegtes Orangensaft-Gleichnis, auch nicht für relevant. Insbesondere nicht, wenn die unberechtigte Kritik von einer Person kommt, deren Vita nicht erkennen läßt, daß sie jemals irgend etwas Hervorhebenswertes geleistet hätte; oder in anderen Worten: deren persönliche Lebensleistung verglichen mit der eines Thomas Höpkers schlicht gegen null strebt – womit Sie allein schon aus diesem Grunde nicht qualifiziert sind, ihn in zu kritisieren.

Abschließend ein paar Hinweise:

a) Thomas Höpkers Nachname weist in seiner Originalschreibweise einen entsprechenden Umlaut auf.

b) Die hier abgebildeten Aufnahmen (außer Buchcover) sind nicht von Thomas Höpker sondern von Diane Arbus, und zwar auch aus der Zeit der frühen 1960er Jahre in den

Vereinigten Staaten. Somit stellen die Aufnahmen Thomas Höpkers auch mitnichten ein «Zerrbild» dar, wie Sie naßforsch behaupten, sondern spiegeln ebenso wie die von Diane Arbus das damalige Erscheinungsbild der Gesellschaft in den USA wider. Was man u.a. von Höpkers Bildern lernen kann, so frau es denn tatsächlich interessiert, ist der unglaubliche Blutzoll, den auch die amerikanische Bevölkerung entrichten mußte, um Nazi-Deutschland in die Knie zu zwingen. Mit Anti-Amerikanismus hat das nun wirklich nichts zu tun.

c) Die Tatsache, daß auch Sie Thomas Höpkers Bilder für Ihr seltsames Geschreibsel gnadenlos instrumentalisieren, so wie Sie meinen, daß es auch ein Horst Mahnke getan hat, macht Sie, auch zwischen den Zeilen, noch lange nicht zu einem Nazi, obwohl es kraft Ihrer eigenen Definition eigentlich so sein müßte.

d) Legen Sie dem Herausgeber-Gremium der FAZ diesen Beitrag vor – bevor wir es tun. Und nun: Husch, husch ins Körbchen.

37. Andreas Türck

Andreas Türck (Jahrgang 1968) zählte von 1998 bis 2002 zu den erfolgreichsten Moderatoren. In der Hochphase der Talkshows begeisterte er täglich ein Millionenpublikum auf **Pro7**. Dann kam der Bruch. Er sah sich einem Gerichtsverfahren wegen Vergewaltigungsvorwürfen konfrontiert. Das Unheil begann 2002 in der Frankfurter „Sansibar". Dort saßen die angeblich Geschädigte „Kathi" und ihre Freundin. Beide hatten schon etliche Cocktails intus, als Andreas Türck mit einem Begleiter in dem Lokal auftauchte. Die Männer nahmen die beiden Frauen im Auto mit, um das Lokal zu wechseln. Dabei soll Türck auf der Honsel-Brücke angehalten und die ebenfalls ausgestiegene **„Kathi"** vergewaltigt haben. Da die Aussagen erhebliche Zweifel an der Glaubwürdigkeit von „Kathi" weckten, wurden zwei psychologische Gutachten in Auftrag gegeben. Diese kamen übereinstimmend zu dem Schluß, daß die Aussagen des mutmaßlichen Opfers nicht den tatsächlichen Ereignissen entsprachen. Deshalb beantragte auch die Staatsanwaltschaft im September 2005 Freispruch. Dieser Fall stellte eine Zäsur in der Karriere Türks dar, durch die seine Moderatorentätigkeit im Fernsehen über acht Jahre unterbrochen wurde.

38. Im Express-Lift

Curt Goetz erzählte einmal eine Geschichte aus seiner amerikanischen Zeit. Er erzählte davon, wie er, eine gerade angezündete Zigarette in der Hand, einen Aufzug betrat und dann ganz schnell, bevor sich dieser in Bewegung setzte, eine junge hübsche Frau im bunten Sommerkleid reinhuschte. In einem Hochhaus konnte damals eine Aufzugsfahrt schon lang werden, wenn man nach ganz oben wollte, wie wohl die junge Frau und auch er. Zu seinem Erstaunen begann die Frau plötzlich, ihm Avancen zu machen, an denen er aber kein Interesse gehabt habe. Als sie merkte, daß ihre Manöver erfolglos blieben, wurde sie ausfallend und drohte ihm mit Erpressung, sollte er nicht willfährig sein. Er aber betrachtete die Darbietung in stoischer Ruhe. Als letztes Mittel zerriß sie ihre Bekleidung. Oben angekommen, öffnete sich die Aufzugstür. Die Frau stürzte kreischend heraus auf den dort postierten Security-Mann zu und schrie, der Herr da, aus dem Aufzug, habe sie im Lift vergewaltigt. Curt Goetz hatte sich unterdessen keinen Zentimeter vom Fleck bewegt und zeigte dem Security-Mann seine immer noch glimmende Zigarette, an der sich inzwischen ein langes Stück Asche gebildet hatte. Er fragte den Mann: „Glauben Sie wirklich, ich hätte so eine Frau vergewaltigen können?"

39. Johann König

Quasi als Urlaubslektüre (wieder **Zeit** Nr. 36/2022, 31.8.2022) für die kunstaffine Leserschaft diente der Aufmacher „Galerist Johann König: ‚Ich habe ihn angeschrien und beschimpft, damit er weggeht'" mit dem das Trio Infernale **Luisa Hommerich, Anne Kunze** und **Carolin Würfel** zum Halali auf den Berliner Galeristen Johann König bliesen. Warum eigentlich? Wer die Entwicklung des Kunstbetriebs im Nachkriegsdeutschland miterlebt hat, reibt sich verwundert die Augen. Damals gab es zaghafte erste Ausstellungen, Künstler kehrten aus der Kriegsgefangenschaft zurück, Museen zeigten in unbeschädigten Gebäudeteilen erhaltengebliebene Stücke, in Kassel gründete Arnold Bode die „Dokumenta", amerikanische Kunst zog Sammler an, dann formierte sich um den Kölner Galeristen Hein Stünke die „art cologne", ein kartellähnlicher Zusammenschluß von Galerien, die sich für maßgeblich hielten, daraufhin gründete sich in Düsseldorf die „Internationale Kunst- und Informationsmesse" (IKI) um den Kölner Ingo Kümmel. Es waren lebhafte Jahrzehnte, es entstanden Verlage, die Originalgrafik im Abonnement anboten, der Siebdruck als künstlerisches Medium wurde populär, die Stuttgarter Druckerei Domberger war hier Pionier, man fuhr bisweilen weit zu Eröffnungen oder Vernissagen und traf sich auf Messen in Basel, Mailand oder Amsterdam, man bekochte und beherbergte Künstler, die auf ihren Reisen vorbeikamen und saß abends zusammen bei hitzigen Diskussionen, es wurde leidenschaftlich gestritten, es floß Alkohol (natürlich!), man umarmte sich oft (das war normal!) und je mehr Europa, desto „ausländischer" die Künstler. Paris, Mailand, Amsterdam, London, Slowenien, Ungarn. Warum dieses so ausführlich? Um zu zeigen, daß die selbstgerechten jungen Damen keinen blassen Schimmer haben von dem Sujet, über das zu schreiben sie sich anmaßen.

Johann König ist der Sohn des unlängst verstorbenen Museumsdirektors Ausstellungsmachers, Hochschullehrers und Direktors des Museums Ludwig Köln, **Kasper König**, Neffe des Kunstverlegers und Buchhändlers **Walter König** und Neffe des Architekten und Bildhauers **Fritz König**. Der Sohn Johann ist also in einem entsprechenden Milieu aufgewachsen mit den dortigen Gepflogenheiten, so wie übrigens Elternhäuser immer eigene Sitten und Gebräuche haben und das jenseits der Strafbarkeit. Daß Johann König beruflich sich auf das Gebiet der aktuellen Kunst begeben würde, war ihm also sozusagen in die Wiege gelegt und nicht ungewöhnlich – wie dies übrigens in Biographien bekannter Unternehmer, Juristen, Ärzte und anderer ebenfalls nachzulesen ist. Bei Bedarf könnten sich die Autorinnen ja bei anderen „verdächtigen" Galeristen umsehen, etwa bei dem Kölner Galeristen Rudolf Zwirner und dessen Sohn David, Galerist in New York.

Man kann das, was über den stark sehbehinderten Johann König hereingebrochen ist, getrost eine gezielte Vernichtungskampagne nennen, die von der „Zeit" am 01.09.2022 initiiert und dann auch von der „**Süddeutschen Zeitung**" u.a. über Jahre unterhalten wurde. Die Berliner **Kanzlei Schertz Bergmann** erwirkte in dieser Sache insgesamt fünf einstweilige Verfügungen, die sich gegen verschiedene verleumderische Behauptungen richteten, die König u.a. als Grapscher darstellen. Dieser sei nach gelungener Vernissage (im Jahr 2017!) im Kreise mehrerer Künstler angeblich alkoholisiert übergriffig geworden, wie zehn Künstlerinnen später – wie gewohnt anonym – lautstark beklagten. Die „Zeit" konnte wohl die Schmach der Niederlage nicht hinnehmen und plazierte an die Stellen der vom Gericht untersagten Behauptungen neue Vorwürfe, eine Methode, die im Zeitungswesen als unseriös und unzulässig angesehen wird. Es gab zwei Ermittlungen der Berliner Staatsanwaltschaft gegen König, die beide keinen Anlaß zur Anklageerhebung ergaben, es sei in keinem Fall von sexuellem Mißbrauch auszugehen. Wohl aber ermittelt die Staatsanwaltschaft gegen drei Frauen wegen Abgabe falscher Eidesstattlicher Versicherungen. Die Flucht in die Anonymität und das Vertrauen auf das Zeugnisverweigerungsrecht von Journalisten (Informantenschutz) nützt Rufmörderinnen nicht in jedem Fall. Es besteht ein öffentliches Interesse an der Verfolgung und Ahndung von Straftaten erheblicher Bedeutung, wie hier, auch bei solchen Delinquentinnen, die unser Rechtssystem, wie von ihnen geäußert, ablehnen. Dieser Fall ist auch deshalb bemerkenswert, weil es zu dieser Geschichte ein Drehbuch-Exposé für eine Neflix-Serie gibt, über das die **„Berliner Zeitung"** berichtet hatte. Darin agieren mit verfremdeten Namen ein Berliner Groß-Galerist, eine Journalistin, Künstler und feministische Aktivistinnen. Ziel dieses Stücks ist die Zerstörung des Groß-Galeristen. Datumsgleich zu diesem Exposé erschien der Artikel von Carolin Würfel (1.9.2022). Das legt nahe, daß ihr Urteil über die Causa König längst feststand, als sie sozusagen nach Drehbuch handelte beziehungsweise schrieb. Darüber hinaus kann nicht ausgeschlossen werden, daß Würfel auch kommerzielle Interessen verfolgte: Ihr Ehemann **Alfons Klosterfelde** betreibt seine Galerie in unmittelbarer Nachbarschaft zu der von Johann König. Inzwischen haben sich eine Reihe von Künstlern wie **Katharina Grosse** oder das **Duo Elmgreen&Dragset** – zum Teil auf Druck von Feministinnen – von König losgesagt, von der „Art Basel" wurde er ausgeladen, er schloß seine Wiener Dependance, er stellte seine Kunstzeitschrift „König" ein und entließ viele Mitarbeiter. Er erhält Morddrohungen, seine Haustür wird mit abgelegten Kränzen gekennzeichnet. Derweil bestehen Feministinnen und Vertreterinnen des Aktivistinnen-Journalismus unverändert auf ihrem Prinzip, daß ein Festhalten an Beweisen ihnen nichts bringe und die „patriachalischen Strukturen" nur zementiere. Die stellvertretende „Zeit"-Chefredakteurin und frühere Gerichtsreporterin **Sabine Rückert** hingegen hält Würfels Text für „Aktivismus" und findet deutliche Worte: „Ist Erpressung und Rufmord jetzt eine neue Art des Journalismus?" Würfel und andere verantwortliche Redakteure hätten „Grundregeln des Journalismus für Effekthascherei außer Kraft gesetzt" und: „Mit Strafverfolgung betreibt man keinen Schindluder". Das ist treffend formuliert. Doch: Warum hat sie nicht als Mitglied der Chefetage gegen diese Auswüchse protestiert und etwas unternommen? Hätte man den Chefredakteur di Lorenzo nicht zu einer Stellungnahme zwingen können? Schließlich handelt es sich um die zentrale Frage, was er selbst unter Journalismus versteht – möglicherweise im Gegensatz zu seinen Lesern. Jedenfalls ist *tout comprendre c'est tout pardonner* keine adäquate Bewältigungsstrategie.

Nachdem sich neben der „Zeit" die „Süddeutsche" an der Hetzjagd auf Johann König überaus nachdrücklich beteiligte, um ihn waidwund seinem Schicksal zu überlassen, müssen die Jägerinnen nun feststellen, daß ihr Opfer noch lebt. Das war wohl nicht geplant und kann auf keinen Fall hingenommen werden. Deshalb – wieder **Marlene Knobloch** – erneute Attacke der „Süddeutschen". Vorspann: „Der Galerist Johann König war ein Popstar der Kunstbranche. Bis zu den Vorwürfen wegen sexueller Belästigung vor knapp zwei Jahren. Eine Geschichte über das Verlieren." Haben die Dame und die sich in ihrer Me-Too-Blase wärmenden Schamlosen nicht begriffen, daß irgendwann ein Spiel aus ist? Und das womöglich sie selbst die Verlierer sind? König hat sein Konzept komplett geändert, ist wieder auf Kurs. Umsatz und Besucherzahlen stimmen. Daß er Schadensersatz und Schmerzensgeld fordert, ist ausdrücklich zu begrüßen. In ihrem Buch „Serious Shit", das Knoblochs Kollegen in der „Süddeutschen" – wo sonst? – dankenswerterweise rezensieren, wird die Autorin zitiert: „... im Grill schmorte der Wunsch, auch in Zukunft in Ruhe gelassen zu werden". Sie beklagt die Zeitläufte, in der die Jugend nicht wegen ihrer Jugend beneidet wird, so, als sei Jugend ein Wert an sich und ihr Verdienst. Wieso sollte man sie beneiden, wenn ihre Jugend Schändliches gebiert? Sie fragt, wie in dieser Demokratie junge, extrem individualisierte Menschen Verantwortung übernehmen können. Das können sie doch! Sie könnten aufhören, Mitmenschen, die ihnen nichts getan haben, die sie nur nicht mögen, in den Dreck zu ziehen, sie könnten aufhören, sich selbst und ihre Hyperindividualsierung unentwegt zu feiern, denn ihre Hyperindividualität müßte trotzdem in der Lage sein, sich selbst kritisch zu betrachten, anstatt die Feinde ihres Wohlbefindens immer und überall bei „Nazis", „Heteros", „patriarchaischen Strukturen", „Kapitalisten" und dergleichen mehr zu suchen. Die Anzahl der von ihnen beklagten „vielen Krisen" könnte minimiert werden, verzichteten sie darauf, selber unentwegt Ursprung neuer Krisen zu werden. Generationen vor ihnen haben (historisch belegt) Krisen erlebt, die sie aushalten und überstehen mußten. That's Life! Ständiges Jammern und narzisstisches Wehklagen gehört sich nicht. Das ist eine Frage, wenn schon nicht des Anstands, dann der Erziehung, die niemals ein überholtes Instrument im gedeihlichen Zusammenleben der Menschen sein wird.

Wie zu hören ist, hat Würfel ihren Wohnsitz inzwischen nach Istanbul verlegt und damit in ein Land, das traditionell besonders für Frauen, Schwule und Diverse ein Sehnsuchtsort ist und deren Rechte achtet und fördert. Jedoch soll sie auch weiterhin in Berlin eine Adresse haben, wenn man Wikipedia Glauben schenken will. Das könnte so gedeutet werden, daß sie möglicherweise glaubt, dadurch für die deutsche Justiz nicht erreichbar zu sein, indem sie keine ladungsfähige Anschrift mehr hat.

Stella McDjango – „**Der lange Marsch der Henne Bertha**",
Digitaldruck auf Leinwand, **1999**, colour, 150x100cm, **Unikat**

40. Rainer Brüderle

Am 6. Januar 2012 hatte es **Rainer Brüderle**, seinerzeit FDP-Spitzenkandidat, beim Dreikönigstreffen erwischt. Dort traf der gutmütige und leutselige Brüderle zu fortgeschrittener Stunde an der Hotelbar auf die 29jährige Dirndl-tragende Journalistin **Laura Himmelreich** (wieder eine junge Frau!) und das Unheil nahm seinen Lauf. Sein Kompliment an sie: „Sie können ein Dirndl auch ausfüllen", geriet zur deutschlandweiten Affaire, nachdem ihr ein Jahr später(!) diese Ungeheuerlichkeit wieder einfiel und die Geschichte am 24. Januar 2014 im „Stern" breittrat. Bemerkenswert an dem Vorfall ist, daß an diesem Abend weder die Journalistin selbst noch ihre drum herum anwesenden Kollegen sich beschwert haben und darüber hinaus Frau Himmelreich den ihrer Meinung nach „dauererotisierten" Brüderle auch danach auf Wahlkampfreisen begleitete. Als bei „**Markus Lanz**" ein Barbesitzer und früherer Dschungelkönig die Sexismus-Debatte nachdrücklich begrüßte und Szenen aus seiner Bar schilderte, wo Männer nach dem dritten Bier häufig zudringlich würden, ärgerte sich die ebenfalls anwesende Schauspielerin **Katrin Sass**: „Es ist so affig. Frauen gehen da hin, weil sie angemacht werden wollen. Können sie damit nicht umgehen, sollen sie wegbleiben." Vielmehr, so Sass, habe die Journalistin in ihrem Text Brüderle als möglicherweise zu alt hingestellt: „Das ist eine Frechheit, über die keiner spricht. Da hätte ich das Getränk genommen und ihr in den Ausschnitt gegossen. Die kann froh sein, daß er ihr noch seine Tanzkarte angeboten hat. Ich hätte ihr was anderes angeboten!" Die ehemalige Bundesjustizministerin **Sabine Leutheuser-Schnarrenberger** wertete Brüderles Bemerkung als Kompliment: „Wenn ich auch ein Dirndl tragen kann und es steht mir gut – wo ist da die Beleidigung?

Also, ich möchte wirklich, daß man da die Kirche im Dorf läßt. Ein Kompliment ist doch etwas anderes, als wenn jemand tatsächlich übergriffig ist." Brüderle selbst versteht die Skandalisierung nicht: „Sie ist mit mir in meinem Auto mitgefahren. Das macht doch niemand, der sich belästigt fühlt. Sie hat sich ein Jahr lang nicht bei mir beschwert." Und auch danach hat sie sich bei Brüderle nicht nur nicht beschwert, sondern diese Begebenheit als Material anläßlich ihres journalistischen Sexismus-Feldzugs ausgeschlachtet. Sie selbst bewegte sich aber hart an der von ihr selbst gezogenen Grenze, als sie in einem Text im „Stern" über die von ihr interviewte Ilse Aigner schrieb: „Bodenständig ist sie geblieben, und dirndltauglich ist sie eh." Brüderles Karriere ist jedenfalls abrupt beendet. Und das war ja wohl auch das Ziel dieser Laura.

41. Warnung an Männer!

Vermeiden Sie, mit einer Frau allein in einem Raum zu sein, außer natürlich Ihrer eigenen oder einem Familienmitglied. Wenn Sie allein einen Aufzug betreten und es kommt noch kurz vorm Türeschließen eine Frau dazu, so sollten Sie den Aufzug wieder verlassen und den nächsten Lift nehmen. Vermeiden Sie, einer Dame, außer der Ihnen gut bekannten, in oder aus dem Mantel zu helfen. Halten Sie hinter sich niemals die Türe für eine nachfolgende weibliche Person offen und helfen Sie niemals einer Unbekannten beim Tragen von Koffern, Taschen oder Sonstigem. Sie glauben nicht, was aus diesen normalen Höflichkeitsgesten schon alles erwachsen ist!! Sind Sie Vorgesetzter in einem Betrieb, so lassen Sie bei unvermeidbaren Besprechungen mit weiblichen Mitarbeitern stets Ihre Tür gut sichtbar geöffnet.

Treffen Sie auf einer Abendgesellschaft auf die Damen **Carolin Würfel, Anne Kunze, Laura Himmelreich, Marlene Knobloch, Luisa Hommerich** oder anderen einschlägig publizierende Frauen sowie **Parteimitgliedern der Grünen**, beziehungsweise der **Grünen Jugend**, so verlassen Sie am besten zügig den Ort, es sei denn, es gelingt Ihnen, über den ganzen Abend hinweg Teil eines sicheren Gesprächskreises zu bleiben. Beteiligen Sie sich nicht an Gesprächen, die sich im weitesten Sinn um die Mann-Frau-Problematik drehen. Werden Sie konkret nach Ihrer Meinung gefragt, so behaupten Sie, Sie hätten sich im Kopf gerade mit etwas anderem beschäftigt und entschuldigen sich dafür. Möglicherweise werden Sie dann mit der Zeit für langweilig gehalten. Dem können Sie entgegentreten, Sie seien eher ein Typ für Männerabende (Fußball, Autos, Golf usw.). Fragt Sie auf der Straße eine Frau nach dem Weg, so gehen Sie ohne anzuhalten weiter und sagen ihr im Gehen, daß Sie das selbst nicht wüßten.

Sie vermeiden so, daß Sie als Videosequenz aufgenommen werden können und man Ihnen kompromittierende Äußerungen unterlegen kann. Lassen Sie sich den Vorwurf der Paranoia nicht gefallen, denn alles hier Geschilderte ist schon vorgekommen und befiel ausnahmslos ahnungslose und unbescholtene Männer!

42. Menstruationskalender

Die Stadt **Freiburg in der Schweiz** hat für ihre Stadtangestellten einen dreitägigen Menstruationsurlaub pro Blutungsereignis eingeführt. Menstruationsschmerzen seien eben extrem schlimm, das Leiden der Frauen so groß, sodaß dieses geboten sei, erklärte die SP-Nationalrätin **Tamara Funiciello**. Bisher hatten Männer die diesbezüglichen Klagen ihrer Frauen gekontert mit dem Hinweis, daß sie sich dafür täglich rasieren müßten, was bisweilen auch eine blutige Angelegenheit sei. In der Tat gibt es schmerzhafte Dysmenorhoen, allerdings treffen sie nur auf wenige Frauen zu. Darüber hinaus verschwinden sie oft nach Schwangerschaft und Entbindung. Es ist also falsch, jede Frau als Menstruationsleidende zu behandeln. Bisher konnten Frauen, die von diesen Schmerzen besonders betroffen sind, mit einer ärztlichen „Dauerbescheinigung" dem Betrieb fernbleiben. Haben Frauen eigentlich nie darüber nachgedacht, daß durch die regelmäßige menstruationsbedingte Abwesenheit vom Arbeitsplatz männliche Kollegen mühelos den persönlichen Periodenkalender jeder Kollegin anlegen und daraus gegebenenfalls schlüpfrige Schlüsse ziehen können?

43. Weichspülung

Mit den frühen 1970er Jahren setzte sich eine Bewegung in Gang, die die Ernährung, die Erziehungsmethoden und letztlich das gesamte menschliche Verhalten beeinflußte. Jungs und Männer sollten sich beim Urinieren hinsetzen, Jungs lernten in der Schule Kreuzstich, und „Konflikte" sollten nicht mehr in Raufereien gelöst werden sondern im „Dialog". Die Ernährung sollte plötzlich „gesund" sein, die **Bundesjugendspiele** werden inzwischen auch nicht mehr als Wettkampf durchgeführt. Begründung: es könnten dabei Kinder schneller laufen oder weiter springen als andere. Der Ruf nach Abschaffung von Zeugnisnoten und Sitzenbleiben wurde lauter. Menschen wurden im Umgang untereinander empfindlicher. Das „Herzchen" war geboren, das Frauen mit den gekrallten Fingern beider Hände in der Luft formen und es jedem, mit dem sie gerade ein paar Worten gewechselt haben, aufdringlich vor die Nase halten. Funk und Fernsehen wetteifern seither darin, ihren Nutzerinnen mit dem Ratschlag, „die Seele baumeln zu lassen" die Last der weiblichen Existenz schlechthin in rosa Wolken aufzulösen. Beschwerden von Eltern in Kitas oder Schulen nahmen zu. An allen diesen Veränderungen waren und sind maßgeblich Frauen beteiligt. Wenn ein Kita-Kind einem anderen ein Förmchen wegnahm, zog das den obligatorischen Elternabend nach sich. Und das Abitur ist nicht mehr wirklich etwas wert: Weil aus „Gerechtigkeitsgründen" jeder das Abitur haben soll, wurden die Anforderungen gesenkt. Wer als Kandidat bei **Günther Jauch** um die Million rätselt, ist fast immer ein Einser-Abiturient, aber oft dumm wie Kastenbrot. Bei der Vergabe von Studienplätzen oder Noten universitärer Abschlüsse verhält es sich genauso, wie seit langem beklagt wird. So schilderte ein geplagter Professor der **Universität Regensburg**, Fach Neuere Geschichte, die Formulierungsbemühungen eines Studenten: „... die Gedächtniskirche ihre Türme seine Glocken ..." Seine Kollegin, die Juraprofessorin an der Hochschule Anhalt in Bernburg **Zümrüt Gülbay-Peischard** schildert in ihrem Buch „Akadämlich – Warum die vermeintliche Elite unsere Zukunft verspielt" ihre Studenten als faul, lethargisch, handysüchtig, arrogant, sich selbst überschätzend, die keine Ahnung vom Arbeitsmarkt haben und sich eigentlich auch gar nicht dafür interessieren. Die Kommunikation mit ihnen besteht aus sprachlichen Entgleisungen und desaströsen Formulierungen. Ihre Rechtschreibung besteht aus einer Rumpfsprache für Smartphones. Ihre Klausuren sind unkorrigierbar.

44. Generation Tofu

Mit den Jahren zog eine allgemeine Wehleidigkeit ins Land. Als Ernährung wurde, sozusagen als Allrounder, die Verwendung von Tofu propagiert. Tofu ist ein Soja-Produkt und enthält **Phytoöstrogene**, welche an Östrogenrezeptoren binden und wie diese wirken. Wenn nun der Speiseplan umgestellt und Tofu gewissermaßen als Fleischersatz dient, frittiert, gebraten, als Füllung, in Salaten, in Gebäck usw. kann der Organismus mit Östrogen überladen werden, was sich nicht nur negativ auf die Fertilität auswirkt (wofür es Hinweise gibt), sondern langfristig auch auf menschliches Verhalten.

Universitäts-Abteilung angewandte Biochemie. Der Prof. und seine Arbeitsgruppe beschlossen, außerhalb ihrer eigentlichen Aufgaben und in ihrer Freizeit, sozusagen als „Hobby", einer anderen Frage nachzugehen, die sich im Laufe ihrer regulären Arbeit aufgedrängt hatte: Haben womöglich veränderte Ernährungsformen einen Einfluß auf die inzwischen verschlechterte menschliche Spermienqualität und damit auf die Reproduktionsrate? Um Hinweise zu erhalten, wurden Studenten der Stadtbevölkerung als auch der umgebenden Landbevölkerung um freiwillige Sperma-Spenden gebeten. Dabei interessierten nicht nur die Qualität der Spermien an sich, sondern auch die Verteilung von Aminosäuren, Elektrolyten, usw. Gleichzeitig wurde noch um eine Zusammenstellung ihrer Ernährungsgewohnheiten gebeten. Ergebnisse dieser Stichproben waren, daß die Spermienqualiät korrelierte mit Soja-Konsum, wobei die Proben der Landbevölkerung bessere Ergebnisse brachten als die der Stadtbevölkerung. Schlußfolgerung könnte hier sein, das vegetarische und vegane Ernährungsweisen in der

Landbevölkerung nicht so verbreitet sind wie in der Stadt. Eine fortdauernde Östrogenüberladung scheint also nicht nur Menschen „weichzuspülen" sondern ist – nebenbei – ein Fertilitätsstopper und darüber hinaus ein Procarcinogen, d.h. es begünstigt die Ansiedelung von Krebszellen. Dieses wird gerne in Abrede gestellt mit Verweis auf Japan, wo Frauen deutlich weniger Brustkrebs entwickelten als hierzulande. Diesen Effekt auf den häufigen Verzehr von Soja-Östrogen zurückzuführen, trägt nicht. Unberücksichtigt bleibt bei dieser Betrachtung, daß Japan über die mit Abstand selenreichsten Böden der Welt verfügt. Selen hat die Eigenschaft, maligne Zellen und Erreger wie Bakterien oder Viren, die immer in uns kreisen, vulnerabel für die Immunabwehr zu machen, indem die Membranen dieser Zellen gewissermaßen „angedaut" werden.

Gleichzeitig beeinflussen Phytoöstrogene genauso wie Östrogene aus Arzneimitteln Stimmungen und psychisches Verhalten besonders der Männer, deren eigener Hormonhaushalt an die konstante Östrogenflut nicht angepaßt ist. Der Breiteneffekt zeigt sich im veränderten männlichen Verhalten: Die „neuen Männer" können waschen, putzen, kochen, Hemden bügeln, können im Kreißsaal einen Geburtsvorgang aus Sympathie und der Erwartungshaltung der Gebärenden entsprechend – und nach bestandenem Hechel-Kurs in der Volkshochschule – anforderungsgerecht imitieren. Daß in den Kliniken die Anwesenheit von werdenden Vätern meist nur aus Marketinggründen ertragen wird, soll hier nicht erörtert werden. Daß ein solch abgerichteter Mann sozusagen sui generis „toxisch" sein soll, haben er und alle anderen Buben bereits im Kindergarten gelernt. Die für diese Klassifizierungen zuständigen Aktivistinnen konnten bis heute nicht erklären, was diese Zuschreibung für die männliche Persönlichkeitsentwicklung bewirken soll. Aber wahrscheinlich geht es ihnen gar nicht darum, sondern nur darum, Männer zu minimalisieren. Am Ende ist es aber meistens doch so, daß auch sie irgendwann gern einen starken Mann an ihrer Seite hätten, der sie beschützt und seine Brieftasche für sie öffnet. Die bayerische Kabarettistin **Christine Eixenberger**, von Beruf Grundschullehrerin, schildert ihre Erfahrungen mit Schülern, Eltern, der Bildungsbürokratie, aber vor allem mit dem „friedlichen" Verhalten der Beteiligten. Jeder, der an solcher Stuhlkreis- und Kuschel-Pädagogik verzweifelt, fühlt sich bei ihr verstanden und kann – unzensiert – herzhaft loslachen.

45. Die russische Brücke

Landau/Pfalz hat eine sanierungsbedürftige Radbrücke, die über die B10 führt. Die Schalung der Brücke, also der untere Teil, ist materialbedingt rot, die darüber liegende Kunststoffwand ist blau. Um den unter der Brücke durchfahrenden Verkehr vor herabfallendem Baumaterial zu schützen, spannte die Baufirma auf die Kunststoffwand ein übliches schwach-weißes Abfangvlies. Das war zuviel! Solches sozusagen zwangsweise sehen zu müssen, erzeugte enorme Irritationen und Übelkeit unter den Autofahrern. Grund war, wie der **Landesbetrieb Mobilität (LMB)** ermittelte, die Farbkombination rot-blau-weiß, die der russischen Nationalflagge entspricht. Die Baufirma, bestürzt über das, was sie bzw. ihre unschuldigen Baumaterialien angerichtet haben, gehorchte und tauschte die Bespannung gegen ein weniger gemeingefährliches Material aus.

46. „Kulturelle Aneignung" I

Am 18. Juli 2022 trat die Schweizer Reggae-Band „**Lauwarm**" im linksalternativen „Restaurant Brasserie" in **Bern** auf. Die Band spielt jamaikanische Musik, singt in Schweizer Mundart und trägt Dreadlocks. Diese Kombination war zu viel für das empfindsame Publikum: kulturelle Aneignung und Rassismus sei das! „Mehrere Menschen haben Unwohlsein mit der Situation geäußert" schreibt das Lokal auf seiner Facebook-Seite. Das Konzert mußte abgebrochen werden. Das Restaurant entschuldigte sich bei „allen, bei denen das Konzert schlechte Gefühle ausgelöst hat". Einen Tag später reifte in dem Restaurant offenbar die Erkenntnis, daß dieses Spektakel auf die Robusteren seiner Klientel nicht gerade animierend wirkt, denn nun hieß es: „Wir meinen nicht, daß Mitglieder der Band oder weiße Menschen automatisch Rassisten sind." Na, nach dieser Absolution könnten wir ja beruhigt sein. Halt! Nein! Wer Dreadlocks, Kimonos, Ponchos, Hawaii-Hemden trägt, eignet sich tatsächlich fremde Kulturen an, werden wir belehrt. Dies basiere auf der Tatsache, daß Weiße unter Ausnutzung ihrer wirtschaftlichen und kulturellen Macht andere Völker – wobei hier pauschal alle Völker verstanden werden, die nicht zu den westlichen Industrienationen zählen und weiß sind – unterdrückt und ausgebeutet hätten. Merkwürdigerweise wird bei solchen und ähnlichen Anlässen nie die naheliegende Frage beantwortet, welcher Kultur man jetzt mit diesem Lied, diesem Kostüm Schaden zugefügt hat. Das Tragen von typisch holländischen Holzschuhen („Klompen") fiele somit nicht unter das Verdikt. Grundsätzlich wird hier jedoch übersehen, daß die Befolgung des Verbots der „kulturellen Aneignung" zwangsläufig zu ethnisch „reinen Kulturen" führen würde, wie schon einmal beim Verbot von Jazz als „Negermusik". **Josef Goebbels** würde sogar noch aus dem Jenseits applaudieren!

47. „Kulturelle Aneignung" II

Das hatten sie sich nicht vorstellen können! 17 Seniorinnen im Alter von 60 bis 86 Jahren, seit 42 Jahren zusammengeschlossen im „**AWO-Ballett Rheinau**", dürfen nicht, wie vertraglich vereinbart, von April bis Oktober einmal pro Monat auf der Bundesgartenschau tanzen. Dabei hätten sie eigentlich am 19. April 2023 unter dem Titel „Weltreise in einem Traumschiff" auftreten sollen. Dabei handelte es sich um Tanzdarbietungen, die beliebte Urlaubsländer repräsentieren sollten wie Ägypten, Mexiko, Spanien, Japan. Obwohl die AWO-Damen bereits 2022 weit im Vorfeld beauftragt wurden und ihre Kostüme anfertigten, fiel es dem 42jährigen künstlerischen Leiter **Fabian Burstein** erst kurz vor der Eröffnung auf, daß die zum großen Teil selbstgenähten Kostüme für ihn indiskutabel waren, weil sie als „kulturelle Aneignung" und „klischeehaft" erkennbar seien. Die Damen, unter ihnen Chinesinnen, Russinnen, Ukrainerinnen, mußten sich nun in zähe Verhandlungen mit dem Buga-Beauftragten Burstein begeben, den die Geschäftsführung der mit Steuergeldern finanzierten Bundesgartenschau anscheinend mit zu großen Vollmachten ausgestattet hat. Dabei betonte dieser, er habe nichts verboten. Das stimmt sogar, er hat 6 von 17 Kostümen nur nicht erlaubt. Ändern mußten sie die Pharaoninnen in ägyptische Arbeiterinnen, die Mexikanerinnen verlieren ihre Sombreros, die Asiatinnen müssen modern gekleidet sein, Spanierinnen sollen ihre Castagnetten weglassen, usw. … Der Soziologe Lars Distelhorst pflichtet diesem Treiben bei, weil solche Tänze Stereotype bedienten. Er klärt uns auf: Spanier würden nicht alle mit Castagnetten herumlaufen – das wußten wir bisher nicht! – und auch Mexikaner trügen nicht alle täglich einen Sombrero – auch das ist uns neu. Das Vorgehen der Bundesgartenschau berührt die Punkte „Verstoß gegen Treu und Glauben", „Vertragsbruch" und „Altersdiskriminierung". Das AWO-Ballett, das übrigens immer ehrenamtlich und unentgeltlich auftritt, wurde zum 1. Mai 2023 in Deutschlands größten Freizeitpark, Europapark Rust, eingeladen. Dort brachten sie unter viel Applaus ihr Programm auf die Bühne ohne Abstriche. 2024 erschien ein Buch von Fabian Burstein „Was Kultur braucht, um in Zeiten von Shitstorms, Krisen und Skandalen zu überstehen". Kleiner Tip von hier aus: Man provoziert einfach selbst keine Skandale und Shitstorms!

Die kulturelle Entwicklung der Menschheit ist eine einzige kulturelle Aneignung! Immer wenn Menschen aufeinandertrafen, brachten sie etwas von sich mit, das sie von anderen zuvor aufgenommen und bei sich integriert haben. Seit den ersten Menschen vor ca. 1,8 bis 2,8 Millionen Jahren geschah dies immer einfach und unbewußt auf natürliche Weise. Es bedurfte wohl erst der 2000er Jahre und ihrer satten und sorglosen und zudem extrem ungebildeten Jugend, daraus ein Problem zu konstruieren, mit dem sie ihre Mitmenschen seither straflos traktieren dürfen.

48. Rettungseinsatz

„In **Alsdorf** bei Aachen hat sich vergangenen Freitag, 29.11.2019 am Gymnasium ein blutiges Drama abgespielt. Wie das Regionalstudio Rheinland des **WDR** meldete, mußten zwei Rettungswagen, zwei Feuerwehrautos und ein Notfallseelsorger anrücken, weil insgesamt 13 Kinder medizinisch und seelsorgerisch versorgt werden mußten. Allerdings war der Grund für den Großeinsatz keine Massenschlägerei oder gar ein Amoklauf, sondern nur eine kleine Schnittwunde eines Fünftkläßlers, die dieser sich in der Pause an seiner Hand zuzog. Als diese zu bluten anfing, stürzte ein zartbesaiteter Mitschüler, der kein Blut sehen kann, vor Schreck und zog sich beim Fallen eine Platzwunde am Kopf zu, aus der ebenfalls Blut floß. Vom Anblick der Verletzten derart aus der Fassung gebracht, begann ein drittes Kind zu hyperventilieren. Das wiederum löste bei zwei weiteren Kindern Schocksymptome aus, bis die Kettenreaktion schließlich noch sieben Kinder in Mitleidenschaft nahm. Während Sanitäter und Seelsorger die Panik einhegten, wurden die zwei leichtverletzten Jungs in umliegende Krankenhäuser gebracht. Die Feuerwehr hob im Einsatzbericht hervor, daß immerhin ‚der Schlußsanitätsdienst besonnen reagiert' und bis zum Eintreffen der Rettungskräfte nicht auch noch die Nerven verloren habe." (© Matthias Bäkermann)

Ein Kollege, jahrelang als Leiter der Notfallambulanz einer **New Yorker Klinik** tätig, ist nach Deutschland zurückgekehrt. Auf die Frage, ob es hier einen großen Unterschied gebe zu seiner New Yorker Tätigkeit, kam die Antwort: „Dort behandelten wir Schußwunden, hier sind es Mückenstiche."

49. Chakrenmassage

Die neuen Nachbarn sind eingeladen. Man plaudert über dieses und jenes und dann verrät die Nachbarin unvermittelt, daß sie sehe, daß der Hausherr ein schlechtes Karma habe, was vermutlich von defekten Chakren herrühre. Die Unterhaltung stockt jäh, was hatte die Frau da gesagt? Aber die hatte nichts bemerkt, sondern sagte triumphierend in die Runde, daß sie das aber reparieren könne und er sich danach wieder „bombig" fühlen werde. Allerdings hatte niemand der Umstehenden Interesse an den offerierten „Chakrenmassagen", was die Nachbarin in ihrem Redefluß nicht störte. Die Esoterik ist eine Domäne von Frauen, Männer sind seltener vertreten. Antoprosophen, Homöopathen, Astrologen, Traumdeuter, Angehörige des Ökospektrums, Yoga-Praktizierende, Heilpraktiker, nicht zu vergessen die Nostradamus-Anhänger propagieren esoterische Weisheiten, die mit Wissenschaft nicht mal ansatzweise etwas zu tun haben, was gerade Frauen dann besonders „logisch" finden. Medizinstudenten, die zur Aufbesserung ihres Budgets an Heilpraktikerschulen unterrichten, berichten übereinstimmend von Frauen, die bei der Rückgabe ihrer schlechtbenoteten Arbeit über Nieren- und Leberfunktion antworteten, daß sie dieses Wissen in Zukunft sowieso nicht bräuchten, weil sie ja „Homöopathie machen" werden. Männliche Schüler äußerten sich hingegen immer orientiert am Lehrstoff. Her mit den Traumfängern!

50. Carmen Thomas

Carmen Thomas (Jahrgang 1946) arbeitete als Funk- und Fernsehjournalistin für verschieden Formate beim **WDR**. 1973 war sie im **ZDF** die erste Frau als Sportmoderatorin. Berühmt wurde sie durch ihren Versprecher „Schalke 05", den einige eingefleischte Männerclubs für ausreichend hielten, Frauen generell die Qualifikation für Sportmoderationen abzusprechen. Es ging sogar das Gerücht um, das ZDF habe Thomas deshalb gekündigt, was jedoch nicht der Realität entsprach. Sie moderierte die Sendung noch weitere 18 Monate. Gegen den WDR führte sie ein arbeitsgerichtliches Verfahren auf Festanstellung, in dem sie obsiegte. Anschließend verließ sie den Sender. In der Zwischenzeit hatte sie sich mit Gesundheitsaspekten befaßt, worüber sie Bücher schrieb. Dabei sind ihre Hauptinteressen sehr speziell: Umgang mit Leichen und Eigenurin. Soweit sie Eigenurin als Therapie in der Humanmedizin einsetzt, muß allerdings davor gewarnt werden. Urin ist ein Abfallprodukt des Körpers. Die Nieren sammeln und filtern alle bei ihnen ankommende Flüssigkeiten nach „Wiederverwertbarem" und geben dieses wieder zurück in den Kreislauf. Die nicht verwertbaren Substanzen werden über die Blase ausgeschieden. Zu diesen Substanzen zählen Bakterien, Hormone, Salze sowie etliche Stoffe, die durch den Leberstoffwechsel giftig geworden sind und deshalb den Körper verlassen müssen. Da die Nieren ihren Abfall schnell loswerden müssen, sind sie darauf angewiesen, daß die Menschen viel trinken. Es ist deshalb befremdlich und durch nichts zu begründen, weshalb Menschen giftige Abfallstoffe aus ihrem Urin trinken oder injiziert zu sich nehmen sollten. Es gibt keine validen

Studien, die diese „Therapie" stützen. Nach dieser Urin-Logik wäre auch Kot als menschlicher Abfall aus dem Darm therapeutisch nutzbar, wenn er gegessen oder als Injektion aufbereitet verabreicht wird. Die Eigenurintherapie war bis zum Mittelalter auch hierzulande gebräuchlich. Inzwischen gibt es nicht umsonst eine moderne Medizin. Lebererkrankungen wurden behandelt, indem man auf einem Brot mit reichlich Butter lebende Schafsläuse einarbeitete, das die Erkrankten dann essen mußten. Offene Wunden wurden mit frischem Pansen verbunden. Warzenbildung wurde mit Menstruationsblut bestrichen. Dieses und viel mehr ist unter dem Begriff „Dreckapotheke" bekannt. Verfahren sind nicht deshalb besser, weil sie alt sind.

50. Kürbis

Wer im Restaurant Frauen an seiner Seite hat, weiß meist schon im voraus, wie ihre Speisenwahl ausfällt. Frauen bestellen nämlich immer und überall dasselbe: Salat, wie auch immer gemischt, wahlweise mit Putenstreifen oder köstlichem Tofu. Besonders beliebt ist eine Dekoration aus Blumenblüten, von der erwartet wird, daß man sie auch ißt, obwohl sie geschmacklich sinnlos sind. Dazu und über den Abend Rieslingschorle. Zuhause haben Frauen ein Lieblingsgemüse und das ist der Kürbis. Einmal, weil man ihn zu Grimassen schnitzen kann, um damit an ihrem geliebten Haloween Leute zu erschrecken, zum andern ergibt pürierter Kürbis eine Suppe, die nach nichts schmeckt, es sei denn, man rückt ihr mit Tomate, Curry, Chili und Sahne zuleibe und bestreut sie mit gerösteter Petersilie oder verpaßt ihr einen gehörigen Schuß Gin. Kürbis läßt sich auch in Stücken sauer einlegen, dann kann man ihn mit Senfgurken verwechseln. Restaurants, die ihre Speisen mit Blumenblüten anrichten, werden besonders geliebt. Der männlichen Begleitung wäre ein Steak ohne Dekoration lieber. Bei einer Abendgesellschaft mit Büfett suchen sie sich immer besonders exotische Kreationen aus. Die Damen wissen, sie fallen damit auf. Ihre Tischnachbarn, deren Ehefrauen sie als zu bieder einschätzen, bandeln mit ihnen an. Da viele Männer kapriziöse Frauen reizvoll finden, zumindest vorübergehend, ist der Abend ein voller Erfolg!

51. Scheidenherpes

Frauen brauchen Beachtung, wenn's geht öffentliche, am besten im Fernsehen. Wohin das führen kann, erfuhren die konsternierten Zuschauer einer Ausgabe von „**Markus Lanz**" vom 2. Juni 2022, wo es um den Ukraine-Krieg ging, erst ein Jahr später. Außer der 59jährigen Politikwissenschaftlerin **Ulrike Guérot** waren anwesend eine Politikerin und zwei Journalisten. Daß die Diskussion sehr streitig verlief, ist an sich nicht ungewöhnlich, auch nicht, daß Frau Guérot sich benachteiligt fühlte. Einmalig hingegen ist ihre plötzlich mit 12-monatiger Verspätung in einem Interview öffentlich vorgetragene Klage über Lanz und dessen „unflätige Moderation". Gipfel ihrer Anschuldigungen: „Lanz hat mir einen Scheidenherpes reingetalkt, ich bin aus dieser Sendung raus und hatte tatsächlich einen Herpes an der Scheide". Schuld daran sei seine „männliche Brutalität. Ich bin dann am nächsten Tag zu einer Gynäkologin, die mir gesagt hat, sowas hätte sie noch nie gesehen. Und die hat das dann fotografiert fürs Lehrbuch. Nur mal um zu sagen: Man geht da nicht unbeschadet raus." Dazu hier die notwendige Anmerkung, damit die Konfusion nicht ausufert: Die Koinzidenz Markus Lanz – Scheidenherpes ist aus medizinisch-infektiologischer Sicht unhaltbar. Eine Virus-Infektion mit Herpes genitalis (HSV Typ II) erfolgt beim Geschlechtsverkehr. Viele Menschen sind mit diesem Virus infiziert und sie wissen es nicht mal. Das heißt, Frau Guérot war bereits Virusträgerin, denn ein erstmaliger Viruskontakt hat doch wohl, zumal im bekleideten Zustand im Fernsehstudio, mit Herrn Lanz und in Anwesenheit weiterer Teilnehmer nicht stattgefunden? Außerdem würden sich die Symptome einer Herpes-Infektion wie schmerzhafte, gerötete Bläschen an der Infektionsstelle nicht schon wenige Minuten nach diesem Erstkontakt zeigen. Und wenn ihre Gynäkologin noch nie einen Scheidenherpes gesehen hat oder vielleicht sogar glaubt, sie könne einem Herpes ansehen, wo und wie er entstanden ist, dann soll sie das Geld für ihren Studienplatz an den Staat zurückzahlen. Die Universität Bonn hat inzwischen die Zusammenarbeit mit der Angestellten Guérot nach Plagiatvorwürfen aufgekündigt. Und die beiden Frauen sollten bei sich im Oberstübchen mal aufräumen!

52. Seinewasser

Paris rüstete sich für die Olympischen Spiele. Die Triathlon- und Freiwasserwettbewerbe sollen in der Seine stattfinden, deren Wasserqualität dem Ereignis entsprechend beanstandungsfrei sein muß. So gab es mehrere Säuberungsaktionen, deren Erfolg jedoch ausgiebige Regenfälle beeinträchtigen könnten. Um zu demonstrieren, daß der Fluß sauber ist, nahm Frankreichs Sportministerin Amélie Oudéa-Castéra selbst ein Bad in der Seine unweit Pont des Invalides, wobei sie auf den glatten Steinen ausrutschte. Ursprünglich wollte die Pariser Bürgermeisterin Anne Hidalgo zu diesem Datum in die Seine springen, Oudéa-Castéra sei ihr jedoch zuvorgekommen. Nun will sie dies als eigenes Event zu einem späteren Zeitpunkt aufführen.

54. Alexandra Föderl-Schmid

Alexandra Föderl-Schmid, Jahrgang 1971, ist eine österreichische Journalistin und seit 2020 stellvertretende Chefredakteurin der **„Süddeutschen Zeitung"**. Das ist nicht weiter erwähnenswert, gäbe es da nicht den Vorwurf des Branchenmagazins „Medieninsider" vom Dezember 2023, wonach Föderl-Schmid „unsauber" arbeite. Ihre Arbeitgeberin, die „Süddeutsche Zeitung", beauftragte daraufhin im Februar 2024 eine externe Kommission, die die Vorwürfe prüfen sollte. Föderl-Schmid selbst bat die Universität Salzburg um Überprüfung ihrer 1996 eingereichten Dissertation, da sich inzwischen auch der bekannte Plagiatsforscher Stefan Weber mit ihrer Arbeit befaßte. Am 5. Februar gab ihr Arbeitgeber bekannt, daß sie sich vorübergehend aus dem operativen Geschäft zurückziehen will. Grund sei der Vorwurf, sie sei nicht korrekt mit Quellen umgegangen und hätte „Plagiatsfragmente" verwendet. Dann entstand vom 8. bis 9. Februar eine große Konfusion um ihre Person. Sie galt als vermißt. Am Ufer des Inn fand man Gegenstände, die der Vermißten zugeordnet werden konnten und in der Nähe entdeckte man ihr Auto, in dem ein Abschiedsbrief gefunden wurde. Am nächsten Morgen dann war die Suche beendet. Man fand sie stark unterkühlt unter einer Brücke und brachte sie ins Krankenhaus. Das 120 Seiten starke Gutachten des Sachverständigen Stefan Weber ergab 157 Plagiate. Die Überprüfung der Dissertation durch die Universität Salzburg endete nach nur drei Wochen Prüfarbeit mit einer kompletten Reinwaschung ihrer ehemaligen Studentin. Man muß sagen, daß es heute leider allgemein üblich ist, Plagiate und sonstiges wissenschaftliches Fehlverhalten kleinzureden oder umzudeuten. Damit wird das Wesen von Wissenschaft ausgehöhlt, ihres Sinnes beraubt und so zerstört, weil dann überflüssig.

55. Cornelia Koppetsch

Die Soziologin, Jahrgang 1967 und **Stipendiatin der Studienstiftung des Deutschen Volkes** (DFG), wurde 2006 an der **Leuphana Universität zu Lüneburg** mit einer Studie über Identität im Wandel: „Das Ethos der Kreativen. Vom bürgerlichen Beruf zur Kultur des neuen Kapitalismus" habilitiert und ist seit 2009 Professorin für Soziologie an der **Technischen Universität Darmstadt.** Dort sind ihre Schwerpunkte politische Soziologie, Ungleichheitsforschung sowie Familien- und Geschlechterforschung. Mit der Studie „Die Gesellschaft des Zorns – Rechtspopulismus im globalen Zeitalter" legte sie Erklärungsansätze für den Aufstieg von Rechtsparteien in Europa vor: Sie beschreibt die Bruchlinien zwischen den neuen transnational und kosmopolitisch auftretenden Milieus der Eliten und denen der alten national strukturierten Industriegesellschaft, zu denen ab 1990 die Bürger der untergegangenen DDR mit ihrem davon abgegrenzten eigenen Hintergrund hinzutraten. Dieses Buch erregte große öffentliche Beachtung und wurde 2019 für den Bayerischen Buchpreis nominiert. Dann wurden Plagiatsvorwürfe laut, die Jury zog das Buch zurück. Sie soll von

Kollegen aus deren Schriften Formulierungen, sogar ganze Absätze übernommen haben, ohne diese kenntlich gemacht zu haben, wie es für wissenschaftliche Arbeiten zwingend erforderlich ist. Dasselbe Schicksal ereilte zuvor schon ihr Buch „Die Wiederkehr der Konformität. Streifzüge durch die gefährdete Mitte" aus dem Jahr 2013. Auch hier bediente sie sich bei anderen Autoren, darunter bei dem Kabarettisten **Vince Ebert**. Der **Campus-Verlag** nahm das Buch vom Markt. Ihr Arbeitgeber, die TU Darmstadt, setzte daraufhin eine Untersuchungskommission ein, die den „Verdacht auf wissenschaftliches Fehlverhalten" im Fall Koppetsch verfolgen und die Plagiatsprüfungen ihrer verschiedenen Bücher zusammenführen sollte. Koppetsch selbst wurde von Ihren Lehr- und Forschungstätigkeiten freigestellt. Während ihr Anwalt sowohl gegen die Leuphana-Universität in Lüneburg als auch gegen die TU Darmstadt vorgeht, äußerte sie sich zu den Fehlern, die ihr aus Lüneburg vorgeworfen werden: „Sie treffen nicht zu." Hinsichtlich der von der TU Darmstadt erhobenen Vorwürfe, räumte sie Fehler ein: „Ich möchte mich in aller Form bei den betroffenen Autoren und der Öffentlichkeit entschuldigen." Ihr Anwalt sieht in beiden Fällen Rechtsfehler seitens der Hochschulen und klagt. Zunächst muß man sagen, daß Koppetsch überaus fleißig gewesen ist: 126 Vorträge und Workshops, 6 Monographien, 4 Publikationen in Herausgeberschaft, 4 Bücher, 13 Zeitschriften als Peer Reviews, 13 Artikel in Zeitschriften, 3 Forschungsberichte/Manuskripte, 47 Aufsätze in Sammelbänden und Handbüchern, für die Presse und Öffentlichkeitsarbeit 32 Interviews und Fernsehauftritte. Ihre Themen beziehungsweise Abstracts klingen originell und ansprechend. Schon allein deshalb stellt sich die Frage, warum hat sie überhaupt plagiiert? Hatte sie das nötig? Wenn es eines ist, das man als Wissenschaftler niemals darf, dann ist es abschreiben!

Nicht umsonst muß man durch seine Unterschrift versichern, daß die vorgelegte Arbeit eine Eigenleistung ist, die persönlich erbracht wurde. Man kann nur bedauern, daß wieder einmal der Ruf der Wissenschaft gelitten hat.

56. Andrea Nahles

Es gibt gemeinsame Eigenschaften, die Menschen eigen sind, wenn sie sich entschließen, „in die Politik" zu gehen, „zu gestalten" und daraus erwachsen dann auch bestimmte Verhaltensweisen, die sich sehr ähneln wie Intriganz, Eifersucht, Liebedienerei. Insofern ist auch Andrea Nahles (Jahrgang 1970) eine typische Politikerin, sogar ihr Studium über 20 Semester hinweg und gleich Weiterbeschäftigung in der Politik ist dafür typisch. Deshalb ist von ihr hauptsächlich nur ihre Intrige gegen Franz Müntefering und ihre Sangeskunst in Erinnerung geblieben. Wir wissen nicht, ob es die in dieser Generaldebatte nur die spärlich besetzten Reihen von Regierungsbank und Abgeordnetensitzen waren, die sie zu dem ungewöhnlichen Mittel des Gesangs greifen ließ oder die selbstlobende Rede ihrer Vorrednerin Merkel. Jedenfalls lieferte sie eine Gesangseinlage, die die Opposition zu Lästereien veranlaßte, zum Fremdschämen sei das, während ihre Genossen stumm und betreten unter sich guckten. Sie ließ sich nicht bremsen. Sie schmetterte das Lied von Pipi Langstrumpf, die sich die Welt macht, wie es ihr gefällt, unter ausladender Gestik und immer von sich selbst unterbrochen mit hinausgerufenen Statements „Jaaa so ist es doch!" Die Reaktionen des Publikums wären sicher anders ausgefallen, hätte die vollkommen talentfreie Sängerin auch nur ansatzweise den richtigen Ton an der richtigen Stelle getroffen, von übrigen Merkmalen guten Gesangs ganz zu schweigen. Am Ende war der Auftritt eine Demonstration der Selbstüberschätzung.

57. Heulsusen

Frauen weinen öfter, sie bringen es auch leichter fertig, was Regisseure schätzen. Nur selten muß die Maske nacharbeiten. Tränen sind nützlich: Straßenrand, Warnblinker, Motorhaube offen, sie steht hilflos schluchzend daneben, gleich das nächste Auto hält, Mann steigt aus, hilft, wenn möglich oder wartet mit ihr auf den ADAC. Anderes Bild: Frau steht schluchzend vor ihrem Auto, Wagen hält, Mann fragt, was los ist, sie zeigt auf den platten Reifen, er sagt: „Na, das können Frauen ja heutzutage alles selber", und gibt Gas. Da ist wohl etwas schiefgelaufen!

Tatort Uni, Medizinerball. Noch-Schülerin Eva hatte sich mit Freund verabredet, der aber nicht erschien. Das versetzte sie so in Wut und Enttäuschung, daß sie hemmungslos heulend und allein dasaß. Des Weges kam ein etwas älterer Mann, unverheirateter Urologe, der sich aus Mitleid der heulenden Frau annahm, sie heiratete und bis an sein Lebensende unter der Herrschsucht seiner berufslos gebliebenen Ehefrau litt.

Ende Dezember, Klinik, Gynäkologie, Zweibett-Zimmer. Eine Patientin, Bäuerin, Mitte fünfzig, Operation: Entfernung der Gebärmutter über die Vagina, also ohne Bauchschnitt, in den Wechseljahren häufig. Ihre Entlassung sollte in zwei Tagen sein. Die andere Patientin Anfang dreißig, komplizierte Operation an Gebärmutter und Eierstöcken tags zuvor. Größerer Bauchschnitt. Die Bäuerin erhielt Besuch von ihrem Ehemann, Kleinbauer. Als er sie nach ihrem Befinden fragte, brach es aus ihr heraus. Sie heulte, klagte und und schluchzte hemmungslos. Ihr Mann verwirrt und hilflos. Immer wieder fragte er nach dem Grund, bis sie schließlich ihm bruchstückhaft mitteilte, daß man ihr zur Operationsvorbereitung die Schamhaare abrasiert hätte, was den armen Mann noch ratloser machte, denn eines wußte er sogar als Mann: Haareschneiden tut nicht weh. Und Haare wachsen wieder nach! Warum also die Heulerei? Weibliche Tränen lösen besonders bei Männern einen Helferreflex aus. Sie möchten unangenehme Stimmungen sich nicht verfestigen lassen, sie möchten Problemlöser, sogar Held sein und auch: Sie möchten wahrgenommen werden, daß sich in ihnen Wissen, Können, Weitsicht, Empathie sowie nützliche Verbindungen zu Buddies vereinen.

Weil Frauen Tränenausbrüche lernen und inszenieren können, wurden und werden ihre Wünsche oder Forderungen meistens erfüllt, und als Zeuginnen vor Gericht sind sie gefragt und gefürchtet.

58. Klageweiber und andere

Im Nahen Osten treten sie auf: die Klageweiber, im schwarzen Tschador gehüllt, oft Hunderte an der Zahl, laut wehklagend, vor die Kameras drängend. Grund und Ziel oftmals nicht ersichtlich. Klageweiber können gegen Bezahlung gebucht werden. Von diesen unterscheiden sich die Tschador-Frauen, die in religiösem Auftrag den Tod von mißliebigen und verhaßten Personen – meistens Politiker der USA und der übrigen westlichen Welt und deren Symbole oder Flaggen – durch Schreien und Skandieren von Parolen fordern. Diese Erscheinung ist vergleichbar mit dem Furor, als Jesus vor Pontius Pilatus stand und die Weiber-Horde schrie: „Kreuziget ihn! Kreuziget ihn!" Es waren ebenfalls Tschador-Frauen, die tanzend und händeklatschend das Attentat vom **9. November 2001** in New York, das das **World Trade Center** zum Einsturz brachte mit mehreren tausend Toten, bejubelten. Solche Anlässe veranlassen sie immer wieder zu Freudengeschrei und Tänzen, vor allem, wenn die westliche Welt von Unglücksfällen betroffen wird. Dann versammeln sie sich zu solch spontanen Aktionen, die immer durch die Präsenz von Fernsehkameras unterstützt werden.

59. Frommes Geld

Seit hundert Jahren gibt es im sächsischen **Bautzen** ein **Clarissenkloster**, das sogar die DDR überstand. Dort lebten zuletzt acht Nonnen. Klöster, männliche wie weibliche, sind kirchliche Organisationsformen, die sich bereits im Frühchristentum bildeten. Personen, die ausschließlich ihren Glauben leben wollten, fanden sich zu einer Lebensgemeinschaft nach festgelegten Regeln zusammen. Die Regeln bestimmten sie selbst und gaben sich damit auch den Namen, beispielsweise die Franziskaner übernahmen in ihren Regeln die überlieferte Lebensweise des Heiligen Franz von Assisi, die Dominikaner die Lebensweise des Heiligen Dominicus, die Benedictiner die Lebensweise des Heiligen Benedict von Nursia. Zu den meisten Männerorden gibt es weibliche Pendants, die aber jeweils selbstständig sind. Nach der Gründung mußten sie sich ihre Regeln vom Vatikan genehmigen lassen. Alle Orden haben einen für sie typischen Schwerpunkt: „ora et labora" bei den Benedictinern, die Dominikaner sind ein Predigerorden und die Clarissen leben in der Nachfolge des Heiligen Franz und Clara von Assisi als Betorden. Zu allen Ordensregeln gehört die Verpflichtung zu Armut, Keuschheit und Gehorsam. Wer in ein Kloster eintritt, wird zunächst Novize (in Postulat), das bedeutet, daß man sich für eine befristete Zeit verpflichtet, der Klostergemeinschaft anzugehören, erst danach folgt das „ewige Gelübde". Klosterregeln sind gewissermaßen die Geschäftsgrundlage. Wenn nun ein Ordensmitglied nach längerer Zeit seine eigene Entwicklung nicht mehr mit dem Ordensleben vereinbaren kann (= Fortfall der Geschäftsgrundlage), gibt es die Möglichkeit, sich vom Vatikan auf Antrag den Austritt aus der Klostergemeinschaft genehmigen, sich „laisieren" zu lassen. Dann muß die Kirche die Betreffenden nachversichern und dafür sorgen, daß sie geordnet das Kloster verlassen können.

Nun mußte der **Vatikan** erstmalig ein Kloster auflösen. Der einfache Grund ist, bestätigt durch das zuständige **Bistum Dresden-Meißen**, das von einer „schleichend sich verschärfenden Krise" sprach, einfach Geld. Unter den acht Nonnen gibt es ehemalige Führungspersönlichkeiten, die nicht wollten, für jeden Euro bei der Oberin vorstellig werden zu müssen und auch mal in Urlaub fahren zu können. Andere wiederum hatten gar kein Geld und pochten auf die Einhaltung des Armutsgelübdes. Die Krise unter den Frauen, weit jenseits von schlechter Stimmung, spitzte sich immer weiter zu. Der Klostergeistliche Johannes Müller erklärte: „Manche haben auch die Vorstellung gehabt, daß sie etwas mehr Freiheit haben und auch mal Ferien machen können. Das waren schon so Grundsatzfragen der Lebensform." Von den acht Nonnen lebten zuletzt nur noch vier in dem Konvent. Eine Novizin gab ihre Probezeit auf und begann eine Schneiderlehre. Drei Nonnen wollen in ein anderes Kloster gehen, eine zieht nach Frankreich. Es bleibt ein Rätsel, warum die unzufriedenen Frauen nicht ein Laisierungsgesuch an den Vatikan gerichtet haben.

60. Weltrettung

Im Olympischen Dorf zu Paris geschah die Weltrettung, zumindest, wenn es nach dem Konzept der Pariser Bürgermeisterin **Anne Hidalgo** ging. Es sollten die nachhaltigsten Spiele aller Zeiten werden. Athleten aus aller Welt wohnten hier für 18 Tage. Die Wohnungen wurden trotz erwartbarer Temperaturen um die 32 Grad ohne Klimaanlagen gebaut und stattdessen auf ein eigenes geothermisches Kühlsystem gesetzt, dessen Leistung sich aber als Reinfall erwies. Stattdessen stattete man die Zimmer mit je einem kleinen Ventilator aus, der genügen sollte. Australien, USA. Großbritannien, Hongkong u. a. war dieses Theater wohl zu viel, sie orderten für ihre Mannschaften tragbare Klimageräte, insgesamt 2.500 Stück sollen es gewesen sein. Allein Australien soll dafür 60.000 Euro ausgegeben haben. Weitere Kritikpunkte waren die Ausstattung der Zimmer sowie die Verpflegung der Athleten: Einzelbetten aus Pappe (selbstverständlich recyceltes Material). 90 cm breit, zwei Seiten an der Wand stehend (bereits als „Anti-Sex-Betten" verspottet), Matratzen aus recycelten Fischernetzen, die wohl sehr hart ausgefallen sind, denn Sportler wurden dabei gesichtet, wie sie eigene Schlafunterlagen ins Camp schleppten. Und um den ökologischen Fußabdruck möglichst klein zu halten, kamen 80% der Lebensmittel aus der Region, 60% der Speisen waren vegan. Das machten andere Sportler wie die Chinesen nicht mit und reisten mit eigenen Köchen und Speisen an. Von diesen Nachrichten ungerührt, erklärte Bürgermeisterin Hidalgo in ihrem hohen Gewissensegoismus: „Ich will, daß es die Sportler gut haben. Aber das Überleben der Menschheit ist mir wichtiger."

61. „Omas gegen rechts"

Wer dieser gruseligen Initiative schon mal begegnet ist, weiß, daß sich da extreme Unbildung Bahn gebrochen hat. Niemand konnte genau sagen, gegen was sie eigentlich sind, was für sie „rechts" ist. Die Antworten waren meist hergesagt wie der Text auf ihren Transparenten. Ihr „Wissen" besteht aus dem, was irgendein Initiativleiter ihnen vorgesagt hat. Ihre Plakate tragen die Aufschrift „Stopp! Rechte ignorieren Klimawandel", „Stopp! Rechte verbreiten Angst und Schrecken" oder „Lilifce statt AFD". Dann reißen sie ihre Mäntel auf in der Manier von Exhibitionisten. Zum Vorschein kommen T-Shirts mit dem Logo ihrer Organisation. Wer denkt, diese Omas wollen Mutlangen oder Gorleben wiederbeleben, irrt. Mit ihrer Petition erreichten sie bisher, daß die Volksbank der AFD das Parteikonto schloß, was als gezielter Angriff auf den demokratischen Wettbewerb angesehen werden kann. In Aschaffenburg veranstalteten die Omas eine große Demonstration unter dem Motto „Aschaffenburg ist bunt" als Reaktion auf den drei Tage zuvor grausam verübten Doppelmord an dem 2jährigen Yannis und dessen Vater Kai-Uwe Danz durch den 28jährigen afghanischen Asylbewerber Enamullah Omarzai. Solche Oma-Aktionen wurden bisher von der deutschen Bundesregierung unterstützt mit exakt 23.294,22 Euro!

62. Narzisstinnen

Narzissten gibt es unter Frauen und Männern. Der Umgang mit ihnen gestaltet sich immer schwierig, auch weil Narzissten als solche nicht oder erst spät erkannt werden. Schmeichel-Avancen von Narzissten sind eine Honigspur. Sie scharen so „Wasserträger" um sich. Wenn diese ihre Aufgaben erfüllt haben, werden sie nicht mehr gebraucht. Der Narzisst läßt die Verbindung erkalten („Ghosting"). Narzissten finden mühelos immer neue Partner, weil sie deren Bewunderung brauchen wie die Luft zum Atmen. Narzissten haben ein großes Bedürfnis nach Überlegenheit. Um dieses zu befriedigen, müssen sie darauf achten, daß sie an ihrem Gegenüber Zeichen der Unterlegenheit erkennen. Man kommt sich in Gegenwart von Narzissten immer dümmer, kleiner oder sonstwie minderwertig vor. Narzissten reden nicht über Gefühle und zeigen sie auch nicht, denn das Zeigen von Gefühlen macht verletzlich, und das wollen sie auf keinen Fall riskieren. Deshalb wechseln sie das Thema, um sich eigenen oder fremden Gefühlen nicht aussetzen zu müssen. Ein Narzisst präsentiert sich mit polierter und geschönter Vergangenheit, in der es keine Unfälle, Dramen oder Versagensfrust gab. Es muß alles an ihm perfekt sein. Deshalb bauen Narzissten mit Charme und scheinbar viel Verständnis Druck auf ihr Gegenüber aus, um zu verdeutlichen, was sie von ihm erwarten, um in ihm die Befürchtung zu wecken, er könnte sich von ihm abwenden. Narzissten scheuen Abhängigkeit. Sie wollen immer und überall die Kontrolle über sich behalten, deswegen geben immer sie die Spielregeln vor. Es wird immer gemacht, was und wie sie es wollen. Machen seine Gegenüber einen außergewöhnlichen Vorschlag oder arrangieren ein Event, so tut ein Narzisst alles, daß er nicht zu kurz kommt, indem er sich verspätet oder in letzter Minute den Plan ändert.

63. Zicken

Vorweg: Nicht jede Frau, die etwas beanstandet, ist eine Zicke. Um sich diesen Ruf zu verdienen, muß man schon auffallen als eine bei jeder Gelegenheit schnippische, überheblich-beleidigte, eben „zickige" weibliche Person. Wenn Zicken Vorgesetzte sind, muß ihre Umgebung einiges aushalten können: Zicken können nämlich nicht verlieren und müssen folglich immer Recht haben. Sie verteilen ihre eigenen Fehler gerne auf die Schultern ihrer Untergebenen, nehmen Beschwerden nicht zur Kenntnis, werten diese vielmehr als Angriff auf sich selbst, als Majestätsbeleidigung eben, und denken nicht daran, ihren Umgangston zu ändern. Von der Existenz männlicher Zicken (hier: Böcke) ist bisher nichts bekannt. Zicken gibt es allerdings in jeder Gehaltsstufe. Im Labor einer universitären Forschungseinrichtung arbeiten sechzehn Laborantinnen. Essen und Trinken direkt an den technischen Geräten am Arbeitsplatz ist aus naheliegenden Gründen untersagt. Fast täglich werden aber Mitarbeiterinnen angetroffen, die auf dem Tisch neben sich angebissene Butterbrote, Kaffeestückchen und sogar Salattöpfchen plaziert haben, Krümel kauend erklären: „Da passiert nix. Ich passe ja auf!" Wer dann auf die Einhaltung der Vorschriften besteht, weil Präparate sonst verschmutzt und unbrauchbar werden, gilt als Spielverderber und riskiert einen Aufstand im Zickenstall. Um dem abzuhelfen, besetzte die Universitätsleitung zwei vakante Labor-Stellen mit jungen Männern. Das Wunder: Ab dann wurde – ohne jede Weisung – wieder in der Kantine oder auf der Parkbank gegessen.

64. Stuten

Geht es um einen Mann oder die eigene Karriere, werden Frauen oft zu Stuten. Die Konkurrentin auf der eigenen Ebene wird einfach weggebissen. Dabei ist darauf zu achten, daß solche Aktionen keine Mitwisser haben, es muß also verdeckt agiert werden z.b. mit dem Mittel Rufschädigung. Für solche Konkurrenzsituationen stehen den Stuten mehrere Instrumente zur Verfügung: 1. nicht erkennen lassen, daß man sich selbst für diesen Job/diesen Mann interessiert, 2. über Umwegen herausfinden, mit welcher Job-Konkurrentin man zu rechnen hat, bzw. ob der ins Auge gefaßte Mann noch zu haben, verheiratet, geschieden und ausreichend vermögend ist. Sodann ist 3. daran zu arbeiten, die Job-Konkurrentin in den eigenen Freundeskreis aufzunehmen bei gleichzeitigem geschickten Streuen von Gerüchten über diese. Analog dazu knüpft man freundschaftliche Bande zur Ehefrau des Auserwählten. Erfolgreiche Stuten arbeiten unauffällig, arbeiten geduldig ihren Plan ab, beherrschen die Kunst der Intrigue, verzichten auf Mitwisser und lassen bei Scheitern sich nichts anmerken. Die zuvor lautstark bevorzugte, gleichrangige Freundin wird zurückgestuft und aussortiert, sobald sie nicht mehr gebraucht wird. Nicht selten verlangt dann die Siegreiche, daß die Unterlegene zwischen ihnen nicht mehr das vertraute „Du", sondern nur noch die „Sie"-Anrede benutzen soll. Männern sind solche Gespinste zu umständlich, sie haben auch keine Lust, sich all die dazu notwendigen Namen und Ereignisse zu merken. Sie sondieren zunächst unauffällig und verschaffen sich so nötige Informationen. Am Ende wird es dann ein Gespräch unter Männern und die Sache ist erledigt.

65. Konkurrenzneid

Die **Republik Dagestan /Südrussland** veranstaltete ihre Schachmeisterschaft. Der dafür vorgesehene Raum hat mehrere Tische mit vorbereiteten Schachbrettern und ist videoüberwacht. Da betritt die 40jährige **Abakarova** den menschenleeren Raum und schlendert beiläufig zu einem vorbereiteten Brett. Dann schüttet sie etwas auf dem Tisch aus und verreibt mit dem Boden einer Schachfigur die Flüssigkeit auf dem Brett. Dann verläßt sie den Saal wieder. Das Turnier begann und Abakarovas 30jährige Konkurrentin **Osmanova** nahm an dem präparierten Tisch Platz. Kurz darauf litt diese an starkem Schwindel und Übelkeit. Die Schiedsrichter suchten nach der Ursache und werteten auch die Überwachungskameras aus, auf denen Abakarovas Aktion zu sehen war. Man rief die Polizei, die die Attentäterin festnahm. Die Ermittlungen der Staatsanwaltschaft ergaben, daß Abakarova ein altes Thermometer geknackt hatte, das Quecksilber auf dem Tisch ausgoß und verteilte. Quecksilberdämpfe sind bereits bei Zimmertemperatur hochgiftig. Als Motiv gab sie „persönliche Feindseligkeit" an. Osmanova habe sie unlängst bei einem Wettbewerb geschlagen, sei hochnäsig ihr und ihrer Familie gegenüber.

Da lösen Männer das Problem doch gleich ganz anders – und das in bisher noch nie dagewesener Weise! Beim Sinquefield-Cup 2022 traten der damals amtierende Schachweltmeister, der Norweger **Magnus Carlsen**, und der 19-jährige US-Amerikaner **Hans Niemann** – Platz 49 auf der Weltrangliste – gegeneinander an. Niemann – für die Fachwelt überraschend – gewann in der dritten Runde, woraufhin Carlsen aus dem Turnier ohne Angabe von Gründen ausstieg. Der kanadische Großmeister Eric Hansen stellte in einem Livestream die Behauptung auf, daß Niemann vibrierende Analkugeln genutzt haben könnte, um sich durch einen im Publikum plazierten Dritten die richtigen Züge anzeigen zu lassen. Darüber machte sich **Elon Musk** lustig: „Das Talent trifft ein Ziel, das kein anderer trifft. Das Genie trifft ein Ziel, das kein anderer sieht, weil es in deinem Hintern steckt". Zwar gab Niemann Täuschungen bei früheren Online-Turnieren zu, bestritt jedoch, dies jemals bei physischen Partien getan zu haben. Im Oktober 2022 verklagte er dennoch Magnus Carlsen, dessen Firma „Play Magnus", den Schach-Server „chess.com", dessen Verantwortlichen Daniel Rensch sowie den Schachgroßmeister Hikaru Nakamura wegen der von ihm, Niemann, angenommenen üblen Nachrede nebst Verleumdung auf Zahlung eines Schadenersatzbetrages in Höhe von mindestens 100 Millionen Dollar. Im Juni 2023 wurde diese Klage wegen fehlender Beweise von einer Bundesrichterin abgewiesen. Man müßte Spieler bis in ihre Intimzonen kontrollieren. Es liegt auf der Hand, daß hier eine technische Lösung für ein technisches Problem gefunden werden muß – von Männern!

Die Jugendorganisation angehender Landwirte in **Cedar Park (Texas)** veranstaltet regelmäßig regionale Rassewettbewerbe. Die 17jährige Schülerin **Aubray Vanlandingham** aus der Vista Ridge High School und Cheerleaderin für die schuleigene Sportmannschaft engagierte sich auch bei den „Future Farmers of America" und nahm mit ihrer Ziege an diesen Rassewettbewerben teil. Allerdings hatte sie eine 15jährige Schülerin mit deren Böckchen „Willy" als Konkurrentin. Diesen für sie untragbaren Zustand wollte sie beenden. Sie schlich sich in den Stall, wo die Boxen der Tiere standen. Griff sich „Willy" und drückte dem wehrlosen Tier eine Spritze ins Maul und presste ihm eine Flüssigkeit in den Magen. Nach qualvollen 21 Stunden starb „Willy" in den Armen seiner Besitzerin. Da „Willy" bereits einen Mordanschlag durch die Hand dieser von Ehrgeiz zerfressenen Konkurrentin überlebt hatte, wurden im Stall Überwachungskameras installiert. Jetzt ging der Mugshot von Aubrey Vanlandingham viral und sie mußte das Verbrechen gestehen. Sie hatte dem armen Tier Phosmet verabreicht, ein hochgiftiges Pestizid für die Schädlingsbekämpfung. Als Grund für ihre Tat gab sie an: „Ich mag keine Betrüger". Die Überprüfung des Suchverlaufs auf ihrem Handy ergab, daß sie unter der Frage „Wie viel Bleichmittel tötet eine Ziege?", „Haustiere vergiften, was muß ich wissen?" und „So löschen Sie den Suchverlauf" nachgeschlagen hatte. Besonders hinterhältig verhielt sie sich bei der Mutter der 15jährigen „Willy"-Besitzern, indem sie sich bei ihr zweimal nach dem Gesundheitszustand des Tieres erkundigte, und als es dem Tier nach ihrem Plan schlecht genug ging, sagte sie zu ihr, daß es Krämpfe habe und „sich komisch verhält". Die Familie der 15jährigen Willy-Mutter fordert die für solche Fälle vorgesehene Höchststrafe von zwei Jahren ohne Bewährung sowie eine Geldstrafe von 10.000 Dollar.

66. Kooperationen männlich - weiblich

Zur Stutenbissigkeit gibt es eine ernstzunehmende Studie von **Joyce Bennenson** von der **Harvard University** (Current Biology 5/2014), die Hintergründe beleuchtet. Frauen wird unter anderem nachgesagt, sie seien kooperativer als Männer. Wissenschaftlerinnen publizieren aber gerne nur dann zusammen mit Geschlechtsgenossinnen, wenn diese auf der gleichen Rangstufe stehen. Hingegen gibt es kaum Zusammenarbeit mit nieder- oder höherrangigen Kolleginnen. Eine Erklärung für dieses Verhalten konnte die Studie nicht liefern, dafür aber eine Erklärung für die Kooperationsbereitschaft von Männern über Hierarchiegrenzen hinweg. Im Laufe der Evolution bis heute seien Männer schon immer in Situationen gewesen, in denen sie sich ohne Wenn und Aber gegen gefährliche Gegner durchsetzen mußten, deshalb können sie auf keine personelle Ressource verzichten und müßten auch niederrangige Gruppenmitglieder integrieren. Diese Notwendigkeit scheine in der Frauenwelt nicht zu bestehen. Möglicherweise verfügen Frauen von Anfang an über eine andere soziale Grundveranlagung.

67. Anette Schavan

Wer eine Dissertation verfassen will, ein Thema und einen Doktorvater (oder eine Doktormutter?) gefunden hat, tut gut daran, sich vorher genau mit dem Thema des wissenschaftlichen Arbeitens zu befassen. Dort lernt man, daß eine wissenschaftliche Arbeit etliche Formalien einhalten muß. Dazu zählt neben anderem das korrekte Zitieren. Hier werden immer die meisten Fehler gemacht, die dann letzten Endes zur Aberkennung des Doktorgrades führen. Auch die frühere Bundesbildungsministerin **Anette Schavan** (2005-2019) wußte das. Die damals 25jährige reichte ihre erziehungswissenschaftliche Dissertation mit dem beziehungsreichen Thema „Person und Gewissen" 1980 an der Philosophischen Fakultät der **Heinrich-Heine-Universität Düsseldorf** ein. Nachdem sie ihre Jahre als Bildungsministerin dazu genutzt hat, die bisherigen Diplomstudiengänge, um die Deutschland von der übrigen Welt beneidet wurde, abzuschaffen und durch Bachelor-Abschlüsse zu ersetzen, veränderte sich die Bildungslandschaft in die negative Richtung. Ein Bachelor-Abschluß ist in etwa gleichbedeutend mit dem früheren Vordiplom, der ja noch kein Abschluß war. Argumentiert wurde, daß Studienabbrecher sonst „gar nichts in der Hand" hätten. Arbeitgeber machten sich lustig und meinten, daß Bachelorabschlüsse ausreichend seien, um bei Aldi die Regale aufzufüllen. Auch die Lehr- bzw. Lerninhalte dieser Bachelor-Studiengänge dienen nicht dem Erwerb von Bildung, sondern beinhalten in erster Linie das Erlernen von Fertigkeiten. Schavan selbst sprach unermüdlich von „Kompetenz-Kompetenz", was übrigens niemand so richtig verstand. Seither verlassen junge Menschen die Schule, die alles „bunt" haben wollen, mit IT durch den Äther schwirren, aber nicht wissen, wo sie eigentlich zuhause sind und wer sie ernährt. Die steigende Zahl von Abiturienten änderten daran nichts. Zwar wollte Schavan fast jeden Schüler ins Abitur drängen, dies gelang ihr aber selbst durch stetiges Absenken des Leistungsniveaus bei gleichzeitigem Anheben des Notendurchschnitts nicht. Vielmehr litten jetzt Ausbildungsbetriebe unter ausbleibendem Azubi-Nachwuchs. Nachdem sie nun schon sieben Jahre gewirkt hatte und Deutschland im Pisa-Ranking erwartungsgemäß kontinuierlich absackte, wurde 2012 auf der Internetplattform „schavanplag" anonym der Vorwurf des Plagiats gegen sie erhoben. Sie beauftragte daraufhin die für ihre Doktorarbeit zuständige Heinrich-Heine-Universität Düsseldorf mit der Prüfung der Vorwürfe bei deren Prüfungskommission. Zeitgleich erhielt Schavan Schützenhilfe von ihrer Freundin und Gönnerin **Angela Merkel**, Bundeskanzlerin. Der Vorsitzende des Promotionsausschusses, Professor **Stefan Rohrbacher**, kommt in seinem internen Sachstandsbericht zu dem Ergebnis, daß es sich bei zahlreichen Stellen um Plagiate handelt, daß eine systematische Vorgehensweise erkennbar sei, die eine Täuschungsabsicht sichtbar mache. Der „**Spiegel**" brachte seinerzeit einen längeren Beitrag, in welchem er einerseits einen Abschnitt des Ursprungstextes zeigte und diesem dann den entsprechend plagiierten Teil gegenüberstellte. So sah man, daß Schavan stellenweise in fast kindlicher Manier die Bestandteile eines Originalsatzes einfach vertauschte, sodaß er zwar seinen Sinn nicht verlor aber eben nur unelegant wurde. Ebenfalls 2012 bringt der

„Spiegel" Auszüge aus dem Rohrbacher-Bericht. Schavan weist erneut eine Täuschungsabsicht zurück. Jetzt stellt sich Merkel erneut vor sie, ebenso erhält sie Rückendeckung von ihrem Doktorvater **Professor Wehle**. Unterdessen sucht die Universität in ihrem Haus nach einer undichten Stelle und erstattet Strafanzeige wegen des Verdachts der Weitergabe vertraulicher Informationen. Dann berät die Prüfungskommission erneut. Schavan reicht eine schriftliche Stellungnahme ein, in der sie den Vorwurf des Plagiats bestreitet. Im Dezember 2012 kommt der Promotionsausschuß nach erneuter Prüfung der Arbeit und Anhörung Schavans zu der Empfehlung, ein Verfahren zur Aberkennung ihres Doktortitels einzuleiten, worüber allerdings der Rat der Philosophischen Fakultät entscheiden muß. Dieser beschließt im Januar 2013 mit 14 Ja-Stimmen bei einer Enthaltung die Einleitung des Hauptverfahrens zur Aberkennung des Doktortitels. Endlich räumt Schavan Fehler ein, allerdings habe es sich nur um Flüchtigkeitsfehler gehandelt, Plagiat oder Täuschung weist sie zurück. Während sie in Südafrika politische Termine wahrnimmt, stimmt der zuständige Fakultätsrat der Universität Düsseldorf für die Aberkennung des Doktortitels. Sie kündigt eine Klage an: „Das bin ich der Wissenschaft schuldig!" ruft sie und irritiert damit die Öffentlichkeit und „die Wissenschaft" erneut, weil man bisher weder Frau Schavan selbst noch ihre Doktorarbeit in der Wissenschaft verortet hatte. Und zum dritten Mal spricht Merkel ihrer Freundin ihr „volles Vertrauen" aus. Der öffentliche Druck wächst. Am 9. Februar wird der Rücktritt Schavans bekannt. Ihre Nachfolgerin wird die ostdeutsche Mathematikerin und bisherige niedersächsische Wissenschaftsministerin **Johanna Wanka**. Am 19. Februar 2013 reichte Schavan vor dem Verwaltungsgericht Düsseldorf Klage gegen den Entzug des Doktortitels ein. Sie darf ihren Titel bis zur Entscheidung des Gerichts behalten. Danach wird bekannt, daß Merkel eine Anschlußverwendung für ihre katholische und unverheiratete Freundin gefunden hat. Sie wird nach **Rom** entsandt als Botschafterin im Vatikan. Am 20. März 2014 verhandelt das Gericht erneut und weist Schavans Klage ab mit der Begründung, daß der Titelentzug korrekt erfolgte.

68. Gäste, weiblich

Jeder hat das sicher schon einmal erlebt: Der Kollege lädt zum Maifest ein, es kommen Freunde und Bekannte, bringen ihre Partner mit, man kennt sich, hat viel zu erzählen, die Stimmung lebhaft, die Hausfrau serviert phantasievolle, selbstgemachte Häppchen als Vorspeise und dann kippt die Stimmung. Eine Dame fragte für alle vernehmlich, ob sie diesen Käse-Thunfisch-Blätterteig essen könne, sie leide nämlich an **Lactose-Intoleranz**. Da war's passiert. Ab dann drehten sich die Gespräche nur noch um die Befindlichkeit einer offensichtlich schwer Leidenden. Auf den Rat, es dann doch mit Lactase-Tabletten als Enzym-Ersatz während den Mahlzeiten zu versuchen, reagierte sie nur müde: „Ich nehme keine Tabletten". Einmal beim Thema, meldete sich die Nächste. Auf die Frage, weshalb sie denn ihre Vorspeise nicht angerührt habe, kam die Antwort, sie sei **Veganerin**, ob denn in der Küche nichts vorhanden sei, das sie essen könne. Die Hausherrin verneinte, denn sie ahnte, wie das Zusammentreffen von Veganern auf normale Mischköstler ausarten kann. Etwas zaghaft meldeten sich dann noch zwei weitere Damen, um vom schweren Schicksal ihrer **Glutenunverträglichkeit** zu berichten, Weiter wurde über **Histaminunverträglichkeit** geklagt, die den Genuß von Rotwein oder geräuchertem Fisch verhindere. Daß von sieben anwesenden Damen gleich vier medizinische Zuwendung benötigten, veranlaßte die Hausherrin zu der spitzen Bemerkung, daß sie bei einem nächsten Treffen wohl ein Lazarett mit einen Diätkoch engagieren müsse. All dies war den männlichen Partnern der lädierten Damen äußerst unangenehm, was beim Abschied aus den davonfahrenden Autos als Gezeter und Schreierei hörbar wurde. Lactoseintoleranz, Glutenunverträglichkeit und andere Intoleranzen befallen zwar auch Männer, jedoch sind diese Erscheinungen, bezogen auf beide Geschlechter und die Gesamtbevölkerung, äußerst selten. Das ist aber beileibe kein Beweis dafür, daß Männer robuster seien und Frauen eben empfindlicher. Vielmehr könnte man fragen, ob für Frauen, die sich nicht genug beachtet oder generell unausgefüllt fühlen, als einziges Ventil das Sprengen von Tafelrunden übrig bleibt, das ihnen den Krankheitsgewinn schenkt.

69. Akademische Arroganz

Wer im Krieg und in der Nachkriegszeit aufgewachsen ist, weiß, wovon er redet: Die im Krieg zurückgebliebenen Frauen mußten sehen, wie sie unter schwierigsten Bedingungen ihre Familien, denen die Väter und Brüder fehlten, mit den kargen Zuteilungen ihrer Lebensmittelkarten zurecht kamen, wie man einen Konzertflügel für sechs Eier tauschen mußte und einen Ring mit großen Saphiren und Brillanten für zwanzig mittelgroße Kartoffeln, wie Kinder schon im Vorschulalter in Klassenstärke zum Steineklopfen eingeteilt wurden (So konnte übrigens auch mit ihrer Hilfe die Schule „Engelsburg" in Kassel wieder aufgebaut werden). Zuhause waren Mütter, ihre Schwestern und ihre Tanten unterwegs, klopften ebenfalls Steine, die mit schwergängigen Schubkarren zum weiter hinten stehenden Bauern mit seinem Pferdefuhrwerk gebracht wurden. Gelegentlich kamen Bauern mit ihren Traktoren zum Geröllschieben. Die Kinder wurden zum Sammeln geschickt: Kartoffelkäfer, um Fraßschäden zu verhindern. Blecherne Milchkannen füllten sich mit Bucheckern für die Speiseölherstellung sowie Kastanien und Eicheln fürs Viehfutter. Himbeeren, Johannisbeeren, Waldbeeren, Brombeeren, Stachelbeeren gab es von den Sträuchern am Wegesrand, und lieferten Saft für Gelee und Marmelade. Abends waren alle Gesichter und Kopftücher dreckverschmiert. Ans Wäschewaschen oder Baden war nicht zu denken – es gab nur selten Kohle! Gegen Kriegsende und danach kamen viele Flüchtlinge, die von den Besatzungsverwaltungen in die unbeschädigt gebliebenen Wohnhäuser einquartiert wurden.

Nun kommt eine 1980 geborene Autorin und praktiziert die vielgelobte „weibliche Solidarität", indem sie anhand von selbst ausgewählten Fotos und schriftlichen Zeugnissen zu wissen glaubt, wie's wirklich war. Trümmerfrauen seien ein Mythos, darüber hinaus oftmals NSDAP-verbandelt, in Wirklichkeit hätten die Besatzer mit Männern den Abtransport der Trümmer organisiert. Sie bezieht ihre Erkenntnis vorwiegend auf Dokumente aus Berlin, wo bekanntlich vier Besatzungsmächte auf relativ engem Raum für die Bürger ein normales Leben organisieren mußten. Und das ging einher mit straffen Gesetzen und Ausführungsbestimmungen. Um die Trümmer zu beseitigen, wurden Frauen per Kriegsverpflichtung bzw. Dienstverpflichtung rekrutiert, so wie dies zuvor schon im Krieg geschah. Im übrigen Deutschland lief das in den Städten ähnlich ab, abseits der Dichtbesiedelung mußten und konnten die Leute sich selbst helfen. So kam es, daß Frauen die fehlenden Männer ersetzten. Das Wort „Trümmerfrau" ist übrigens eine Wortschöpfung aus dem normalen Sprachgebrauch und war keine Erfindung der Trümmerfrauen, die sich selbst erhöhen wollten. Aber ihr Buch ist der Versuch, Leistungen ihrer Geschlechtsgenossinnen klein zu reden. Grundlage ihres Verdikts ist Material, das sie selbst ausgewählt hatte, ein Verfahren das für Wissenschaftler aus naturwissenschaftlichen Fächern, wo es um objektiv nachprüfbare Fakten und Ergebnisse geht, nicht hinnehmbar ist. Im vorliegenden Fall kann man davon ausgehen, daß die Autorin ihre „Belege" mit eingeengtem Blick ausgesucht hat. Es wäre nicht das erste Mal, daß so vorgegangen wird, um die eigene vorgefaßte Meinung zu bestätigen. (Leonie Treber, Mythos Trümmerfrauen. Von der Trümmerbeseitigung in der Kriegs- und Nachkriegszeit und der Entstehung eines deutschen Erinnerungsortes. Klartext-Verlag).

Als wir in unserem Institut Untersuchungen zum Komplex „Epigenetik" anstellten, suchten wir viele hundert Familien im gesamten Bundesgebiet auf und baten um Einsicht in ihre Familienfotoalben. Wir wollten wissen, wie ihre blutsverwandten Vorfahren aussahen hinsichtlich Körperform, Gesicht, Gewicht usw. um Hinweise drauf zu finden, ob traumatische Kriegserlebnisse möglicherweise an der äußeren Erscheinung erkennbar sein können und ob sich diese Merkmale auf die folgende Generation übertragen hat. Die Durchsicht dieser vielen Familienalben zeigte auch, daß wir überall und in allen Gegenden Deutschlands fast nur Fotos von in Trümmern oder auf dem Feld arbeitende Familien, Frauen und Kinder sahen, wobei die Frauen sämtlich Kopftücher trugen, denn Trümmer sind eine staubige Angelegenheit. Wir haben nun die Autorin dieser Arbeit angerufen, um sie zu fragen, wie sie zu der fast schon ehrenrührigen Beschreibung der damaligen Frauen kommt. Sie ließ ausrichten(!), sie spreche nicht mit Laien. Diese „Laien" am Telefon waren Mediziner, Ernährungswissenschaftler und Biochemiker!

70. Die Quotenfrau

Anstatt darauf stolz zu sein, daß der deutschen Biologin **Christiane Nüsslein-Volhard**, als Frau immerhin eine der Ihren, der Nobelpreis (1995) zuerkannt wurde, brach in der weiblichen Community ein Sturm der Entrüstung los, nur weil sie es gewagt hatte, die Frauenquote als entwürdigend zu empfinden: „Denn jede Frau in einer Leitungsposition würde zur Quotenfrau. Das ist ein Stigma, das sich auch durch hervorragende Leistungen nicht tilgen läßt". Recht hat sie, denn eine Gesellschaft hat Anrecht auf die Bestenauslese, ein Prinzip, daß beispielsweise im Beamtenrecht gilt. Wenn sich an einer deutschen Universität für einen Lehrstuhl für Mathematik keine Frau bewirbt, dann kann dieser Lehrstuhl neuerdings eben nicht besetzt werden. Pech für die Studenten. Das heißt, zwei XX-Chromosomen wiegen schwerer als universitäre Ausbildung von wissenschaftlichem Nachwuchs, auf den unsere Gesellschaft aber angewiesen ist. Auch für Dax-Unternehmen schreibt die Quote weibliche Besetzung vor. Aber nicht immer finden sich dafür Frauen. Dann bleibt der Platz eben unbesetzt. Ob solche Vorgaben einem Unternehmen zuträglich sind, interessiert niemanden. Als im „**Focus**" zwölf Frauen erklärten: „Wir wollen keine Frauen-Quote", darunter die frühere Bundesministerin **Kristina Schröder** oder **Katharina Wagner**, Chefin der Bayreuther Festspiele, kannte die Empörung keine Grenzen und führte zum Modell der „positiven Diskriminierung", was bedeutet, daß in der Arbeitswelt so lange ausschließlich Frauen zum Zuge kommen müssen, bis sie fünfzig Prozent aller Stellen erreicht haben. (Wir sehen jetzt einmal davon ab, daß die Fünfzigprozentrechnung bevölkerungsmathematisch nicht stimmt.). Daß dabei Männer auf der Strecke bleiben, die an der Situation schuldlos sind und die vielleicht eine Familie zu ernähren haben, spielt dabei keine Rolle. In kollektiver Erbarmungslosigkeit sollen sie gewissermaßen büßen für die „Sünden" vorangegangener Generationen. Versuche, mit Aktivistinnen über die Voraussetzungen von „Sünden" zu diskutieren, scheiterten, weil dazu die intellektuellen Fähigkeiten der beteiligten Frauen fehlten.

71. Frauen und Gefühl

Das Leben ist kein Streichelzoo. Junge wie Mädchen, Mann wie Frau haben rechtlich die gleichen Chancen auf schulische Ausbildung, einen Beruf zu erlernen und sein Leben selbst zu gestalten. Daß dabei Begabungen ungleich verteilt sind, ist naturgegeben und nicht zu ändern, auch nicht durch irgendwelche Quotierungen, vermeintlich im Namen der „Gerechtigkeit". Von der Natur nicht vorgegeben hingegen sind der erforderliche Fleiß sowie die Berufswahl und -ausbildung junger Menschen. Hier liegt bei Frauen der Focus auf sogenannte „weiche" Fächer wie Soziales, Politik oder Kunst.

Die Kunstakademien hierzulande öffnen jedes Jahr einmal ihre Tore zum sogenannten „Rundgang", wozu die Bürger eingeladen sind, sich über die Arbeit der Akademie und ihrer Studenten und schließlich auch über die Verwendung ihrer Steuergelder zu informieren. Dabei präsentierte eine Studentin im fortgeschrittenen Semester drei gleichgroße Hochformate, deren Flächen gleichmäßig übersät waren mit polymorphen wurmähnlichen Gebilden, versehen mit den Titeln „Virus I", „Virus II" und „Virus III". Auf die Frage nach dem Grund des doch eher ungewöhnlichen Titels, kam die Antwort: „Die Bilder sind entstanden während ich schwer an Scharlach erkrankt war." Auf den Einwand, daß Scharlach ja keine Viruserkrankung, sondern bakteriell bedingt ist und Viren zudem ganz anders aussähen als auf ihren Bildern, kam die entwaffnende Antwort: „Aber ich habe sie so gefühlt!" So etwas ist natürlich ein Argument! Mit ihm lassen sich Brücken konstruieren, Satellitenumlaufbahnen berechnen oder ein Wörterbuch von English Akan in Suhaeli übersetzen: Ich habe das so gefühlt!

72. Wunder, Erscheinungen und Übersinnliches

Für Wunder, Außerirdisches, Spirituelles, Übersinnliches und Glauben genießen Frauen gewissermaßen und von jeher eine Alleinzuständigkeit. Die katholische Kirche nennt beispielsweise viele Frauen, die für sie eine wichtige Rolle gespielt haben, meist waren dies Seherinnen, also Frauen, die einen irgendwie gearteten Kontakt in den Himmel und dort zu Engeln oder Gott persönlich hatten. Dieser soll ihnen dann des Öfteren befohlen haben, bei seinem irdischen Personal, Priestern und Bischöfen, um die Einrichtung besonderer kirchlicher Feiertage vorstellig zu werden wie beispielsweise den Feiertag Fronleichnam. Nachdem die Autorität der Kirchen zunehmend gelitten hat, was an zahlreichen Kirchenaustritten sichtbar ist, trat in dieses Glaubensvakuum Esoterik, Schamanismus und ähnliches. Jetzt lesen Frauen regelmäßig Horoskope, legen Tarot-Karten, veranstalten Séancen zum Treffen mit Verblichenen, besuchen Esoterik-Messen, glauben an Homöopathie und Ohrkerzen, richten ihren Haarschnitt nach Mondphasen und verlegen ihre Schlafstelle lieber ins Klo, wenn Feng Shui das so bestimmt. Interessant und an vielen Fällen beobachtet ist ebenfalls, daß nach einer Begehung mit dem Rutengeher die gefürchteten Wasseradern fast immer unter Betten aufgespürt werden, was die Bewohner daraufhin veranlaßt, ihre komplette Wohnungseinrichtung umzustellen. So werden dann ganze Zimmereinrichtungen getauscht, Reste des Elternschlafzimmers wandern nun in die übergroße Küche, usw., sodaß der Eindruck eines Möbellagers oder eher einer Resterampe entsteht. Während anfangs die Bewohner an ihrem Befinden große Verbesserungen verspüren, sogar beim Hund, verschwindet alsbald dieser Euphorie-Effekt und wird ersetzt durch Mißmut über die Honorarrechnung des Rutengehers.

Bei wie immer gearteten unerklärlichen Ereignissen im kirchlichen Raum spricht man von „Wundern", wenngleich ein Katholik nicht an Wunder glauben muß. Im kirchlichen Sinn handelt es sich auch nur dann um ein Wunder, wenn es von der Kirche als solches anerkannt wurde. Unerklärliche Ereignisse jenseits von kirchlichem Einfluß werden nicht Wunder genannt, das würden die verschiedenen, untereinander konkurrierenden Interessentengruppen auch gar nicht wollen.

Mystische Erfahrungen und Wunder sind ebenfalls eine Domäne der Frauen. Während Wunder der Frühzeit oder des Mittelalters wie **Hildegard von Bingen** oder **Theresia von Avila** nicht mehr so präsent sind, kennen viele Menschen die **Marienerscheinungen von Lourdes.** Dort soll 1858 in einer Grotte am Fluß Gave am Fuß der Pyreneen drei Kindern die Muttergottes erschienen sein. Sie tat dies insgesamt 18 Mal und sprach mit den Kindern. Bernadette, das älteste Mädchen, grub daraufhin in der trockenen Erde, aus der alsbald eine Quelle entsprang, deren Wasser sich als wundertätig erwies. In der Folgezeit und bis heute andauernd entwickelte sich der kleine Ort zum Anziehungspunkt für Verletzte und Kranke aller Länder. Man baute Bädereinrichtungen, der Malteserorden ist traditionell zu Hilfsdiensten anwesend, es entstanden Hotels, Pflegeeinrichtungen, Basilika und Kirchen und natürlich Läden und Verkaufsstände für die üblichen Souvenirs. Die anreisenden, oft unheilbar Kranken wurden in das wunderwirkende Wasser getaucht und in den ersten Jahrzehnten wurden etliche Wunder registriert und von der Kirche anerkannt, dieses bei Besucherzahlen jenseits der Millionengrenze. Mit der Zeit nahm die Anzahl der Wunder aber ab, was mit dem Fortschreiten der Medizin zu erklären ist wie z.b. der Frage, was unheilbar bedeutet oder wie ist ein Placebo-Effekt von Wunder zu trennen und wie ist eine medizinische Vorbehandlung in das Wunderkonzept zu integrieren? Die bisher in Lourdes Geheilten, darunter auch die Nonne, deren Heilung zur Heiligsprechung des Papstes Karol Woityla führte, waren mit wenigen Ausnahmen Frauen.

Deswegen war es wohl nur folgerichtig, daß die Französin **Thérèse Valot** 1955 ihre Dissertation „Die falschen Heilungen von Lourdes" vor dem Prüfungsgremium der Sorbonne verteidigte. Nach langer und gründlicher Recherche konnte sie darin über Lügen, Fälschungen, Mauscheleien, Postengeschacher und vielem mehr berichten (aus „Das Wunder des Dr. Dozous", Der Spiegel #18/1956).

Wunder, die sich abseits von Lourdes ereigneten, zeigten sich in jüngster Vergangenheit unter den Stigmatisierten wie **Therese Neumann** (1829-1892) oder **Pater Pio von Pietrelcina** (1887-1968). Bei Stigmatisierten zeigen sich in fast regelmäßigen Abständen Blutungen und Hautwunden, die mit liturgischen Ereignissen korrelieren und die das Verteilungsmuster der Wundmale des gekreuzigten Jesus zeigen.

Vom Fall Therese Neumann aus **Konnersreuth** kann man sagen, daß das Blut ihres Verbandsmaterials untersucht wurde, echt war und von ihr stammte. Alle weiteren Behauptungen über sie, die in einem Krankenzimmer lag und von Familienmitgliedern bewacht wurde, konnten deshalb nicht überprüft werden. Auch nicht ihre angebliche Nahrungslosigkeit, obwohl sie bis zum Übergewicht zunahm. Erst spät konnte über eine Urinprobe medizinisch nachgewiesen werden, daß sie keineswegs nahrungsabstinent lebte, sondern ein normales Urinprofil zeigte. Allerdings war da schon der große Rummel um ihre Person im Gange, Fahrgemeinschaften machten sich damals auf den Weg, nur um diese Frau zu sehen. Sie wurde 2005 auf Betreiben des Regensburger Bischofs Gerhard Ludwig Müller seliggesprochen.

Stigmatisierte waren seit dem Mittelalter bekannt und waren hauptsächlich Frauen. Sie waren als Seherinnen auch Medium für Botschaften von Gott oder der Gottesmutter, die sie ihren Bischöfen als ihre irdischen Vorgesetzten überbrachten, meist verbunden mit Ermahnungen oder der Forderung nach liturgischen Neuerungen. Einer der wenigen männlichen Stigmatisierten war der Italiener Pater Pio. Auch anhand seiner Geschichte läßt sich zeigen, daß in solchen Fällen immer höchst irdische Ereignisse den Wunder-Mythos erzeugen und aufrechterhalten.

Pater Pio war ein Kapuzinermönch, an dessen Händen Wunden sichtbar waren. Zeitlebens verhielt sich seine Umgebung – Bischof, Klerus, Klostergemeinschaft, Öffentlichkeit – unterschiedlich ambivalent zu seiner Person. So wurde er beschuldigt, Seiten aus einem Buch der stigmatisierten Mystikerin Gemma Galgani, gewissermaßen für sich selbst als Vorlage, entwendet zu haben oder Chemikalien zu benutzen, die Wunden verursachen können oder sich durch seine Cousine eine äußerst giftige Mischung verschiedener Alkaloide sowie Insektengift hat herbeischaffen lassen. Auch Pater Pio hatte einen großen Unterstützerkreis und wurde am 2. Mai 1999 von Papst Johanns Paul II. Seliggesprochen.

Zum Phänomen der Stigmatisierung kann verwiesen werden auf die Stellungnahme der Frankfurter Universitätsklinik für Psychiatrie, Psychosomatik und Psychotherapie in Zusammenarbeit mit der Jesuitenhochschule St. Georgen Frankfurt, der langjährige Untersuchungen zugrunde lagen. Diese kamen zu dem Ergebnis, daß Stigmata „vielfach die Folge von dissoziativen Identitätsstörungen seien, d.h. die Verletzungen werden von einem abgespaltenen Teil der Persönlichkeit selbst zugefügt und können deshalb nicht erinnert werden."

Otmar Weiß, Stigmata. Legitimationszeichen von Heiligkeit? In: Hubert Wolf (hrsg): „Wahre" und „falsche" Heiligkeit. Mystik, Macht und Geschlechterrollen im Katholizismus des 19. Jahrhunderts (Schriften des Historischen Kollegs Kolloquien, Band 90), De Gruyter/Oldenbourg 2013, S. 111-126, hier S. 122.

73. Uta Ranke-Heinemann (1927-2021)

Sie wurde geboren als Tochter des Essener Bürgermeisters und späteren Bundespräsidenten Gustav Heinemann in einen prononciert evangelischen Haushalt. In den ersten Nachkriegsjahren war die Schulsituation oft verworren. Deshalb bestand sie mit einer Sondergenehmigung als erster weiblicher Abiturient am Essener Burggymnasium, einer reinen Jungenschule, ihre Abschlußprüfung mit Auszeichnung, was hier bisher nur ein einziges Mal und das 30 Jahre zuvor stattfand. Anschließend studierte sie evangelische Theologie bis sie 1953 zum katholischen Glauben konvertierte und fortan katholische Theologie studierte und der spätere Papst Josef Ratzinger ein zeitweiliger Kommilitone war. Es folgte ihre Dissertation magna cum laude und ihre Eheschließung mit ihrem früheren Klassenkameraden vom Burggymnasium, Edmund Ranke, mit dem sie 1958 und 1960 die Söhne Johannes und Andreas bekam. 1969 habilitierte sie sich als erste Frau weltweit in katholischer Theologie bei dem Jesuiten Karl Rahner und wurde ab 1970 die erste Professorin im Fach Neues Testament und Alte Kirchengeschichte.

Ranke-Heinemann war eine hochbegabte Person und als solche in einer Institution wie die der katholischen Kirche geradezu prädestiniert, sich gegen die Geringschätzung von Frauen und die Leugnung der Pädokriminalität aufzulehnen. Dabei forschte sie in den Verwaltungsanweisungen des Vatikan an die Bistümer nach Hinweisen und fand, daß Ratzinger persönlich Vertuschungsmaßnahmen angeordnet hatte. Im weiteren übte sie Kritik am Umgang der Kirche und veröffentlichte ihr Buch „Eunuchen für das Himmelreich", das Bestseller wurde. So wurde sie immer häufiger in Talkshows gebeten, wo sie beliebt war durch ihre temperamentvolle und schlagfertige Art. Nachdem sie ein selbstgefertigtes „siebenfaches negatives Glaubensbekenntnis" veröffentlichte, kam, was kommen mußte: 1987 entzog man ihr die kirchliche Lehrbefugnis, sie erhielt aber nach einigen Monaten in Essen einen kirchenunabhängigen staatlichen Lehrstuhl für Religionsgeschichte.

In Erinnerung bleibt eine hochintelligente Frau, der man das Alter nicht ansah, in ihrem mintgrünen Lederkostüm, eine gutaussehende Erscheinung, die es fertigbrachte, die katholische Kirche in ihrem Sinne aufzumischen, jedenfalls ein bißchen. Mißbrauchsfälle sollen jetzt aufgeklärt werden. Die Frauen in der Kirche geben sich mit ihrer Rolle nicht mehr zufrieden und allgemein sieht sich die Kirche einem größeren Rechtfertigungsdruck ausgesetzt.

74. Der Affe von Borja

Im spanischen Dorf **Borja** blätterte in der Dorfkirche das Jesus-Fresko „Ecce Homo" von der feuchten Wand. **Cecilia Gimenez**, eine 81-jährige frühere Lehrerin und jetzt nur noch Hobbymalerin, hatte es gut gemeint. So griff sie im August 2012 zu Pinsel und Farbe und machte sich ans Restaurieren. Und das ging gründlich schief. Die Wand war so feucht, das die Farben sofort wieder zerliefen. Sie fuhr erst einmal in Urlaub und erlebte bei ihrer Rückkehr, daß inzwischen ein Rummel um ihr gründlich mißglücktes Werk entstanden war. Viele fanden, der Jesus ähnele jetzt eher einem Affen, die Tageszeitung seufzte: „Das verzeiht nicht einmal

Jesus". Allerdings: Diese Affengestalt bescherte der kleinen Gemeinde durch die nun einsetzenden Touristenströme einen nie dagewesenen Geldsegen. Die Künstlerin hingegen sah die Kritik an ihrem Oeuvre weiterhin als unberechtigt an.

Links das vom Verfall bedrohte Original des "Ecce Homo", rechts das überpinselte Fresko von Cecilia Giménez
© Reuters/Staff/HO-Centro de Estudios Borjanos/Handout

Screenshot: STERN-online, Analyse von Christoph Fröhlich, veröffentlicht am 29. Dezember 2014.

75. Weibliche Allüren

Die österreichische Filmkomödie „Die Unschuldsvermutung" verwickelt mit Mozarts „Don Giovanni" im Hintergrund den Maestro (als Dirigent: **Ulrich Tukur**) backstage mit einigen Fallenstellerinnen, von denen jede ihre eigene Agenda verfolgt, die jedoch auch ein gemeinsames Ziel haben, nämlich, den „alten weißen Mann" als Me-Too-Täter zur Aufgabe zu zwingen und final zu stürzen, damit eine seiner jungen Schülerinnen seinen Platz am Pult einnehmen kann. Wenngleich ihm kein Me-Too-Vergehen nachgewiesen werden kann, so hat nach ihrer Überzeugung die Unschuldsvermutung nicht zu gelten, da Männer immer schuldig seien. Zum Schluß hat die junge Schülerin ihr Ziel erreicht, die Hilfe der anderen Frauen war erfolgreich und auf dem Weg zum Pult zieht sie ihre Schuhe aus als Zeichen dafür, daß ab jetzt eine andere Zeit angebrochen ist, die sensibler und achtsamer, eben feministisch ist.

Die norwegische Sängerin **Rebekke Bakken** pflegt auch barfuß aufzutreten, ebenso die Pianistin **Alice Sara Ott**, die vor ihrem Auftritt immer einen verdrehten Zauberwürfel löst. Für ihre Darbietung bevorzugt sie darüber hinaus den Schneidersitz (wie erreicht sie dann aber die Pedale?). Sie hätte es gern, wenn ihr Publikum ebenfalls barfüßig ihrem Konzert lauschte. Auf das Barfußspielen sei sie gekommen, als sie einmal auf einem sehr altem Klavier habe spielen müssen, unter dessen Tastatur sie wegen ihrer High-Heels nicht gepaßt habe. Also mußte sie die Schuhe ausziehen. High-Heels sind allerdings für als Instrumentalsolistin arbeitende Musikerinnen generell kontraproduktiv, weil sie die Körperhaltung negativ beeinflussen. **Lucienne Renaudin** aus der Schweiz verzichtet während ihres Trompetenspiels ebenfalls auf Schuhwerk. Auch die moldawische Geigerin **Patricia Kopatchinskaja** schwört auf ihr barfüßiges Spiel. Bei gelegentlichen Interviews mit Barfußmusikerinnen erfahren die Musikfreunde, daß sie auf diese Weise den für sie notwendigen „direkten Kontakt zur Erde" herstellten. Hier bleibt die Frage zurück, wie man angesichts hochkomplexer Bodenmaterialien, Baustoffen und Gerüstmetallen von „Kontakt zur Erde" sprechen kann. So ein Laminat-Feeling muß ungeahnte Kräfte freisetzen! Da hilft nur Esoterik! Und wer nichtsahnend ein Konzert besucht und erwartet, auf ein Orchester samt Dirigenten zu treffen, die wissen und leben, daß sie Diener der Musik und deren Schöpfer sind, sieht sich dann der Dirigentin **Joana Mallwitz** aus Hildesheim ausgesetzt. Sie behält zwar ihre Schuhe an, führt dafür aber ein gnadenlos selbstverliebtes Ego-Schauspiel auf („Dead Stick"). Sie fuchtelt ausladend regelrecht wild um sich, bevorzugt nach links, sodaß zu befürchten ist, daß sie gleich in die 1. Geige fällt. Dann springt sie hoch und runter wie beim Seilhüpfen und dieses Gehopse endet erst mit dem Schlußakkord. Von Konzentration und Musikgenuß ist keine Rede. Die (überwiegend männliche) Kritik ist ausnahmslos enthusiastisch. Mal was anderes! Vorbei die Zeit der großen, herausragenden, zugleich auch disziplinierten Dirigenten, die noch wußten, daß sie nicht die Hauptsache in diesem Stück sind und sich dem Publikum nicht mit solchen Mätzchen aufdrängten.

76. Tragödie der Affen

Himmelslaternen müssen sein! Wie sonst kann man mit dem Außerirdischen Kontakt aufnehmen? Drei erwachsene Frauen ließen in der Silvesternacht 2019 in **Krefeld** Himmelslaternen aufsteigen, um, wie sie sagten, ihre Wünsche irgendwo im Orbit anzubringen, wo sie wohl vermuteten, Gehör zu finden. Die Dinger sind sehr leicht und können demzufolge sehr weit fliegen. Sie gehören zum Waffenarsenal der Hamas, die sie benutzt, um sie über die israelische Grenze hinweg auf die Felder niedergehen zu lassen, damit ihre Feuer dort die Ernten vernichten. In Krefeld landeten sie im Zoo und dort auf dem Dach des Affenhauses, das daraufhin mitsamt seinen tierischen Bewohnern in einer beispiellosen Tragödie komplett niederbrannte. Weil hierzulande das Freifliegen von Himmelslaternen verboten ist, erhielten die Frauen Strafbefehle, die sie zunächst nicht, nach Verhandlungen dann doch akzeptierten. Da sie aber nicht in der Lage waren, Schadenersatz zu leisten, muß dies nun der Steuerzahler tun.

77. Frauen handfest

Alexandra O., Mutter aus Frankreich, gewann mit ihrer Freundin **Charlène M.** 30.000 Euro im Lotto, damit reisten die Frauen nach Spanien, wo sie sich für ihre Beziehung eine künstliche Befruchtung leisteten. Den Rest verjubelten sie für einen Pool und einen Riesenfernseher. Nur: Mutter Alexandra – zwei Söhne von zwei Vätern – hatte einen von ihnen (9 Jahre) über zwei Jahre lang allein in einer Wohnung mit unreparierter Heizung zurückgelassen. Gelegentlich kam sie aus der nur hundert Meter entfernten Wohnung ihrer Freundin vorbei und brachte Tiefkühlpizzas. So lebte der Junge allein, ging morgens pünktlich zur Schule, machte sich allein das Essen und ging allein schlafen. Niemand bemerkte etwas, der Junge war diszipliniert und pflichtbewußt. Erst als eine Nachbarin die Mutter ansprach und diese brüsk reagierte, flog die Sache auf und kam vor Gericht, das über die Mutter Gefängnisstrafe verhängte.

Ein 39jähriger Mann mußte in **Wilhelmshaven** an einer roten Ampel warten. Er hatte das Fenster auf der Fahrerseite halb geöffnet. Die 41jährige Fahrerin des Autos hinter ihm war plötzlich ausgestiegen, schlug ihn durch das geöffnete Fenster und entriß ihm seine Brille, die er versuchte festzuhalten. Weil sie ihn wüst kratzte, mußte er loslassen. Die Frau flüchtete samt Brille vom Tatort.

Zwei Mitarbeiterinnen einer Bäckerei in **Worms** hatten sich über die beste Art, Backwaren auszulegen und zu präsentieren, gestritten. Der Streit eskalierte dermaßen, daß sie sich wechselseitig geschlagen, getreten und mit Torten beworfen hatten. Eine der beiden Mitarbeiterinnen verletzte sich am Fuß, mußte medizinisch versorgt werden und erstattete Anzeige gegen ihre Kollegin, sodaß die Staatsanwaltschaft nach Zeugen suchte.

Sommer 2024. Randale am Strand von **Neapel**. Frauen leisten sich eine wilde Prügelei um eine Sonnenliege. Sie reißen sich an den Haaren und gehen auf Rettungsschwimmer und andere Badegäste los. Auch an anderen Stränden bieten Frauen in dieser Saison ein ähnliches Bild.

In einem Drogeriemarkt im **Dortmunder Hauptbahnhof** stellte ein Ladendetektiv eine 28jährige Irakerin. Die Bundespolizei nahm sie zur Identitätsfeststellung mit zur Dienststelle. Dabei ließ sie sich mehrfach zu Boden fallen, widersetzte sich, spuckte den Beamten ins Gesicht, trat und biß sie, sodaß sie fixiert werden mußte. Ihr Fingerabdruck ergab ihre Identität. Nach der Anzeige erging eine Anklage wegen der Delikte Diebstahl, tätlicher Angriff, Widerstand gegen Vollstreckungsbeamte, Beleidigung und Körperverletzung.

In **Celle** im Bereich Hehlentor gerieten Ende Januar 2025 in einem Bus drei Frauen in heftigen Streit um einen Sitzplatz. Die Auseinandersetzung, anfänglich verbal durch Drohungen, eskalierte in Handgreiflichkeiten. Die Polizei mußte sie trennen, und die Streithennen begaben sich jede für sich in die Notfallambulanz der AKH-Klinik. Dort trafen sie erneut aufeinander und der Streit flammte wieder auf mit lautstarken Drohungen, sodaß eine räumliche Trennung organisiert werden mußte. Die Frauen erwarten nun wechselseitige Strafverfahren wegen Körperverletzung, Beleidigung und Bedrohung.

Der 42jährigen Linken-Politikerin **Gökay Akbulut,** die seit 2017 für den Wahlkreis Mannheim im Bundestag sitzt, ist im Januar 2025 Schlimmes widerfahren, wie sie sogleich der Weltöffentlichkeit auf Instagram mitteilte. Sie sei im IC 2048 auf der Fahrt von Heidelberg nach Stuttgart von mehreren Fußballfans rassistisch beleidigt, sexuell belästigt und körperlich angegriffen worden. Aus diesem Kreis seien auch rechte Parolen gebrüllt und sie sei mit einer Flasche am Kopf beworfen worden. Sie erlitt Verletzungen, die im Krankenhaus versorgt wurden. Nach den Berichten in der Presse meldeten sich mehrere Augenzeugen, die den Vorfall ganz anders darstellen. Demnach sei Akkbulut provozierend und aggressiv aufgetreten. Wie das von ihr aufgenommene Handy-Video zeigt, hat sie die Fußballfans beschimpft als „Faschos von Stuttgart", „Drecksnazis" und „Mißgeburten" außerdem ist der Ausspruch „Fick dich ins Knie" zu hören. Erst dadurch hätte die Fan-Gruppe rassistisch und sexistisch reagiert. Außerdem soll die Politikerin eine kleine Weinflasche in die Männergruppe geworfen haben, die den Kopf eines Mannes nur knapp verfehlte. Das brachte die Fans dazu, ihrerseits einen Gegenstand, möglicherweise eine Flasche oder Dose, zurückzuwerfen. Die Polizeibeamten gaben an, daß sie die Frau erst beruhigen mußten. Einen Atemalkoholtest lehnte sie ab.

Einmal Ruhm – immer Ruhm, besonders wenn er bei RTL in der „Tutti-Frutti-Show" hart erkämpft wurde, dachte sich wohl die inzwischen 38jährige **Elke Jeinsen,** 18maliges „Playboy"-Covergirl. Aus dem fernen Kalifornien wieder auf Heimatbesuch gelüstete es ihr und ihrem Cavalier King Charles Spaniel Henry nach Vitamin C. Sie suchte in **Hannover** eine Apotheke auf, erhielt das Gewünschte von einer männlichen Bedienung, zückte ihre Kreditkarte, als plötzlich aus dem Hintergrund die Apothekenbesitzerin hervorschoß und Kundin mitsamt Hund aufforderte, die Apotheke unverzüglich zu verlassen, weil Hunde nicht erlaubt seien. Jeinsen stellte ihren Hund als Assistenzhund vor und beharrte auf seinem Verbleib bis zum Abschluß des Bezahlvorgangs. Die Apothekerin wollte auch das nicht dulden und schlug zu. Jeinsen filmte. Die Apothekerin beschuldigte ihre Kundin des Erstschlags. Beweisen läßt sich keine der Behauptungen. Fest steht, es hagelte Ohrfeigen, die körperlichen Auseinandersetzungen führten auf beiden Seiten zu Verletzungen. Die beiden Damen erstatteten gegenseitig Anzeigen.

Die chinesische Nachrichtenagentur **Xinhua** berichtete im November 2018 von einer 48jährigen Frau, die in einem Bus ausgerastet war und das mit tödlichen Folgen. Das Video einer Überwachungskamera in **Chongqing** zeigt das Innere eines Busses, wie die Frau auf den 42jährigen Busfahrer mit dem Handy wieder und wieder auf seinen Kopf einprügelt. Dieser wehrt sich mit der rechten Hand beziehungsweise mit dem Unterarm immer wieder. Die Frau läßt nicht von ihm ab. Am Ende verreißt der Fahrer, verliert die Kontrolle, gerät auf die Gegenfahrbahn, durchbricht das Brückengeländer und stürzt 50 Meter tief in den Jangtse-Strom. 13 Leichen wurden geborgen, 2 sind noch vermißt. Grund für dieses Unglück ist - den Video-Aufzeichnungen nach - eine verpaßte Haltestelle. Es ist in China üblich, daß in Anbetracht von langen Stecken Fahrgäste vor Fahrtantritt ihre Haltewünsche dem Fahrer mitteilen. Die randalierende Frau tat dies auch, mußte aber erfahren, daß ihre reguläre Haltestelle wegen Straßenbauarbeiten gesperrt sei. Der Fahrer empfahl ihr, eine Station vorher auszusteigen. Diese hatte sie aber verpaßt und verlangte nun, jetzt am ursprünglichen

Haltepunkt abgesetzt zu werden, trotz der Baustelle. Er sagte ihr, daß das nicht ginge und er das auch nicht dürfe. Also fuhr er weiter und die Prügelorgie begann.

Am Sonntagmorgen am 1. Advent 2024 um 2.40 Uhr kam es in der Bar „The Grace" mit dem beziehungsreichen Schriftzug „Love your Enemy" über der Eingangstür und nahe der **Frankfurter Einkaufsmeile Zeil** zu einer Messerattacke zwischen zwei 29 und 36 Jahre alten Frauen. Eine der beiden wurde in die Klinik gebracht, wo sie notoperiert und die andere dem Haftrichter vorgeführt wurde.

In **Essen** wollte sich ein Mann nach einem Streit mit seiner Ex-Freundin versöhnen und suchte sie in ihrer Wohnung auf. Die Frau schien wohl nicht sonderlich interessiert zu sein, denn sie rammte ihrem Ex aus bisher unbekannten Gründen ein Messer in die Brust. Auch er war ein Fall für eine Not-OP, seine Ex in Handschellen ein Fall für den Haftrichter.

2019 hörte im Schweizerischen **Fricktal** ein Mann nächtliche Geräusche und schlich ins untere Stockwerk, wo er seine deutsche Ex-Frau am Küchentisch sitzend und mit einem Messer in der Hand vorfand. Panisch versuchte er, ihr das Messer zu entreißen, doch sie griff nach einem zweiten Messer und stach ihm damit in die Brust. Dafür erhielt sie im Urteil wegen versuchter vorsätzlicher Tötung eine vierjährige Haftstrafe und ein fünfjähriges Landesbetretungsverbot, welches vom Bundesgericht bestätigt wurde.

Ende Juni 2024 griff ein 64jähriger Eritreer einer in **Kaiserslautern** lebenden 20jährigen US-Amerikanerin auf der Rolltreppe im Hauptbahnhof an den Po. Mit einem Wortgefecht zog sie ein Klappmesser, worauf der Mann zurückwich, sie ihm aber nachsetzte. Es gelang ihm zwar, ihren Messer-Arm festzuhalten, sie sich aber befreien konnte und im selben Bewegungsablauf ihm ins Herz zu stechen. Die Anklage wurde weder wegen Mordes noch wegen Totschlag erhoben, sondern nur wegen Körperverletzung mit Todesfolge, weil die Staatsanwaltschaft auf Notwehr erkannte.

Im August 2024 sollte ein Sonderbus im nordrhein-westfälischen **Siegen** mehr als 40 vorwiegend junge Passagiere zu einem Stadtfest bringen, als eine 32jährige Frau mit einem Messer wahllos auf die Menschen einstach. Sechs von ihnen wurden verletzt, drei lebensgefährlich. Für die Polizei sind die Hintergründe unklar, allerdings sei die Täterin polizeibekannt.

78. Weiblicher Exhibitionismus

Vor einem Luxus-Hotel in **Florida** prügeln zwei Frauen barbusig aufeinander ein. Der Streit begann in der Lobby des 5-Sterne-Hotels. Hotelmitarbeiter versuchten erfolglos, den Streit zu beenden. Aufgrund der Tatsache, daß die beiden Frauen kaum bekleidet waren, konnte nicht weiter interveniert werden, ohne mit den nackten Brüsten der Kämpferinnen in Berührung zu kommen und damit auch mit einschlägigen US-Gesetzen. Für die umstehenden Hotelgäste ein willkommener Spaß.

Das Staatstheater **Wiesbaden** sucht Komparsen, sie müssen aber nackt auftreten, dafür gibt es dann auch 200 Euro Honorar. Sie sollen in der Performance „Habitat" mitspielen. Choreographin ist die Künstlerin **Doris Uhlich**, bekannt für ihre zahlreichen Nackt-Projekte. Auf die Frage, was auf der Bühne passieren wird, erklärt die Künstlerin, daß es um das „Feiern von Vielfalt" gehe. Es soll „über Konventionen hinausgehen", „fesselnd, hochenergetisch und zuweilen kollektiv in sich ruhend". Als Inspiration sieht sie Wiesbadens Architektur und hessische Geschichte.

Vor entsetzten Autofahrern, die gerade eine Tankstelle ansteuerten, tauchte eine komplett nackte, wild gestikulierende und laut brüllende Frau auf. Sie filmten sie mit ihren Handys und riefen die Polizei. Diese traf auf eine einschlägige Bekannte, eine Zahnärztin mit aktuell gemessenen 3,2 Promille, die die Nacht in Gewahrsam verbringen mußte. Zuvor war die Polizei schon häufig bei ähnlichen Vorfällen mit ihr im Einsatz. Es gab bereits sieben Strafanzeigen gegen sie, u.a. wegen Beleidigung, Körperverletzung, Drogen. In ihrer Praxis tauchte sie mit einer Machete auf und fuchtelte wild herum. Der zuständigen Bezirksregierung **Arnsberg (NRW)** ist der Fall bekannt. Ihr sind nach eigener Aussage jedoch die Hände gebunden, da mit dem Entzug der Approbation gleichzeitig ein Berufsverbot verbunden sei.

Die Forderung – nennen wir es einmal so – „nackte Brust für alle" kam nicht von männlichen Interessentengruppen, wie man glauben könnte, sondern von weiblicher Seite. Die Kurzformel lautet: Wenn Männer mit nacktem Oberkörper ins Schwimmbad dürfen, dann auch die Frauen, denn schließlich gilt gleiches Recht für alle und eine nackte Brust ist eine nackte Brust! Dieser Unsinn kann nur am bisher milde übersehenen rücksichtslosen weiblichen Exhibitionismus liegen, wie das viele Klimaprotestlerinnen zeigen, wenn sie sich für ihr Anliegen entblößen. Und auch hier läßt sich beobachten, daß Forderungen, je lauter und dringlicher sie vorgebracht werden, desto geringer ihre tatsächliche Relevanz ist. Deshalb hier in aller Kürze: Die männliche Brust ist eine männliche Brust und nichts weiter sonst, selbst wenn sie gepierct ist. Für den Mann ist sie funktionslos und zählt auch nicht zu den sekundären Geschlechtsmerkmalen. Die weibliche Brust hingegen ist ein Sexualorgan, gehört zu den weiblichen Geschlechtsmerkmalen und ist die erogene Zone schlechthin. Das beweisen jahrtausendalte bildnerische Zeugnisse aus aller Welt. Um das zu wissen, würde ein regelmäßiger Schulbesuch oder Besuch eines (Völkerkunde-)Museums genügen. Die Gleichsetzung von Gleichem mit Ungleichem ist immer unzulässig und in der Wissenschaft abstrus. Und ganz am Rande. Wenn im Schwimmbad Männer dergestalt entblößte Frauen in eindeutiger Absicht anstarren oder ansprechen, ist das dann sexualisierte Gewalt? Könnte nicht auch ein Mann ein solches Verhalten als sexuelle Anmache deuten?

Bundesfinanzminister **Christian Lindner** (FDP) lud an einem Sonntag zum „Bürgerdialog" in das Finanzministerium. Er wollte deren Fragen aufnehmen und Zusammenhänge erklären zu Themen wie Klimawandel, Krieg in der Ukraine oder Inflation und die Aussichten für eine starke künftige Wirtschaft, als plötzlich Oben-ohne-Frauen die Veranstaltung stürmten. Sie entblößten sich vor dem Minister, zeigten ihre mit „keine" und „mehr" beschrifteten Brüste und schrien: „Frauen sterben, weil du deinen Job nicht machst!" Auf Lindners Nachfragen nach konkreten Beispielen, erhielt er eine etwas hilflose Antwort: „Zu wenig Finanzierung für den Schutz von Frauen." Nachdem die Frauen abgeführt worden waren, erklärte der Finanzminister, daß er und sein Haus nicht der richtige Ort für solche Forderungen sei, denn zuständig für die Finanzierung von Frauenhäusern und Gewaltprävention seien die Länder und Gemeinden. Es war deshalb zu vermuten, daß es sich bei diesem Auftritt nur um eine Social-Media-Aktion gehandelt hat. Jedenfalls übertrug die Livestream-Kamera statt dieser Aktion nur Bilder der Deckenbeleuchtung und der offizielle Fotograf veröffentliche keine Bilder der Nackt-Frauen.

Es gibt in Deutschland kaum eine Örtlichkeit, wo man nicht auf stillende Mütter trifft. Bisher zogen Frauen sich zum Stillen in die ruhige Umgebung ihres Zuhauses zurück. Denn der einzige Bezugspunkt im Akt des Stillens ist das Baby und das benötigt Ruhe ohne Krach oder störende Umgebungsgeräusche. Neuerdings scheint ein Baby keine große Rolle mehr zu spielen, die Prioritäten sind jetzt „irgendwas mit Event". Stillen im Straßencafé bei gleichzeitigem

Tratsch mit Freundinnen, Stillen in der Vorlesung, auf Parkbänken, in Bus und Straßenbahn, im Museum, in der Kirche, überall wird die Brust ausgepackt, so als wäre sie ein Statement für die eigene Wichtigkeit: die Hauptperson bin ich, die Mutter! Die entblößte Brust gehört nicht ins Schaufenster der Fußgängerzone, nicht auf die Zuschauertribüne des Fußballstadions, nicht zu Parteitagsveranstaltungen. Es ist mindestens unhöflich, die kirchliche Trauungszeremonie der eigenen Tante mit dem Ausbreiten von Still-Utensilien und Babygebrüll zu garnieren. Übrigens: Ein normales Baby muß nicht ständig gestillt werden. Es ist nur wichtig, einen Zeitplan einzuhalten, das Baby gewöhnt sich an den Rhythmus und ist ruhig.

Das **Musée Pompidou in Metz** zeigte die Sammlung des französischen Psychiaters Jacques Lacan (1901-1981) mit Werken von Dali, Courbet, Manet, Annette Messagier und anderen. Drei Frauen, die sich Künstlerinnen nennen, drängen in die Ausstellung ein, besprühten die Kunstwerke mit roter Farbe – Me Too. Zwei Frauen konnten verhaftet werden, die flüchtige Dritte hatte ein Bild entwendet. Die französische Kulturministerin **Dati** sprach von einem „Angriff fanatischer Feministinnen auf die Kultur". Sie sagte: „Ein Kunstwerk ist kein Schild, das man mit der Botschaft des Tages bemalen kann". Eine der Frauen ist gerichtsbekannt, weil sie immer nackt auftritt, so im französischen Wallfahrtsort Lourdes nackt vor einer Marienstatue oder vor Edouart Manets Gemälde „Olympia". Im Musée d'Orsay entblößte sie ihre Vulva vor Courbets Gemälde „Der Ursprung der Welt". Sie begleitet ihre Auftritte immer mit Tiraden gegen Männer an sich, gegen Zensur und den antifeministischen Kunstbetrieb. Solche Frauen gibt es in fast allen freien Ländern. Sie posieren nackt oder mit gespreizten Schenkeln, krakeelen. Bisher hat noch keine solche Künstlerin Eingang in die Fachwelt, in kunsthistorische Monographien oder museale Sammlungen gefunden.

Beim Klimaprotest sind wie bei den Straßenklebern, Kunstwerke-Besudlern und sonstigen „Zeichensetzern" überwiegend Frauen beteiligt, von denen viele ihren „Protest" offenbar nur unter Zuhilfenahme ihres entblößten Oberkörpers ausdrücken können (erklären läßt sich das in einem sinngebenden sachlichen Zusammenhang freilich nicht). Überhaupt treffen wir hier hauptsächlich auf ein Heer von Studienabbrecherinnen, die sich offenbar darauf verlassen, ihr leistungsloses Leben dauerhaft mit Transferleistungen durch den Staat sichern zu können.

Die Künstlerin **Florentine Holzinger** versteht sich als Radikalperformerin, deren wesentliches Stilmittel die komplette Nacktheit ihres Körpers ist. In der Wiederaufführung ihres Werks „Sancta" im **Pfalzbau Ludwigshafen** – zuvor bereits skandalerregend in **Stuttgart** auf der Bühne – zeigten sie und ihre Compagnie im Wasserbecken schwebend ihre Assoziationen zu Ophelia und anderen Motiven. Im Anschluß gab es noch ein Publikumsgespräch mit dem Intendanten **Tilman Gersch**, welches abrupt beendet wurde von einem weiblichen Ensemblemitglied, das vor der Bühne in ein Sektglas pinkelte und dieses der perplexen Choreographin überreichte.

Bisher unbeantwortet bleibt die Frage, weshalb Frauen offenbar glauben, ihren Anliegen nur mithilfe ihrer entblößten Körper Nachdruck verleihen zu müssen.

79. Femizide?

Seit einiger Zeit gibt es eine geänderte Lesart: Wenn Frauen ermordet werden, handele es sich immer um Femizid, das soll heißen: wenn Frauen umgebracht werden, dann immer nur wegen ihres Geschlechts, Täter seien also immer Frauenhasser. Die Aktivistinnen, die diesen Unsinn propagieren, begründen ihre Forderungen nach geänderten Sprachregelungen für Politik, Verwaltung, Medien und Justiz damit, daß die (meist männlichen) Täter aufgrund ihres Geschlechts Frauen sowieso hassten und zudem Frauen als Opfer mehr gewürdigt werden müßten. Die Lebenswirklichkeit war jedoch schon zu allen Zeiten eine andere: Da gingen Frauen ihrem Partner Jahrzehnte gewaltig auf die Nerven oder sie räumten sein Konto leer oder sie waren beide so betrunken, daß sich sich gegenseitig umbrachten oder sie duldete seine notorische Fremdgeherei nicht mehr, es gibt unendlich viele Gründe, die die Polizei unter „Beziehungstaten" in den Akten führt. Es gibt aber Weltgegenden, wo Frauen tatsächlich ihres Frauseins wegen umgebracht werden, es sich also tatsächlich um Femizide handelt. Es wäre da nur logisch, die Aktivistinnen brächten ihre Proteste bei den dortigen Entscheidungsträgern beispielsweise in den arabisch geprägten Staaten, in Afrika oder in Indien an, statt hier bequem in Vollpension Radau zu veranstalten.

Nicola Dormagen – „**Spiralkörper II**", Eiche,
Farbe, 2-teilig, **1999**, 60cm x 120cm x 45cm,
Unikat

80. Weibliche Moral

Eine Schülerin erhielt während ihrer fast gesamten neunjährigen Gymnasialzeit von ihrer Musiklehrerin eine 3, also befriedigend. Sie spielte seit ihrem vierten Lebensjahr Klavier, bestand im Alter von neun Jahren den C-Schein für Kirchenmusik (Orgel), war Solistin bei Benefizkonzerten und hätte eine bessere Note zum Ausgleich schwacher Leistungen in anderen Fächern wie Sport dringend benötigt. Begründung der Lehrerin: Wenn ich dir eine 1 gebe, wirst du nur überschnappen. Moral muß man eben lernen.

1959 erschien der amerikanische Film „Geschichte einer Nonne" mit **Audrey Hepburn** in der Hauptrolle. Sie spielt darin die belgische Arzttochter Gabrielle van der Mal, die in ein Kloster geht, weil sie ihre Berufung in der Missionsarbeit in Afrika sieht. Nachdem sie die entsprechenden Gelübde abgelegt hatte, rückt für sie, nunmehr als Schwester Lucas, der Einsatz im Kongo näher. Zuvor hatte sie schon ein mehrmonatiges Studium der Tropenmedizin absolviert, was ihr durch den medizinischen Hintergrund ihrer Familie leicht fiel. Vor dem eigentlichen Einsatz in Afrika stand jetzt noch ein medizinisches Examen an. Und hier kommt es zum großen Konflikt: Eine andere Schwester, die zuvor schon im Kongo gearbeitet hatte, soll wieder dorthin zurück, allerdings ist sie in den medizinischen Fächern nicht mal halb so gut wie Schwester Lucas, von der nun von der Schwester Oberin verlangt wird, beim Examen absichtlich durchzufallen, um ihre Demut zu beweisen, damit die andere Schwester zurück in den Kongo kann. Frage: Kann es sein, daß Gott daran interessiert ist, minderbegabte Menschen in Krisengebiete zu schicken? Und wäre das dann auch die Blaupause für Regierungshandeln in unserem Land? Und warum kommen offenbar nur Frauen auf solch abwegige und zudem kontraproduktive Ideen?

81. Gewalttätige Frauen

Eine steigende Anzahl Betroffener nutzt das im Jahr 2020 gestartete kostenfreie Hilfetelefon „**Gewalt an Männern**". Die Anzahl der Kontaktaufnahmen seien von 1480 im Jahr 2020 auf 4498 im Jahr 2022 gestiegen, wie mehrere Bundesländer gemeinsam berichteten, davon seien mehr als Zweidrittel der ratsuchenden Männer direkt von Gewalt durch Frauen betroffen. Am häufigsten wurde eine Beratung zu psychischer Gewalt – oft in Kombination mit zusätzlich erlebter körperlicher und sexualisierter Gewalt – in Anspruch genommen. Bayerns Sozialministerin **Ulrike Scharf** (CSU) berichtete, daß es seit dem Start des Hilfetelefons knapp zehntausend Kontakte per Telefon, e-mail oder per Chat gegeben habe. „Gewalt gegen Männer ist häufig immer noch ein Tabu. Entsprechende Delikte werden nur selten angezeigt. Wir gehen deshalb von einer hohen Dunkelziffer aus." Angegriffen werden Männer seltener physisch, wenn dann doch, mit ernsten Konsequenzen für sie: Im August 2022 wurde ein Gemeinderat von seiner durchtrainierten Frau erstochen, tötete eine Kampfsportlerin ihren Mann, einen Wirt, mit einem Baseballschläger. Gewalt von Frauen gegen Männer ist ein allgemeines Problem. Im Berner Männerhaus kennt **Tania Glanzmann** die Methoden, mit denen Frauen ihre Männer psychisch drangsalieren: „Wir hatten einmal einen Vater, dessen Frau ihm ständig drohte, sie werde ihn im Schlaf töten. Anfangs nahm er das nicht ernst, dachte, sie sage so etwas nur, um ihn zu verletzen, doch mit der Zeit bekam er richtig Angst, wurde krank und suchte Rat im Männerhaus. Wir hatten auch schon Männer, deren Frauen regelmäßig beim Arbeitgeber anriefen, um zu fragen, wann genau er kam und ging. Die Männer würden oft über Jahre von ihren Frauen runtergemacht und schikaniert. Oder sie drohten, ihn mitsamt den Kindern zu verlassen." Während Frauen durch Hilfsprogramme in ähnlichen Situationen aufgefangen werden, wie beispielsweise durch die seit vielen Jahren feste Institutionalisierung von Frauenhäusern, erfahren Männer beim Thema „häusliche Gewalt" nur selten bis nie Unterstützung.

Über **Saskia Weishaupt** (Jahrgang 1993) wäre nichts weiter zu berichten, hätte die Bundestagsabgeordnete der Grünen nicht am 22. Dezember 2021 in einem Tweet die Polizei dazu aufgefordert, eine ihr nicht genehme Demonstration von Querdenkern „mit Pfefferspray und Schlagstöcken" zusammenzuknüppeln. Denn als Landesvorsitzende der bayerischen Grünen (bis 2021) stand sie vorher ausdrücklich hinter der Forderung der Nachwuchsorganisation, wonach der Einsatz von Pfefferspray und Hunden bei Demonstrationen grundsätzlich verboten werden sollte. Die „standardmäßige Bewaffnung der Polizei mit Pfefferspray" gelte es zu beenden, heißt es in einem entsprechenden Positionspapier, das Weishaupt ausdrücklich unterstützte.

Sanija Ameti (Jahrgang 1992), 1995 mit ihrer muslimisch-bosnischen Familie als Flüchtling in die Schweiz gekommen, studierte dort von 2011-2018 Rechtswissenschaft und ist seither Doktorandin an der Universität zum Thema Cybersicherheit. Die Juristin gehört zur Geschäftsleitung der Jungen Grünliberalen Partei Schweiz und ist deren Hinterbänklerin im Stadtzürcher Gemeindeparlament. Von dort aus überzieht sie alle mit ihren Tiraden „Putins 5. Kolonne", „keine Eier" oder X „kann man sich nicht schöntrinken", weil sie damit in die Medien kommen will. Sie ist dauernd auf Krawall gebürstet. Aber jetzt zu weit gegangen. Sie postete auf Instagram Bilder von sich, wie sie in Lara-Croft-Pose beim 10-Meter-Schießen mit einer Wettkampfpistole auf ein Bild der Muttergottes mit ihrem Jesuskind schießt. Dabei handelt es sich um eine mittelalterliche Darstellung auf dem Blatt aus einem großen Katalog des Zürcher Auktionshauses Koller. Die Abbildung war durchsiebt von gezielten Schüssen, konzentriert auf die Gesichter von Mutter und Kind, besonders auf die Augen, dann auf Hände und Brust. Sie habe nichts anderes zur Hand gehabt, verteidigt sie sich. Der Katalog sei auf einem Stapel Altpapier gelegen. Sie habe die Abbildung nicht gekannt, schließlich sei es dunkel gewesen. Außerdem sei sie gefrustet gewesen, weil sie an den Tod ihres Bruders habe denken müssen, der vor einigen Jahrzehnten beim Übersiedeln in die Schweiz umgekommen sei. Kenner der Schweizer Szene bemerkten, daß dies das typische Verhalten von ihr sei: erst provozieren bis zum Äußersten, sich dann entschuldigen und danach an die Spitze von „Nie-wieder-Demonstrationen" stellen. Ameti ist muslimisch. Was wäre gewesen, wenn ein christlicher Abgeordneter Salven aus einer Armeewaffe auf eine Kalligraphie des muslimischen Glaubensbekenntnisses abgefeuert hätte? Der Kollege hätte mindestens Polizeischutz benötigt. Eine muslimische grüne Liberale oder liberale Grüne, die die Gefühle von Christen beleidigt, braucht kein Mensch, auch nicht „Farner Consultant", die wichtigste PR-Agentur der Schweiz, bei der sie zuvor mal gearbeitet hatte.

82. Männerdiskriminierung

Nachdem inzwischen überall gesucht wird, wer außer den bisher bekannten Diskriminierten ebenfalls zu den Diskriminierten gehören könnte, fiel das Auge der Wissenschaft in der **University of New Mexico** auf die Männer. Denn in Deutschland übertrifft die Suizidrate der Männer die der weiblichen mit 73% zu 27%. Von 9.241 Gesamtsuiziden im Jahr 2017 entfielen 6.909 auf Männer. Man fragte sich: Werden Männer in unserer Gesellschaft tatsächlich benachteiligt und könnte das mit ein Grund für suizidales Verhalten sein? So kommt ihre Studie zu dem Schluß, daß Menschen, insbesondere Frauen, eher bereit sind, fürs eigene Wohl Nachteile für Männer als für Frauen in Kauf zu nehmen. Diese Ergebnisse untermauern das Phänomen der „Geschlechter-Empathielücke", wonach Männern grundsätzlich weniger Mitgefühl entgegengebracht wird als Frauen. Es wird vermutet, daß hier die traditionelle Rolle des Mannes als Beschützer eine Rolle spielt. Einen weiteren Aspekt brachte eine Umfrage des „Global Institute for Women's Leadership": „Wir sind so weit gegangen, die Gleichberechtigung der Frau zu fördern, daß wir nun Männer diskriminieren!" Diese Männer-Diskriminierung findet in denjenigen Ländern der westlichen Welt statt, die die amerikanische „Wokeness"-Welle widerstandslos über sich ergehen lassen. Italiens neue Regierung unter Ministerpräsidentin **Meloni** will dem Einhalt gebieten, indem sie zunächst für die Schulen eine „Männerquote" fordert. Der Frauenanteil an den Grundschulen beträgt derzeit 95%, das gilt auch für die Chefposten, bei denen Frauen auch hier mit 83% überrepräsentiert sind. Die neue Quotenregelung kommt allerdings erst dann zum Tragen, wenn der Abstand zwischen den Geschlechtern mehr als 30% beträgt.

83. Kleine Mädchen

Neuerdings haben wir es mit Gangs zu tun, deren Mitglieder 12 bis 16 Jahre alt und überwiegend Mädchen sind, bisweilen sogar von Mädchen angeführt werden. Ihr Auftreten ist gekennzeichnet durch besondere Grausamkeit, ihre Opfer überleben die Attacken entweder nicht oder schwerstverletzt. Sanktionen erfolgen fast nicht, weil unter 14jährige nach dem Gesetz Kinder und strafunmündig sind, ab 14 Jahre sieht das Jugendstrafrecht zwar Höchststrafen von bis zu 10 Jahren (Mord) vor, in der Praxis werden meist einige Sozialstunden auferlegt. Die polizeilichen Ermittlungen zu solchen Fällen brachten die Erkenntnis, daß sich diese „Kinder" regelmäßig im Internet nach Mordwerkzeugen und -methoden und verwandte Themen kundig machen, sie genau wissen, wie und wo man Verletzungen anbringen muß und wie man den Tod herbeiführt. Man kann also davon ausgehen, daß die Mädchen wissen, was sie tun und die Bedeutung des Begriffs Strafe kennen. Es wäre deshalb an der Zeit, das Strafrecht an die „neuen Mädchen" anzupassen und dabei das „Kind" neu zu definieren angesichts der evolutionsbedingten Entwicklungen unter dem Einfluß neuer Umweltbedingungen.

An der Oberschule im niedersächsischen **Sande** ereignete sich eine wüste Prügelei unter sechs 13 bis 15jährigen Mädchen der Oberschule, an deren Ende eine 14jährige mit Hirnblutung und Lungenquetschung direkt in die Klinik eingeliefert werden mußte. Die Verletzungen entstanden durch Tritte von einer bereits polizeibekannten migrantischen Mädchengang, die sich gegenseitig beschuldigen, sie beleidigt, geschlagen und getreten zu haben. Der Schlägerei voraus ging wohl eine Anzeige von Lisa Steude, der Mutter des schwer verletzten Mädchens, die meldete, daß im Klassen-Chat Gewaltvideos der Terrorgruppe verbreitet wurden. Die Mädchengang rächte sich dann an der 14jährigen, ihrer ebenfalls dort lernenden Schwester sowie deren Freundin. Auch sie wurden zusammengeschlagen und getreten. Sie mußten sich vor ihre Peinigerinnen hinknien und um Entschuldigung bitten. Die Lehrerin wurde bedroht: „Ich hoffe, die stirbt, diese männerlose Frau!" Die Polizei ist häufig vor Ort wegen immer gleicher Vorfälle. Die Schule wirbt mit Mobbing- und gewaltfreiem Unterricht und möchte jetzt eine „Fallkonferenz" veranstalten.

In Südschwedens **Landskrona** in einem Industriegebiet wurde frühmorgens die Leiche der 14jährigen Schülerin Emilia Sjöberg gefunden. Die Polizei ermittelte, daß die Schülerin auf dem Weg zu einer bei Schwedens Jugend beliebten Pyjamaparties war und angegriffen, gefesselt und gefoltert wurde, an deren Verletzungen sie am Ende verstarb. Im Verlauf der Befragungen konzentrierte sich der erste Verdacht auf zwei gerade mal 13- und 15jährige Mädchen, die das Mordopfer gekannt hatten und jetzt getrennt verhört wurden. Dabei machten sie Teilgeständnisse und Angaben zu den Hintergründen. Dabei stellte sich heraus, daß diese Party eine Falle war, in die die 15jährige und ihre 13jährige Komplizin ihr argloses Opfer gelockt hatten, das die Mörderinnen für ihre Freundinnen hielt. Im Dezember 2024 begann in Lund der Mordprozess.

84. Frauen morden

Wenn Frauen morden, dann morden sie anders. Das war schon immer so. Weil sie ihren Opfern meist körperlich unterlegen sind, kommen als Tatwerkzeuge nur leichte oder weiche Mittel infrage wie Gifte, Medikamente oder Kissen. Und da ihre Opfer meist in ihrem sozialen Nahbereich leben, müssen sie ihre Taten, anders als Männer, von langer Hand planen und meist über eine längere Zeitspanne ausführen. Männer können sich auch spontane Mordüberfälle leisten. Frauen müssen ihre Morde so kaschieren, als handele es sich um eine natürliche Todesursache. Die Statistik sagt, daß 12 bis 14 % aller Tötungsdelikte von Frauen verübt werden. Berichtet kann natürlich nur über Fälle, die aktenkundig sind, nicht über die Höhe der Dunkelziffer, bei der man glaubt, daß dort wesentlich mehr von weiblicher als von männlicher Hand ausgeführte Mordfälle versteckt sind, weil eben Opfer von Mörderinnen scheinbar eines natürlichen Todes gestorben sind. Wieder die Statistik: In 80 % der Mordfälle handelt es sich um Beziehungstaten. Da sind sich Frauen und Männer gleich, man will sich aus einer desaströsen Beziehung lösen und sieht keinen anderen Weg als Mord, wobei es in Polizeikreisen ein geflügeltes Wort gibt: Ein Mann bringt seine Frau um, weil er sie nicht (an einen anderen) verlieren wollte. Eine Frau bringt ihren Mann um, weil sie ihn loswerden wollte. Mordmotive bei Frauen sind meistens Ausweglosigkeit, Notwehr im weiteren Sinne oder Vergeltung.

Eine 23jährige Auszubildende zum Notfallsanitäter der Rettungswache des DRK für den Landkreis Ludwigsburg in Vaihingen bei Stuttgart wurde verhaftet wegen versuchten Mordes an ihren 53, 29 und 25 Jahre alten Kollegen und befindet sich derzeit in Untersuchungshaft. Sie soll die Getränke ihrer Kollegen mit verschreibungspflichtigen Medikamenten versetzt haben. Der Kreisverband teilte mit: „Im April 2024 mußte ein Mitarbeiter einer Rettungswache aufgrund von neurologischen Ausfällen während des Dienstes in die Notaufnahme eines Krankenhauses eingeliefert werden, wo er bewußtlos wurde." Am darauf folgenden Tag habe die Rettungsdienstleitung die Meldung erhalten, daß man bei der Polizei den Anfangsverdacht gegen eine Mitarbeiterin hegen würde, die möglicherweise ihren Kollegen Medikamente in Nahrungsmittel gemischt hätte. Die drei Mitarbeiter mußten stationär behandelt werden, wobei bei einem Kollegen akute Lebensgefahr bestand. Der Ausbildungsvertrag mit der Täterin wurde fristlos aufgelöst und sie erhielt ein Betretungsverbot in sämtlichen DRK-Liegenschaften im Landkreis Ludwigsburg.

Es gab aber auch Frauen, die, wie Männer auch, sozusagen berufsmäßig mordeten. So beispielsweise in der DDR, wo Justizministerin **Hilde Benjamin** (1902-1989) bekannt und gefürchtet war. Sie war zuständig für politische Schauprozesse, in denen sie regelmäßig Todesurteile verhängte und damit ihre männlichen Kollegen weit übertraf und deswegen „Rote Guillotine" genannt wurde. Im sogenannten „3. Majdanek-Prozeß" von 1975-1981, der der letzte Versuch war, die Schrecken der Nazi-Kriegsherrschaft aufzuarbeiten, berichteten als Zeugen die wenigen Überlebenden der Konzentrationslager auch über ihre Aufseher, unter denen besonders die Grausamkeit der weiblichen Aufseher alle übertraf, vor allem **Ilse Koch**, **Hermine Praunsteiner-Ryan** oder **Hildegard Lächert**, von den Lagergefangenen auch „blutige Brygida" genannt. Man kann schon konstatieren: Auch Frauen ist Sadismus nicht fremd.

85. Rufmörderinnen

Es gibt eine Spielart von Mord, das ist der Rufmord. Nach der Statistik sind hier Frauen überrepräsentiert. Frauen setzen Gerüchte in die Welt. Ihre Motive sind Rache, Eifersucht, erhoffte Genugtuung, Befriedigung durch Leidzufügung. Das Stille-Post-Prinzip beziehungsweise die sogenannten sozialen Medien tragen ihre Anschuldigungen, ihre falschen Verdächtigungen oder falschen Tatsachenbehauptungen weiter. Es ist wie bei Heckenschützen, sie bleiben unerkannt. Mittels Rufmord werden Menschen exekutiert, ihre Existenz zunichte gemacht, ihre Familien zerstört. Angegriffene können sich nicht wehren, weil sie nicht wissen, gegen wen sie sich verteidigen können oder was man ihnen aus welchem Grund vorwirft. Frauen rufmorden heimlich, sie können so vom Balkon aus sehen, ob und wie ihre Saat aufgegangen ist. Wenn die Welle größer wird, verbünden sie sich mit einer befreundeten Journalistin, die ihnen Anonymität zusichert. Feministische Aktivistinnen lehnen das bisherige Rechtssystem mit seinen Gesetzen ab, weil dieses auf patriarchalischen Strukturen beruhe. Gerechtigkeit sei damit nicht möglich. In Fällen von Machtmißbrauch, sexueller Gewalt, Pädokriminalität sei die Schuld juristisch oft nicht zu beweisen, weil immer Aussage gegen Aussage stünde und dann greife der Rechtsgrundsatz in dubio pro reo, den man in ihren Kreisen „Juristenkniff" nennt. Unter solchen Umständen müsse man sich wehren mit dem Mittel der Verdachtsbeschuldigung, die der Verdachtsberichterstattung vorangeht. Aktuell und bekanntestes Beispiel ist der Berliner Grünen-Politiker **Stefan Gelbhaar**, der von seinen „Parteifreunden" auftragsgemäß (?) systematisch und nach Rezept zerstört wurde.

86. Wormser Mißbrauchsprozeß

Wohin das führen kann, zeigen die Wormser Mißbrauchsprozesse 1994-1997, die größten Mißbrauchsprozesse der deutschen Rechtsgeschichte. Verhandelt wurde gegen 25 Erwachsene, die sich an 16 Kindern vergangen haben sollen. Alle Angeklagten wurden letztendlich freigesprochen, doch die jahrelangen Prozesse zerrütteten Familien und zerstörten Existenzen. Ausgelöst wurde dies durch die Großmutter einer Familie, die sich im Rahmen eines Scheidungsverfahrens ratsuchend an die Aktivistinnen des Vereins **Wildwasser e.V.** wandte. Dort spielte eine Mitarbeiterin Psychiater (nach eigener Aussage hatte sie mal das Buch eines Psychiaters gelesen) und legte den Kindern die inzwischen allgemein bekannten anatomisch männlich und weiblich geformten Puppen vor, begleitet von Suggestivfragen. Aus den Antworten zog die Mitarbeiterin den Schluß, einen massenhaften Kindesmißbrauch vor sich zu haben. Dieser Verdacht wurde von einem Vereinsmitglied, einem Kinderarzt(!), bestätigt. Daraufhin wurden 25 Personen festgenommen. Es gab 131 Verhandlungstage, in deren Verlauf sich die Staatsanwältin empörte: „Die Verteidigung meint also, blindwütige Feministinnen wirken auf ahnungslose Kinder ein. Bis die von Mißbrauch berichten, und skrupellose Staatsanwältinnen übernehmen das." Im Verfahren kamen Dinge zutage, die man nicht glauben mag: Da wurden angeblich Kinder mißhandelt, die zur Tatzeit noch gar nicht geboren waren, in anderen Fällen saßen die Eltern bereits in Untersuchungshaft. Polizeiliche Untersuchungen fanden nirgendwo Anhaltspunkte für diese Verbrechen. Allem zum Trotz forderte die Staatsanwältin für die Angeklagten bis zu

13 Jahre Haft. Die Prozesse endeten mit Freispruch in allen 25 Fällen. Der **Vorsitzende Richter Hans E. Lorenz** begann seine mündliche Urteilsbegründung mit dem Satz: „Den Wormser Mißbrauch hat es nie gegeben. Bei allen Angeklagten, für die ein langer Leidensweg zu Ende geht, haben wir uns zu entschuldigen." Wildwasser e.V. trennte sich zwar von der Mitarbeiterin, die nach wie vor an ihrer Einschätzung festhielt. Eine öffentliche Entschuldigung oder andere Konsequenzen blieben aber aus. Der Bundesgerichtshof legte unter dem Eindruck dieser Prozesse Mindestanforderungen an strafprozessuale Glaubhaftigkeitsgutachten fest. Die Schicksale der Familien waren desaströs. Die Großmutter starb in der Untersuchungshaft, Ehen wurden geschieden, Familienväter verloren die Existenz, schon allein durch die hohen Prozesskosten, die Kinder wurden in dem Heim „Spatzennest" untergebracht, dessen Leiter Jahre später zu mehrjähriger Haftstrafe wegen Kindesmißbrauch verurteilt wurde. Sechs Kinder aus dem Heim wurden dort gegen ihre Eltern dermaßen aufgestachelt, daß sie bis heute jeden Kontakt mit ihnen, die sie weiterhin für schuldig halten, verweigern. Ein Junge starb wenige Tage nach der Entlassung aus dem Heim an Diabetes.

Diese Tragödien waren das Ergebnis von feministischen Aktivismus, Rufmord, blindem Furor in Verbindung mit ungeregelter Verdachtsberichterstattung.

87. Weibliche Geheimbündelei

Geheimbündelei ist Frauen nicht fremd. Wer ein Mädchen-internat durchlaufen hat, weiß das. Auch ein Frauenbuchla-den ist ein Geheimbund, wer da mal neugierig durch die Tür linst, wird von wildgewordenen Furien verfolgt, die kaum zu stoppen sind. Die vorherrschende Idee ist: Frauen sind immer und überall Opfer. Und deshalb befinden sie sich ständig im Verteidigungsmodus, andererseits besetzen sie Räume für sich, die niemand sonst betreten darf. So zu erleben im Jahr 1992 an der damals noch jungen **Fachhochschule Fulda**. Wie anderswo auch, so gab es auch hier einige Querelen, die in Gestalt der **Professorin Dr. Muthgard Hinkelmann-Toewe** ihren Kristallisationspunkt hatten. Sie hatte sich schon seit längerem „auf dem Gebiet des Feminismus mit einer An-maßung an Kompetenzen", die ihr nicht zustanden (so der Prorektor Günther Stahlmann) zu profilieren versucht. Letzt-lich hat dann aber wohl ihr ganz persönlicher Habitus, ihr „Gehabe", wie man es sonst von Sekten kenne, die anderen Studenten provoziert, was bis ins Hessische Kultusministeri-um drang. Denn sie scharte einen kleinen Kreis von Studen-ten – die „Hi-Freaks" – um sich, die sich natürlich als „Ein-geweihte" verstanden. Bestimmten Spott, Witzeleien oder später auch konkrete Anfeindungen das studentische Milieu, so kam es zum offenen Konfliktausbruch, als Studenten, die nicht zum Kreis der Eingeweihten um die Professorin gehör-ten, sich einige Sitzungen zum Thema „Körperlichkeit und Sexualität als Fragestellung feministischer Sozialpädagogik" näher betrachteten. Die Professorin störte sich an der Anwe-senheit ihr nicht genehmer Studenten, was sie gegenüber der Hochschulleitung auch bestätigte. Diese Studenten hatten sich nämlich ihr gegenüber gegen die von ihr „aus pädagogischen Gründen" verlangten Tonbandmitschnitte verwahrt. Als es dann um die Herausgabe der Tonbandkassetten ging, entwickelte sich eine Prügelei, die auch ein Strafverfahren nach sich zog, denn Frau Hinkelmann-Toewe und ihre Jünger fühlten sich bedroht. Wie die „Frankfurter Rundschau" berichtete, führte dies dazu, daß sie ihren Unterricht nunmehr an einen geheimen Ort verlagerte, der nur einem eingeweihten Kreis zugänglich war. Ihre studentischen Lieblinge betätigen sich fortan als Störer von Sitzungen des akademischen Rats oder fertigten illegal Tonbandmitschnitte vertraulicher Besprechungen der Hochschulleitung an. Auch dagegen liefen Strafverfahren. Es dauerte dann weitere zwei Jahre, bis die Hochschule, auch nach massiven Beschwerden der Studentenschaft, ein Disziplinarverfahren gegen die Professorin wegen ihrer Geheimtreffen abseits der Lehranstalt einleitete. Auf Antrag der FH und mit Billigung des Ministeriums stellte ein unabhängiger Gutachter dann fest, die Lehrerin habe ihre Veranstaltungen unter Ausschluß der Öffentlichkeit abgehalten sowie über die Verwendung von Geldern ihres Fachbereichs seit Jahren keine Rechenschaft abgelegt. An dem Fall ist hervorzuheben, daß Lehranstalten wie Universitäten vom Steuerzahler unterhalten werden. Lehrveranstaltungen stehen deshalb allen dort gelisteten Schülern bzw. Studenten offen und diese nehmen sie dann berechtigterweise wahr. Frau Hinkelmann-Toewe machte sich strafbar, indem sie ihre eigenen Befindlichkeiten gewissermaßen als ihr subjektives Recht über das allgemeine bürgerliche Recht stellte und dann auch rücksichtslos durchsetzte.

88. Big Boss-Frau

Die Sage geht so: Frauen seien als Firmenlenker besser als Männer, entsprechend besser sei auch der wirtschaftliche Erfolg. Es könnte alles noch besser sein, ließe man Frauen an die Schalthebel, aber da gibt es ja diese ominöse „gläserne Decke", die frau partout nicht durchstoßen kann, so sehr sie sich auch bemüht. Schuld daran seien Männerbünde, die sich gegenseitig die Posten zuschanzten. Und auch das Gehalt sei geringer – gender pay gap. Die Realität ist aber ein bißchen anders.

Zur Zeit haben 40 Konzerne einen Frauenanteil von über 40% im Kontrollgremium, lediglich ein Fünftel der Aufsichtsratsausschüsse werden von Frauen geleitet und nur in zwei Dax-Konzernen steht eine Frau dem Aufsichtsrat vor. Auffällig ist der hohe Frauenanteil bei einem als „weich" geltenden Thema. In der Hälfte der Aufsichtsgremien sitzen Fachleute für Nachhaltigkeit und Dreiviertel dieser Positionen sind mit Frauen besetzt. Sind Frauen Vorstandsmitglied, ist ihr Verbleib dort nicht einmal halb so lang wie der ihrer männlichen Kollegen: Frauen verlassen den Vorstand von DAX40- und MDAX-Unternehmen im Durchschnitt mehr als doppelt so schnell wie Männer, nämlich nach drei Jahren und zwei Monaten gegenüber sechs Jahren und elf Monaten der Männer. Über diese Tatsache wird kaum gesprochen. Zu den Gründen fehlen bisher tiefergreifende Analysen. Es wird vermutet, daß es an systematischer Führungskräfteentwicklung für Frauen mangelt, sodaß extern rekrutiert werde, was dann zu mangelnden internen Kenntnissen und Netzwerken führe. Möglicherweise seien

Frauen doch nicht so an Macht und Einfluß interessiert oder sie stiegen aus, weil es ihnen zu blöd oder kräftezehrend sei. Möglich könnte auch sein, daß Frauen einerseits gern „gestalten" wollen, andererseits aber die damit verbundene Verantwortung und deren Konsequenzen scheuten. Nur der frühere Telekom-Personalvorstand Sattelberger lästert in Bausch und Bogen über seine Kollegen, die in Wirklichkeit keine Frauen wollten und mit allen Tricks ihr Fortkommen verhinderten (nur bei Marion Schick, seiner eigenen Nachfolgerin im Konzern deutet er fachliche Gründe für ihr Ausscheiden an). Der Headhunter Dieter Rickert bezeichnet solche Verschwörungstheorien als Quatsch, weil ein Unternehmen, das sich um die Einstellung einer Frau bemühe, sie einarbeite, dieses doch nicht tut, um sie dann wieder zu entlassen. Er bezeichnete Sattelberger als „eine narzisstische Quasselstrippe", der in der Frauenförderung sein Talkshow-Thema gefunden habe.

Mitte Dezember 2024 verließ die 40jährige **Katia de la Vina**, CEO von „Allianz Leben" ihren Chefsessel und wechselte in eine Teilzeitstelle in räumlicher Nähe zu ihrem Wohnort, wo sie Mutter von zwei sechs und zehn Jahren alten Töchtern ist. Sie bezeichnete ihren Schritt als die „schwerste Entscheidung meines Lebens". Ihre Erklärung braucht keinen Kommentar: „Für mich ist es jetzt wichtig, daß ich wieder mehr vor Ort sein möchte. Es gibt Momente, wo Kinder Ort und Uhrzeit definieren und sich nicht nach einem Terminkalender richten. Wenn die Töchter zum Beispiel aus der Schule kommen und vielleicht eine Umarmung brauchen.

Ich möchte meiner Familie bewußter mehr Priorität geben und jetzt mehr zuhause sein. Ich habe beruflich bei der Allianz sehr viel erreicht und bin seit zwanzig Jahren mit voller Leidenschaft in meinem Beruf. Ich liebe meine Arbeit. Aber ich liebe auch meine Kinder und meine Familie über alles. Am Ende beschäftigt dieses Thema doch alle: die richtige Balance im Leben zu finden."

Knall auf Fall zwei Tage vor der Weihnachtsfeier verkündete die 52jährige **Karin Dohm**, Vorstandsmitglied für Finanzen beim Hornbach-Baumarkt-Konzern, ihr Mandat vorzeitig, spätestens zum 31. März 2025 niederzulegen. Sie wolle sich neuen beruflichen Aufgaben widmen, teilte sie lapidar mit. Dabei war sie seit 2021 im Konzern, ihr Vertrag liefe noch bis zum 31.12.2028.

Aus dem Leben von Vorstandsfrauen ist wenig bekannt, warum sollte es auch? Hin und wieder gibt es aber Ausnahmen. Eine davon ist/war die im Januar 2023 bei der HHLA (Hamburger Hafenlogistik) angeheuerte Finanzchefin **Tanja Dreilich**. Sie soll einen Geschäftstermin vorgespiegelt und die Arbeitszeit im noblen Hamburger „Alsterhaus" für eine Shoppingtour genutzt haben. Zwischen der Vorstandsvorsitzenden Titzerath und Dreilich soll es zuvor zu Unstimmigkeiten gekommen sein. Ein „Beschatter" habe dann die shoppende Dreilich bis in das Kaufhaus am Jungfernstieg verfolgt und seine Beobachtungen dem Vorstand mitgeteilt. Die Trennung erfolgte im Mai 2023.

Im November 2014 hatte die „Welt am Sonntag" einen großen Aufmacher: **Simone Menne**, die vormalige Finanzchefin bei der Lufthansa und gewissermaßen zu ihrem Einstand, malt „bunte Vögel", wie sie sagt, und das in ihrem

Chef-Dienstzimmer im Lufthansa-Hochhaus in Köln-Deutz bei herrlicher Panorama-Sicht auf die gegenüberliegende Rheinseite mit ihrem berühmten Dom. Sie steht im Freizeitlook konzentriert vor ihrer Staffelei und man fragt sich, ob durch die Quote künftig Töpferscheibe oder Batik mitsamt Traumfänger in deutsche Vorstandsetagen einziehen und der Begriff „Dienst" neu definiert wird?

Ein Personalchef, seine Ehefrau, deren beider Vorgesetzte im Unternehmen Siemens und eine Schwangerschaft, das sind die Zutaten für eine verbissene Kündigungsposse. Es begann damit, daß die Psychologin **Dr. Wallisch** ihre Vorgesetzte über ihre erste Schwangerschaft informierte. Dabei soll diese schwangere Frauen als „häßlich" bezeichnet und zudem über „Fehlgeburten" fabuliert haben. Schon kurz nach diesem Gespräch erhielt die Schwangere, als Psychologin langjährige Managerin im Betrieb, die schriftliche Kündigung. In dem Schreiben erklärte die Vorgesetzte, daß „zwischen uns kein gegenseitiges Vertrauen mehr besteht und daß der Boden verbrannt ist. Wir waren uns einig, daß Sie sich eine andere Stelle suchen ..." Daraus kann wohl geschlossen werden, daß die werdende Mutter nach ihrer Elternzeit nicht mehr auf ihre Stelle zurückkehren soll. Wenig später wurde ihr dann auch formell gekündigt. Einen Kündigungsgrund, wie er eigentlich Voraussetzung ist, gab es offenbar nicht. Vermutlich fühlte sich die Vorgesetzte von der offensiv zur Schau getragenen Schwangerschaft der Mitarbeiterin, wie Fotos zeigen, provoziert. Und da vermutet wurde, daß die Heftigkeit, mit der sich die werdende Mutter gegen ihre Kündigung zur Wehr setzte, von ihrem Ehemann Dr. Wallisch, Arbeitsrechtler und Personalchef im gleichen Haus, ausging, wollte man ihn gleich mit loswerden und unterbreitete ihm ein Angebot, das er annahm.

Siemens hatte bei seinen Manövern nicht bedacht, daß man eine Mitarbeiterin in Elternzeit nicht so einfach kündigen kann. Man braucht dazu eine Ausnahmegenehmigung, die das zuständige Gewerbeaufsichtsamt Oberbayern abgelehnt hatte. Siemens wirft der Managerin Pflichtverletzung vor, kann dies aber nicht beweisen. Es sei ein Compliance-Problem legte Siemens nach. Sie habe „in Meetings auf narzisstische Weise versucht, ihre Meinung durchzusetzen." „Wo steckt da die Pflichtverletzung?" fragte die Richterin. Die juristische Auseinandersetzung geht jedenfalls weiter.

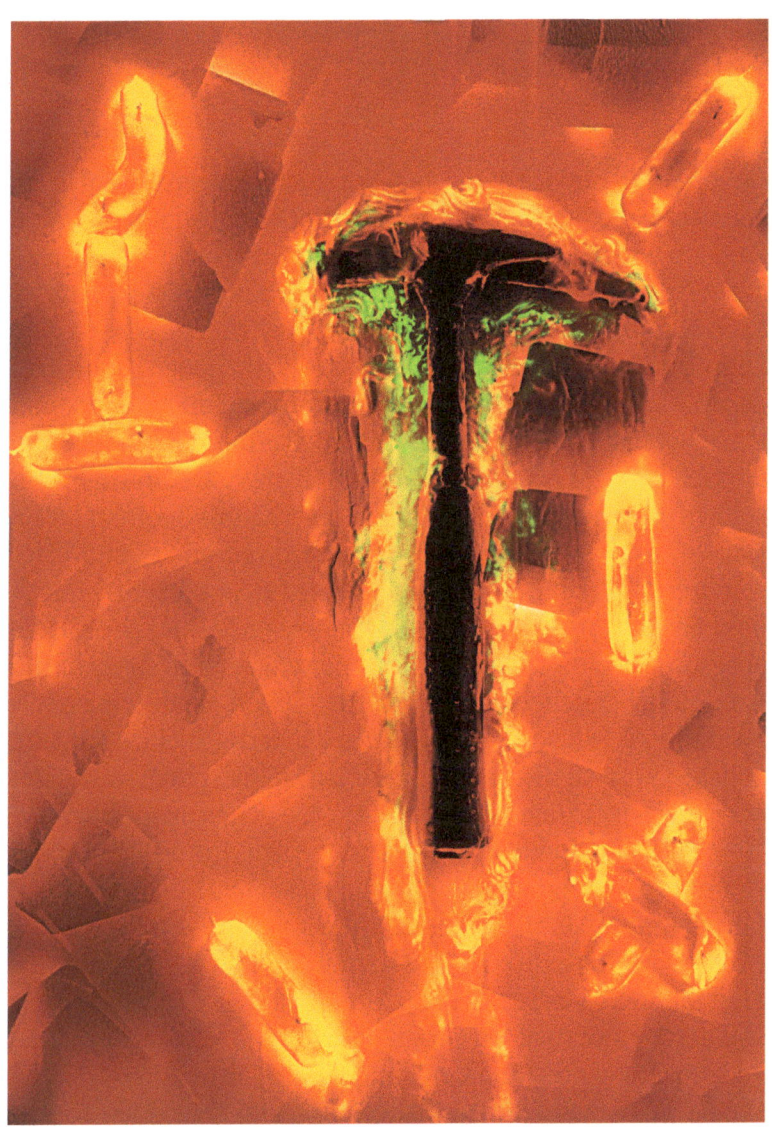

Andreas Baier – *London Series*: „**Mißhandelte Frühstücks-
würstchen mit Sahnehammer**", Cibachrome, Vintageprint,
1994, colour, 180x120cm, **Unikat**

89. Die Zielstrebigen
a) Liz Mohn

Geboren 1941 im westfälischen Wiedenbrück als Tochter einer alleinerziehenden Mutter, die vier Kinder zu versorgen hatte. Deshalb wußte Elisabeth Beckmann, später Liz genannt, was harte Arbeit bedeutet. Nach der Volksschule, die man damals nach dem 8. Schuljahr mit 14 Jahren verließ, begann sie eine Lehre als Zahnarzthelferin, die sie aber bald gegen den Willen der Mutter abbrach. Stattdessen begann sie eine Ausbildung als Telefonistin beim Bertelsmann Lesering. Dort lernte die Siebzehnjährige während einer Betriebsfeier **Reinhard Mohn** kennen, mit dem sie kurz darauf ein Verhältnis beginnt. Mohn war seit 1948 mit einer Schulkameradin verheiratet und Vater von drei Kindern. In den Jahren 1964, 1965 und 1968 brachte das Lehrmädchen Elisabeth drei Kinder von Mohn zur Welt, die er – so geht die Vermutung – vorausschauend wohl nicht mit dem Makel „unehelich" aufwachsen lassen wollte. Jedenfalls heiratete sie 1963 als 22jährige den Kinderbuchlektor Joachim Scholz aus dem Bertelsmann-Verlag. Man sprach von einer arrangierten Scheinehe, die 1978 wieder geschieden wurde. 1982 läßt sich Reinhard Mohn nach dem Tod seiner Mutter von seiner ersten Frau Magdalena scheiden. Noch im selben Jahr heiratete Mohn die Mutter seiner und Elisabeths Kinder, wozu sie ihn allerdings gedrängt haben soll. Von da an ist sie Frau Mohn und lernt das Innenleben eines Großunternehmens von der Vorstandsetage heraus kennen und – 2009 nach dem Tod von Reinhard Mohn – auch leiten. Während Mohns drei Kinder aus erster Ehe keine Rolle spielen, sind seine Kinder aus der Ehe mit seiner zweiten Frau im Konzern und auch außerhalb an leitenden Stellen positioniert.

89. Die Zielstrebigen
b) Brigitte Seebacher-Brandt

Es war die Zeit von **Willy Brandt** (1913-1992), Deutschland hatte einen Bundeskanzler, der etwas her machte, auch durch seine attraktive Frau Rut. Ihr Auftreten in formvollendeter Eleganz, ihre Garderobe vom Berliner Modeschöpfer Heinz Oestergaard, dazu drei Söhne. Deutschland sah sich zum ersten Mal von einer perfekten Familie repräsentiert, die frischen Wind und neue Sicht auf dieses Land versprach. Und da ist eine junge Frau aus Twistringen bei Bremen, die Geschichte und Germanistik studierte, um danach ab 1977 in Bonn im Erich-Ollenhauer-Haus als Journalistin in der Pressestelle der SPD zu arbeiten. Dort lernte sie dann auch Willy Brandt kennen, dessen Redenschreiberin sie wurde. Das eröffnete ihr die Möglichkeit, für ihn in jeder Beziehung unentbehrlich zu werden. Ein Jahr später wurden sie ein Paar. Sie begleitete ihn fortan auf Auslandsreisen, ist an seiner Seite, als er 1978 wegen zweier Herzinfarkte mehrere Wochen im Krankenhaus verbringen mußte. In der anschließenden Kur in Südfrankreich hatte sie ihn dann ganz für sich alleine und das gab ihr die Möglichkeit, ihn vollständig abzuschirmen, wie seinerzeit der „Spiegel" berichtete. In dieser Zeit trennte sich Brandt von seiner Frau Rut, bezog mit seiner neuen Partnerin Anfang 1979 eine gemeinsame Wohnung in Unkel am Rhein. Mit der Heirat 1983 war ihr Ziel erreicht. Brandt stirbt 1992, Zu den Trauerfeierlichkeiten mit Staatsakt und Beisetzung werden aus Brandts Familie nur seine vier Kinder geladen, nicht jedoch seine frühere Ehefrau. Das wurde ihr von vielen Seiten vorgehalten. Darauf erwiderte sie nur, daß Willy Brandt nur mit einer Frau verheiratet gewesen sei, nämlich mit ihr und man habe ihr zu dieser Antwort geraten. Auf die Nachfrage, wer denn dieser Ratgeber gewesen sei, wollte sie den Namen nicht nennen. Das ist ein bekanntes und oft gebrauchtes Hilfsmittel, seine eigene Aussage einem Anonymus in den Mund zu legen. Brandts jüngster Sohn, der Schauspieler **Matthias Brandt**, erklärte noch fast zwanzig Jahre später, daß seine Mutter bis zu ihrem Tod im Jahr 2006 „diese spezielle seelische Brutalität" nie verwunden habe. „Meine Mutter auszuladen und sich mit Helmut Kohl hinter den Sarg zu stellen, dazu sind schlicht ungeheure Spezialtugenden erforderlich." Er mache sich bis heute schwere Vorwürfe, mit seinen Brüdern an der Beisetzung des Vaters teilgenommen zu haben, anstatt bei seiner Mutter zu bleiben. Er empfinde Frau Seebacher als „das Grauen". Jedenfalls setzte Frau Seebacher ihren Weg nach einschlägigem Muster fort. Von 1995 bis 2000 leitete sie die Abteilung „Kultur und Gesellschaft" der Deutschen Bank, dessen Vorstandsvorsitzenden **Hilmar Kopper** sie kannte. Kopper trennt sich 1999 von seiner Frau. Beide sind Mennoniten, ihr Glaube verbietet Scheidungen. Daß Seebacher-Brandt Hilmar Kopper heiraten wird, verkündete seinerzeit sie selbst auf der Titelseite der „Welt am Sonntag" und das wurde von vielen als „shocking" wahrgenommen. 2003 heirateten Hilmar Kopper und Brigitte Seebacher-Brandt, die fortan nur noch den Namen Seebacher führt. Kopper starb 2021, seine Todesanzeige nennt außer Namen seiner Kinder noch den Namen ihres Bruders Wendelin Seebacher, Stadtplaner der Stadt Bremen.

89. Die Zielstrebigen
c) Marion Ackermann

Als **Marion Ackermann** als Direktorin der Kunstsammlungen Nordrhein-Westfalen von **Düsseldorf** nach **Dresden** als Generaldirektorin der Staatlichen Kunstsammlungen Dresden ging, fand sie ein ungleich prächtigeres Arbeitsumfeld vor, zu dem das „Grüne Gewölbe" gehört, eine einzigartige Sammlung von Preziosen vergangener Herrscherzeiten. Peinlichkeiten und Skandale sowie der größte Kunstraub der deutschen Nachkriegsgeschichte (Versicherungswert mindestens 113,8 Millionen Euro), das Reinfallen auf Betrüger sowie die Umbenennungen von historischen Kunstwerken prägten ihre Dresdner Amtszeit. Der Kunstraub durch den berüchtigten Remmo-Clan wurde mindestens erleichtert durch mangelhafte, für Museen eigentlich sonst übliche Sicherheitsmaßnahmen. Beeindruckend dazu war ihre fast bürokratisch zu nennende Gelassenheit in der unmittelbar nach dem Ereignis anberaumten Pressekonferenz. Während ganz Deutschland ratlos und entsetzt reagierte, winkte Ackermann ungerührt ab: Unfähig zur Selbstkritik beharrte sie darauf, daß das Sicherheitskonzept ausreichend sei, man habe alle Anforderungen erfüllt. Im Gegensatz dazu stellte ein interner Bericht fest, daß in den Kunstsammlungen von einer Sicherheitsarchitektur keine Rede sein könne, und zur Aufklärung habe sie auch nichts beigetragen. Stattdessen fiel sie in lautes Lamento, mit dem sie die Anfeindungen, denen sie sich wegen des Diebstahls ausgesetzt sah, beklagte.

Dann erhebt der sächsische Landesrechnungshof schwere Vorwürfe und wirft ihr Kompetenzüberschreitung vor.

Auslöser für diese scharfe Kritik waren die Bemühungen der Generaldirektorin Ackermann, einen Teil der Beute in einer Art Geheimoperation zurückzuerwerben. Ein angeblicher Diamantenhändler aus Antwerpen hatte sich in Dresden gemeldet und angegeben, daß er im Besitz des Bruststerns aus dem Weißen-Adler-Orden sei und biete es gegen Zahlung von 40.000 Euro zum Rückkauf an. Es versteht sich von selbst, daß dieser „Diamantenhändler" kein Diamantenhändler war, sondern mit dem Geld verschwand. „Transaktionen im kriminellen Milieu überschreiten klar die Handlungskompetenz der Staatlichen Kunstsammlungen Dresden. Es fehlt den Kunstsammlungen am Verständnis, Teil der Staatsverwaltung zu sein", stellt der Rechnungshof fest. Ihre Ausstellungstätigkeit folgte ihrem Mantra: „Ich will eine starke Weiblichkeit zeigen". Publizität verspricht auch: Beim Durchforsten ihres Bestandes stieß sie auf hunderte von Kunstwerken, die dringend an den Zeitgeist angepaßt werden mußten. Da kommen doch in jahrzehnte- oder jahrhundertealten Bildtiteln Begriffe vor wie „Stamm", „Götzen", „Indianer", die jetzt dringend – Urheberrecht hin oder her – eliminiert werden müssen. Aus einem Konvolut mit zwölf Grafiken „Tanzende Indianer vor Götzenbild" wurde der gesäuberte Titel „Trommler und Tanzende", aus „Gruppe des Puri-Stammes durchquert den Wald in Brasilien" wurde „Gruppe der Puri durchquert den Wald, Brasilien". Jetzt hat sie die für sie höchste Stufe der Beförderung erreicht: Sie wird Präsidentin der Stiftung Preußischer Kulturbesitz in **Berlin**. In Dresden herrscht lautes Aufatmen.

89. Die Zielstrebigen
d) Friede Springer

Sie ist die Tochter eines Gärtners und einer Hauswirtschafterin, sie begann eine Lehre zur Hotelfachfrau, brach diese aber 1965 ab zugunsten einer Anstellung als Kindermädchen im Hause Axel Springer, den sie 13 Jahre später 1978 als dann seine fünfte Frau heiratete: **Friede Springer**, geboren 1942 auf der Insel Föhr. Nur sieben Jahre später starb ihr Mann und damit begann ihr Aufstieg auf internationalem Parkett. Erbberechtigt waren außer Friede Springer selbst die erbberechtigten Kinder **Axel-Sven Springer** und dessen Schwester **Ariane** sowie deren Kinder **Nicolaus Springer** und **Barbara Choremi**. Es existierte ein Testament, wonach die Witwe Friede 50%, Axel-Sven und Barbara Choremi je 25% seiner Verlagsanteile erhalten. Nicolaus und Ariane sollten leer ausgehen. Friede Springer war entschlossen, es bei dieser Aufteilung nicht zu belassen. Sie argumentierte immer mit der Notwendigkeit, das Unternehmen zu erhalten und das könne nur sie allein, ohne sich bei jeder Entscheidung langwierigen Diskussionen aussetzen zu müssen. Zu dieser Zeit herrschte im Hause Springer mit dem Juristen **Bernard Servatius** ein mächtiger Generalbevollmächtigter, in dem sie einen Verbündeten fand. Dieser eröffnete den Familienmitgliedern den Inhalt des Testaments, fügte aber sogleich an, daß dieses aber nicht das eigentliche Testament sei, es existiere noch ein „tatsächliches", das der Todkranke wegen seiner Schwäche nicht mehr in eine rechtsgültige Form habe bringen können. Danach belaufe sich die Aufteilung nunmehr auf 70% für Friede, je 10% für Barbara Choremi und Nicolaus Springer und je 5% für Alexander-Sven und Ariane. Servatius hatte schon mehrere Dokumente vorbereitet, die die Erben unterschreiben sollten, damit sie von einem bereits anwesenden Notar beurkundet werden können. Jetzt muß man wissen, daß der erst 19jährige Enkel Alexander-Sven allein und direkt aus seinem Schweizer Internat nach Berlin gebracht wurde. Seine Mutter war nicht eingeladen. Er litt immer noch an den Folgen einer Entführung, deren Opfer er Monate zuvor geworden war. Zudem belastete ihn der Suizid seines Vaters, des Fotojournalisten Sven Simon. Es gab niemanden an seiner Seite, der ihn hätte beraten können. Er hatte vor dem Treffen der Erben und deren vorbereitete Verzichtserklärungen keine Gelegenheit, das ursprüngliche Testament einzusehen. Auch daß der Verstorbene die Erbquoten habe ändern wollen, wie sie von Servatius und Friede Springer hören mußten, war ihnen unbekannt. Merkwürdigerweise und weit jenseits des Üblichen gab es zu diesem Treffen keine Tagesordnung. Durch den aufgebauten Druck unterschrieb Alexander-Sven seine Enterbung, die er später aber anfocht, auch mit der Begründung, sein Vater sei damals nicht so schwach gewesen, wie behauptet, schließlich habe er noch kurz zuvor eine Glückwunschkarte an Max Schmeling handschriftlich verfaßt. Dieses Verfahren fand vor einem Schiedsgericht statt, dem ein ehemaliger BGH-Richter vorsaß und dem Kläger Alexander-Sven Recht gab. Doch Friede Springer wollte sich damit nicht abfinden und beschritt den ordentlichen Gerichtsweg, wo sie am Ende obsiegte, eine Berufung wurde nicht zugelassen. Letztlich ging das Verfahren nur deshalb für sie günstig aus, weil es zu den geschilderten Umständen der „Testamente" nur zwei Zeugen gab. Und diese beiden Personen wußten, daß sie unverbrüchlich zusammenhalten mußten, wenn sie ihre je eigenen Interessen wahren und mehren wollten: Springer und Servatius.

89. Die Zielstrebigen
e) Patricia Schlesinger

Irgendwer wird immer irgendwann irgendwo Intendant eines Senders im öffentlich-rechtlichen Rundfunk. Da die Intendanten heute meist Journalisten sind und deshalb die persönlichen und auch privaten Möglichkeiten eines Intendanten aus eigener Anschauung kennen (weniger die wirtschaftlichen Aspekte), ist für sie eine Bewerbung auf diese Position durchaus reizvoll. So wurde auch **Patricia Schlesinger** Intendantin und zwar beim Sender Berlin-Brandenburg (**RBB**). Und mit ihr kam die Mißwirtschaft. Als im Juni 2022 darüber erste Berichte öffentlich wurden, erhielt sie im August durch den Verwaltungsrat die fristlose Kündigung. Die Vorwürfe gingen weit über das sonst bei solchen Anlässen gewohnte Maß hinaus: Keine Schummelei bei Dienstkilometern, Arbeitszeit oder Schwarzarbeit der privaten Reinigungskraft kamen ans Tageslicht, es war vielmehr die Realisierung sehr spezieller Wünsche der Intendantin. Da brauchte sie für ihr Büro eine „lebende Wand" (einer Hecke ähnlich), einen luxuriösen Dienstwagen mit Sonderausstattung und Massagesitzen sowie die Leistungen zweier Chauffeure auch zur privaten Nutzung nur für sich als einzige ARD-Intendantin, private Abendessen in ihrer Wohnung, die sie als dienstlich veranlaßt abrechnete. Auch viele private Reisen mit Familienangehörigen zu weit entlegene Ziele wie Tokio oder San Francisco rechnete sie dienstlich ab. Und das mit dem höchsten Gehalt aller ARD-Intendanten von 303.000 Euro. Neben Vorwürfen aus der Belegschaft über Vetternwirtschaft und Führungsstil kamen noch ausufernde Baukosten für das von ihr initiierte digitale Medienhaus, das inzwischen unter Kosten von 30 Millionen Euro beerdigt wurde. Sie klagt nun, unbeeindruckt von weiteren Ermittlungen der Staatsanwaltschaft, auf Fortsetzung ihrer bisherigen Finanzausstattung, wenn man das in Anbetracht der komplizierten Berechnungen einmal kursorisch formuliert. Ihren Rausschmiß akzeptiert sie bis heute nicht. Und da die Kontrollgremien gerade dabei sind: Die RBB-Kontrolleurin **Juliane Schütt**, die als Anwältin auch für die Deutsche Umwelthilfe (DHU) aktiv ist, hat bei ihrer Einstellung für die Dauer von vier Jahren im April 2023 verschwiegen, daß ihr Ehemann bereits seit vielen Jahren als freier Mitarbeiter für das RBB-Kulturradio/Radio3 arbeitet. Er liefert 40 Satirebeiträge pro Jahr und kassiert dafür ein fünfstelliges Honorar. Zur Verteidigung führt sie an, sie habe gedacht, daß solche Fragen nur sie selbst beträfen. Sie habe ein reines Herz. Die Frau ist aber doch Rechtsanwältin! Die Rechtsabteilung des RRB prüft derzeit den Fall.

89. Die Zielstrebigen
f) Birgit Breuel

Immer wenn über den Fall der Mauer, auf Wessis und Ossis, auf den Zustand der neuen im Vergleich zu den alten Bundesländern gesprochen wird, kommt die Sprache auch auf die Treuhand und was diese ihnen, ihren Familien und auch ihrem Land angetan habe. Und dann fällt der Name **Birgit Breuel**, sie ist für die Menschen in den neuen Bundesländern die Person, die für Verlust des Arbeitsplatzes, Verlust ihrer Ersparnisse, Verlust ihrer Wohnung oder ihres Hauses oder am Ende für den Zerfall der Familie verantwortlich ist. Es war eben so, daß nach dem Zusammenbruch der DDR die unstrittig nicht überlebensfähige Volkswirtschaft der DDR abgewickelt werden mußte und daß dies ein Unterfangen sein würde, für das es weltweit keine Blaupause gab. Nie zuvor hat ein Industriestaat einen anderen Industriestaat übernommen. Die Bundesregierung fand für diese Operation in **Detlev Rohwedder** den geeigneten Kandidaten. Er war gebürtiger Ostdeutscher (Gotha), promovierter Volljurist, Mitinhaber einer Treuhand- und Wirtschaftsprüfungsgesellschaft. 1979 wurde er an die Spitze des Dortmunder Stahlkonzerns Hoesch berufen mit der Aufgabe, den Konzern zu sanieren und neu auszurichten. Er entwickelte dazu ein zukunftsweisendes Konzept, dafür wurde er 1983 zum „Manager des Jahres" gewählt und der Presseverein Ruhr verlieh ihm den „Eisernen Reinoldus" (Name des Dortmunder Schutzpatrons).

Am 3. August 1990 wurde er vom DDR-Ministerrat zum Vorsitzenden der Treuhandanstalt bestimmt, bis er am Ende deren Präsident wurde. Rohwedder war, schon allein seiner Herkunft wegen, ein von der sozialen Marktwirtschaft überzeugter Manager. So begann er alles, was er vorfand, danach abzuklopfen, welcher von den rund 8000 Betrieben sanierungsfähig war, sodaß sie dann entweder saniert weitergeführt oder gewinnbringend verkauft werden konnten. Bei diesen Überlegungen spielte immer der Gedanke eine Rolle, es nicht zu einem Heer von Arbeitslosen kommen zu lassen. Schon bald mußte er erkennen, daß sich sein Plan in dieser Form nicht würde realisieren lassen, als zu marode erwies sich die Konkursmasse. Am 1. April 1991 wurde Rohwedder gegen 23.03. Uhr durch die Fensterscheibe im ersten Stock seines Privathauses vermutlich von RAF oder Stasi erschossen. So werden wir nie erfahren, wie sich das Rohwedder-Konzept am Ende entwickelt hätte. Am 10. April 1991 sprach der damalige Bundespräsident Richard von Weizsäcker über Rohwedder: „Kaum einer sah von Beginn an die Schwierigkeiten so deutlich wie Rohwedder. Ihm war das gewaltige Ausmaß der notwendigen Umstellungen mit ihrem Zeitbedarf und ihren tief einschneidenden sozialen Wirkungen vollkommen bewußt. Umso kraftvoller bemühte er sich darum, die Menschen materiell und seelisch nicht unter die Räder kommen zu lassen." Die Treuhandanstalt brauchte jetzt zügig eine Neubesetzung, die Suche gestaltete sich schwierig, weil niemand gern einen Posten übernimmt, bei dem die Gefahr besteht, Ziel eines Mordanschlags zu werden. Schließlich einigte man sich auf eine hauseigene Lösung: Birgit Breuel, bereits Mitglied der Geschäftsleitung und erbitterte Rohwedder-Kritikerin, konnte jetzt ihren eigenen Plan verwirklichen, der da lautete: Alles verkaufen, zu welchen Konditionen auch immer. Für das Heer der dann Arbeitslosen würde sich schon eine Lösung finden.

Breuel entstammt mit ihren vier Geschwistern der Familie **Münchmeyer**, ihr Vater, ein Dr. jur. hc., war Eigner des Hamburger Bankhauses Münchmeyer u. Co., das aufgrund vorangegangener Fusionen und dann seit 1980 auch durch mangelnde Fortune nicht mehr existierte. Sie selbst ist wie viele in der Politik eine Studienabbrecherin, nachdem sie den Hamburger Kaufmann Dr. Breuel geheiratet hatte. Eine Beschäftigung fand die Ungelernte danach standesgemäß als Direktionsassistentin beim Hamburger Weltwirtschaftsarchiv und später beim „International Report" New York. Sie hat drei Söhne, die sie über die Schule mit dem Elternbeirat und damit mit der Politik in Kontakt brachten. Bald tritt sie in die CDU ein und mit dem Geburtsnamen Münchmeyer ist ihr fortan der Weg geebnet. Sie wird 1978 im Kabinett Albrecht Wirtschaftsministerin und 1986 Finanzministerin. Ihre Bilanz nach 12 Jahren Ministerin ist verheerend, wie das niedersächsische Institut für Wirtschaftsforschung resümiert: Das Pro-Kopf-Einkommen der Niedersachsen liegt etwa 10 Prozent unter dem Bundesdurchschnitt, Niedersachsens Anteil an der Industrieproduktion ging spürbar zurück, die Verschuldung stieg auf das Fünffache. Daß sie gerade auf Gebieten der Wirtschaft und Finanzen buchstäblich eine „Ungelernte" ist, scheint nur für Außenstehende befremdlich. Deswegen war es wohl logisch, sie auf den Präsidentenstuhl der Treuhand zu setzen, wo sie jetzt ihre Vorstellung von einer totalen Marktwirtschaft realisieren konnte: Einfach alles verkaufen, zur Not für 1 Euro verschenken. Die Treuhand schuf so den idealen Nährboden für Wirtschaftskriminalität. Glücksritter fielen in den Osten ein, mittellose Investoren schlachteten die Betriebe aus und flüchteten mit dem Bargeld der erworbenen Betriebe Richtung Westen. Es gab in großem Umfang Betrügereien und Geldwäsche. Zurück blieben zerstörte Existenzen. Anders als Rohwedder sah sie für sich keine sozialpolitische Aufgabe. So ist viel Zorn und Elend geblieben, noch heute sind im Osten die Treuhand-Wunden erlebbar, nicht verheilt.

Unterdessen suchte Frau Breuel schon bald nach einer Anschlußverwendung, die sie in der Realisierung ihres EXPO-2000-Konzepts sah. Bereits 1988, als sie noch Ministerin in Niedersachsen war und Aufsichtsratsvorsitzende der Deutschen Messe AG scharte sie einflußreiche Personen um sich und entwickelte die Idee einer Weltausstellung für Hannover, die EXPO 2000, für die sie auch das Placet erhielt. Allerdings verlor die CDU die Wahl und damit die Macht in Niedersachsen, dann wurde Deutschland wiedervereinigt, zwei Geschäftsführer werfen nacheinander das Handtuch, da übernimmt Birgit Breuel am Ende als Generalkommissarin die Geschäfte selbst. Schon bald gibt es Vorwürfe, die Expo sei zu ausschließlich wirtschaftsbezogen und sie habe die Öffentlichkeit über die Kosten im Unklaren gelassen. Sie spricht zwar von der „schwarzen Null", die den Steuerzahler am Ende nichts kosten werde, sie bezieht aber vier besonders große Kostenteile nicht mit ein, die sich insgesamt wohl auf knapp über eine Milliarde DM beliefen. Außerdem kamen statt der kalkulierten 40 Millionen Besucher am Ende nur 18,1 Millionen. Daraus resultierte ein Minus von 2,4 Milliarden DM, das der Steuerzahler zu tragen hatte.

Das Wirken Breuels als Gesamtbetrachtung veranlaßte den CDU/CSU-Bundestagsabgeordneten Manfred Kolbe in der 63. Sitzung des Deutschen Bundestags, 13. Wahlperiode, am 25. Oktober 1995 zu der Frage:

1. „Ist es zutreffend, daß nach einem Bericht der Tageszeitung „Die Welt" vom 6. September 1995 die Gene-

ralkommissarin der Expo, Birgit Breuel, zwischen 500,000 und 1 Million DM jährlich verdient, und wenn ja, in welcher Höhe bewegt sich das Gehalt?

2. In welcher Höhe bezieht die ehemalige Präsidentin der Treuhandanstalt, Birgit Breuel, darüber hinaus noch Versorgungsbezüge?

Die Antwort des Parlamentarischen Staatssekretärs Norbert Lammert auf diese Fragen fiel erwartbar aus: Erstens existiere zwischen dem Bund und Frau Breuel ein privatrechtlicher Geschäftsbesorgungsvertrag, der keine Regelung zur Befugnis der Weitergabe von personenbezogenen Daten enthält. Ein Einverständnis von Frau Breuel liege nicht vor. Ferner wurde vom Vorsitzenden des Haushaltsausschusses darauf hingewiesen, die Frage der Honorarhöhe nicht öffentlich zu diskutieren. Wie so oft, so auch hier: Wenn die öffentliche Hand Aufträge vergibt, dann tut sie dies gern in der Form des privatrechtlichen Besorgungsvertrags, damit alle Fragen, von wem auch immer, nicht beantwortet werden müssen.

Frau Breuel selbst zog sich ins Privatleben zurück, nahm einige Aufsichtsratsmandate wahr, auch deren Vorsitz, und kümmert sich fortan um Familie und Garten, wie sie sagt. Ihr Wirken in Treuhand und Expo wurde übrigens von niemandem und nirgendwo als wirtschaftliche Glanzleistung bezeichnet – wie auch, als Ungelernte.

89. Die Zielstrebigen
g) Babette Albrecht

Dieses ist die Geschichte einer 1959 geborenen Frau, die nach der Mittleren Reife eine Lehre zur Arzthelferin abbrach, um im Alter von 53 Jahren Milliardärswitwe zu sein, aber trotzdem offenbar an Geldmangel leidet. Babette Albrecht wurde im Alter von 25 Jahren von dem damals 30jährigen **Berthold Albrecht**, Sohn des „Aldi"-Gründers Theo Albrecht, geehelicht. Berthold (1954-2012) sowie sein älterer Bruder Theo junior erbten nach dem Tod des Firmengründers (2010) drei Stiftungen, die Marcus-, Lucas- und Jacobusstiftungen, die jeweils Anteile an den einzelnen Albrecht-Unternehmungen halten und die wichtige Konzernentscheidungen wie Vertragsentscheidungen oder Personalbesetzungen einstimmig absegnen müssen. Witwe Babette verfügte mit dem Erbe außerdem über eine Kunst- und Oldtimersammlung, die ihr Ehemann hinterlassen hatte. Die Kunstwerke und auch Oldtimer hatte er im Laufe der Jahre über den Düsseldorfer Kunstvermittler **Helge Achenbach** zusammengetragen. Nach Prüfung des Nachlasses stellte sich heraus, daß Achenbach mit verdeckten Preisaufschlägen gearbeitet hatte, was den Straftatbestand des Betruges erfüllte. Anders als andere durch Achenbach Geschädigte, die über ihre Anwälte die Sache diskret regelten, suchte Babette Albrecht die große Öffentlichkeit und reichte Zivilklage über 20 Millionen Euro beim Landgericht Essen ein, das ihr schlußendlich 19.360.760,70 Euro zusprach. Nach diesem Sieg bereitete sie sich auf den nächsten Angriff vor: Das Testament ihres Mannes sowie Unternehmensregeln wollte sie aushebeln. Ihr Mann hatte testiert, daß die Zusammensetzung des Vorstands neu geregelt werden müsse und die Einflußmöglichkeiten der Familie auf die Jacobusstiftung begrenzt sein sollen. Dies sei unwirksam, weil ihr Mann alkoholkrank gewesen sei, argumentierte Babette Albrecht. Das **OVG Schleswig-Holstein** entschied 2017, daß die Satzungsänderungen wirksam seien.

Dann wird ihrem Stamm von ihrer Schwiegermutter und ihrem Schwager vorgeworfen, zu viel Geld aus dem Unternehmen zu ziehen. Sie bestreitet dies vehement, man führe keinen unangemessenen Lebensstil und sei im Gegenteil daran interessiert, aktiv an einer guten Entwicklung des Konzerns mitzuarbeiten. Zwar hatte das Oberverwaltungsgericht, bestätigt durch das Bundesverwaltungsgericht, die Satzungsänderungen für wirksam erklärt. Sie wurden aber bisher wegen der Obstruktion durch Babette, ihren Kindern und ihren Anwalt nicht umgesetzt. Deshalb ließen sie sich bereits ein Jahr nach Berthold Albrechts Tod 25 Millionen Euro von der Jacobusstiftung überweisen, die auch noch die angefallenen Steuern zahlte. Diese Selbstbedienung setzte sich über die folgenden Jahre fort und wurde immer deutlicher von Babettes Sohn Nicolay kritisiert, der sichtlich unter diesen Verhältnissen litt. Als dieser nach einem Absturz in einem Hotel am Tegernsee per Gerichtsbeschluß in die geschlossene Abteilung eines psychiatrischen Krankenhauses eingewiesen wurde, fand sich eine Gutachterin, die ihn für geschäftsunfähig erklärte. Zwei seiner Schwestern erhielten vom Gericht eine Vorsorge- und Betreuungsvollmacht. Fortan konnte er nur 100 Euro pro Tag von seinem Konto abheben, auf das seine Schwestern vollen Zugriff hatten. Als es dann an die nächste Ausschüttung der Jacobusstiftung ging, wurde Nicolays Anteil auf seine Schwestern verteilt.

Derweil unterhält Mutter Babette während ihrer Rachezüge die Klatschpresse mit ihren lauten und schrillen Auftritten. Daß der Aldi-Konzern nur gegründet werden konnte von jemandem, der, abgesehen von seiner genialen Geschäftsidee, äußerst korrekt, diszipliniert, integer und persönlich sparsam war, ist zwar für hedonistische Kreise nach dem Muster Babette Albrecht alles andere als attraktiv, für das Weiterbestehen eines Konzerns und großen Arbeitgebers jedoch unabdingbar.

90. Die Hochschullehrerinnen
a) Geraldine Rauch

Die **Technische Universität Berlin** ist fortschrittlich. Sie ist klimasensibel, postkolonial, divers, woke, antikapitalistisch, antirassistisch, antifaschistisch, propalästinensisch dh. antisemitisch. Ihre Präsidentin, die Mathematikerin **Prof. Dr. Geraldine Rauch**, ist ihre prominente Aktivistin. Sie hält sich für fortschrittlich und sieht es als ihre Aufgabe an, alle Studenten für ihre Ziele einzunehmen, was ihrer Meinung nach zur „demokratischen Bewußtseinsbildung" gehört. Ganz in diesem demokratischen Bewußtsein reagiert sie deshalb mit Empörung auf einen bundesweiten Zusammenschluß von 750 Hochschullehrern, der die zunehmende Moralisierung und Politisierung der Wissenschaft in Deutschland beklagt. Sie hält das „Netzwerk Wissenschaftsfreiheit" für reaktionär und sieht ihre Aufgabe darin, solche – von ihr unterstellten – Tendenzen zu bekämpfen und gesellschaftliche Veränderungen voranzutreiben. Sie tut dies beispielsweise, indem sie dem palästinensischen Überfall Likes gibt, für die diplomatische Isolierung Israels wirbt, gegen „rechts" antritt, wobei sie nicht sagt, wer oder was ihrer Meinung nach bekämpft werden muß, denn sie könnte ja eindeutig „Rechtsextremismus" sagen, tut es aber nicht. Im Klartext: Sie will gesellschaftspolitische Veränderungen vorantreiben, was eigentlich eine Anmaßung ist, denn gesellschaftliche Veränderungen wachsen in dieser heran und werden nicht von einer lärmenden Minderheit, angeführt von einer Quasi-Gouvernante, ihren Gefolgsleuten und anderen Demokratiefeinden, erstickt.

Ilsabé von Sonntag – „**Bunte Reste – stofflich II**",
Tusche/Feder auf Karton, **1980**, 100cm x 70cm,
Unikat

90. Die Hochschullehrerinnen
b) Claudine Gay

Nur kurz währte das Wirken der **Claudine Gay**. Die Politikwissenschaftlerin war von Juli 2023 bis zum 2. Januar 2024 **Präsidentin der Harvard Universität**, als erste Frau und als erste Schwarze. Die Trennung wurde damit begründet, daß Gay nicht eingeschritten sei, als sich auf dem Campus antisemitische Ausschreitungen abspielten. Als sie und ihre Kolleginnen im Amt, **Liz Margil (University of Pennsylvania)** und **Sally Kornbluth (Massachusetts Institute of Technology/MIT)** zu einer Anhörung vor dem Bildungsausschuß vorgeladen wurden, warfen die Republikaner den Elite-Unis vor, Antisemitismus auf dem Campus zu verharmlosen. Auf die Frage, ob ein „Aufruf zum Völkermord an den Juden" an ihrer Universität gegen Richtlinien zu Mobbing und Belästigung verstoße, war ihre Antwort: „Das kann sein, abhängig vom Kontext". Die Republikaner forderten ihren Rücktritt, **Ex-Präsident Obama** verteidigte sie vehement mit der Begründung, daß sie die Universität erst nach vorne gebracht habe. Ihre Kündigung beruhte außerdem auf dem Vorwurf, in ihrer Dissertation plagiiert zu haben. Der Linguistik-**Professor John McWhorter** betonte, ihr akademisches Werk sei dürftig und von Fehlern und Plagiaten durchzogen. Der Kolumnist **Bret Stephens** bemerkte in der New York Times, daß die wichtige Frage für Harvard nicht die nach einem Rücktritt Gays gewesen, sondern die Frage, warum Gay überhaupt eingestellt worden sei. Sie habe in 26 Jahren nur elf Zeitungsartikel verfaßt, keine Bücher geschrieben und keine bahnbrechenden Beiträge zur Forschung geleistet. Dieses alles habe ihren Gegnern Munition geliefert für die Behauptung, sie habe diesen Posten nur wegen ihrer Hautfarbe erlangt. Sie selber sieht sich als Opfer einer rassistischen Kampagne. Viele der für amerikanische Universitäten so lebenswichtigen Milliarden-Spender haben sich zurückgezogen.

90. Die Hochschullehrerinnen
c) Liz Margil

Die 57jährige Juristin **Liz Margil, Präsidentin der Pennsylvania University** gehörte auch zu den vom Kongress Vorgeladenen. Sie beantwortete die Fragen der Abgeordneten, ob ein „Aufruf zum Völkermord an den Juden" gegen Richtlinien ihrer Universität verstoße, in etwa gleichlautend, daß dies „vom Kontext" abhinge. Man bedeutete ihr, daß ihre Antwort juristisch präzise sei, in diesem konkreten Fall aber nicht ausreiche, weil ein so gewaltiger Tatbestand so nicht erfaßt werden könne. Man bedeutete ihr, daß ihre Uni eine Elite-Uni sei, die künftige Elite-Persönlichkeiten für Politik, Wirtschaft und Gesellschaft ausbilde. Ein Aufruf zum Völkermord, egal ob an Juden oder Palästinensern habe an Hochschulen nichts verloren. Der Gouverneur von Pennsylvania, der linke Demokrat **Josh Shapiro**, bezeichnete ihre Äußerungen als inakzeptabel und beschämend. Ein wichtiger Geldgeber zog eine Spende von 100 Millionen US-Dollar zurück. Der Vorstand der **Wharton Buisiness School** an der Pennsylvania-Universität, forderte sie offiziell auf, ihr Amt niederzulegen. Dem kam sie nach.

90. Die Hochschullehrerinnen
d) Sally Kornbluth

Sally Kornbluth, (Jahrgang 1961) Zellbiologin, seit Januar 2023 18. **Präsidentin des Massachusetts Institute of Technology/MIT.** Auch sie mußte sich den Abgeordneten stellen. Auf die Frage, ob Aufrufe zum Völkermord an Juden nach den Universitätsrichtlinien eine Belästigung darstellen, antwortete sie: „Wenn sie auf Einzelpersonen abzielen, nicht auf öffentliche Äußerungen." Diese bizarre, exotische Antwort ließ man durchgehen. Rücktrittforderungen gab es nicht, weil sie selbst Jüdin ist.

90. Die Hochschullehrerinnen
e) Frauke Melchior

Deutsche Universitäten stehen den amerikanischen in nichts nach, wenn Frauen sich gegen Israel positionieren und zur Verherrlichung des Hamas beitragen. Die Rektorin der renommierten **Ruprecht-Karls-Universität zu Heidelberg,** **Frauke Melchior** (61), lud im April 20024 zwei radikale Antisemiten zu einem Vortrag über „palästinensischen Aktivismus" ein. Die beiden Hamas-Unterstützer hatten in der Universität das Massaker an den Israelis freudig begrüßt und zynisch kommentiert. Erst als **Manuel Hagel, CDU-Chef von Baden-Württemberg**, in einem Brief an die Rektorin intervenierte, lenkte sie insoweit ein, als daß sie diesen Vortrag kurzfristig verschob auf einen „späteren Zeitpunkt in größerem Rahmen und als öffentliche Veranstaltung an der Universität Heidelberg". Wer dachte, daß jetzt erst einmal Ruhe eingekehrt sei, hatte sich geirrt. Im Juli kam es während des Open-Air-Sommerfests der Hochschule zu spontanen und unangemeldeten, jedoch gut vorbereiteten Anti-Israel-Demonstrationen durch 25 Studenten. Mehrere Studenten riefen daraufhin die Polizei. Die Rektorin läßt den Beamten jedoch ausrichten, daß sie „unerwünscht" seien.

Dabei hatten diese 25 Studenten das ganze Israel-feindliche Programm abgezogen: Banner, auf denen Israel das Existenzrecht abgesprochen wird, Flugblätter, Rufen von Parolen. Der Ring Christlich-Demokratischer Studenten (RCDS), die Liberale Hochschulgruppe (LHG), die Grüne Hochschulgruppe (GHG) sowie die jüdischen Hochschulverbände BJSB und JuPo DIG teilten in einer gemeinsamen Presseerklärung mit: „… Obwohl die Polizei vor Ort in den Raum stellte, daß durch die unangemeldete Demonstration nach § 26 Nr. 2 Versammlungsgesetz Straftaten verwirklicht sein könnten, wehrte sich die Universitätsleitung gegen ein Einschreiten der Polizei". Die Rektorin meinte, ihre Ansprache an die Demonstranten, namentlich an den Chemiestudenten Odeh, sei „zielführend" verlaufen, schließlich hätten diese Leute das Fest verlassen. Das Ziel der „Zielführung" zeigte sich kurze Zeit später in einem Video auf Instagram, in dem dieser Odeh in gewohnter Manier agitierte: „Ich scheiße auf das Existenzrecht Israels. Es hat als solches, was es ist, als rassistischer, kolonialistischer Apartheid-Staat aus meiner Sicht kein Existenzrecht." Ziel erreicht, Frau Rektorin!

90. Die Hochschullehrerinnen
f) Bettina Völter

Die **Alice-Salomom-Hochschule in Berlin**, eine Fachhochschule für Sozialwesen und benannt nach einer jüdischen Sozialreformerin, wurde, so wie viele Hochschulen in Deutschland, gleich zu Jahresbeginn 2025 Schauplatz palästinensischer antijüdischer Protestbesetzungen, die, wie üblich, überwiegend von Universitätsfremden ausgingen, die zudem bis zur Unkenntlichkeit vermummt waren. Sie besetzten das Audimax und schrien antiisraelische Parolen. Sie verhüllten die Büste der Namensgeberin der Hochschule Alice Salamon mit einer Palästinenserflagge. Die Polizei teilte mit: „Bislang sind keine Straftaten festgestellt worden, die Unileitung duldet den Aufenthalt der Protestler in dem Gebäude. Sollte die Unileitung den Aufenthalt untersagen, müßte die Rektorin Strafantrag stellen und dann wäre eine Räumung möglich. Das ist aber bislang nicht passiert und ist wohl auch nicht geplant." Als die Besetzer gegen 21 Uhr das Gelände freiwillig verlassen, kommt es zu einem unglaublichen Vorfall. Ein Video zeigt, wie **Uni-Direktorin Bettina Völter** mit abwehrenden Armbewegungen auf die dort stehenden Polizisten zugeht und mehrfach ruft: „Wir brauchen Sie nicht. Es tut mit schrecklich leid, aber wir brauchen Sie nicht. Ich bin die Präsidentin der Hochschule. Ich habe Hausrecht. Ich habe Sie nicht gerufen." Die Polizisten beharrten auf ihrem Einsatzbefehl und erklärten, daß sie deshalb dafür Sorge trügen, daß keiner der Besetzer erneut das Gebäude betritt. Darauf wieder Völter: „Hier kommt ja auch niemand rein. Wir erleben es als bedrohlich, wenn Sie vorn am Eingang stehen." Der Polizist reagiert fassungslos: Die Polizei ist für Sie also bedrohlich? Ist ja Wahnsinn!" Dann schob sie noch hinterher: „Unsere Studierenden verlassen hier das Haus und wir brauchen keine Polizei-Eskorte. Bitte gehen Sie von diesem Eingang weg, wer hat Sie geordert, hierher zu kommen?" Der Polizist: „Sie können mich hier nicht verweisen." Darauf sie: „Ich kann Sie höflich bitten zu gehen, weil ich sie nicht hergebeten habe." Der Polizist bleibt, Völter geht ins Haus zurück. **Berlins Senatorin Ina Czyborra** (SPD) teilte dazu mit: „Die jüngsten Vorfälle an der Alice-Salomon-Hochschule sowie im vergangenen Herbst an der Freien Universität haben gezeigt, daß es gut und notwendig ist, daß die Polizei vor Ort ist. Auch gestern hat sich gezeigt, daß eine intensive Kommunikation mit den örtlichen Zuständigen der Polizei nicht erst im Ernstfall notwendig und vor allem gegenseitige Wertschätzung geboten ist. An dieser Stelle möchte ich deutlich sagen, daß die Polizei keine Bedrohung ist, sondern zu jeder Zeit wichtige Arbeit leistet und unsere Hochschulen schützt." Sie bedankte sich aber auch bei Völter, weil sie deeskalierend gehandelt habe.

Bisher unbeachtet blieb, daß die für die Verwaltung zuständige **Hochschul-Kanzlerin Jana Einsporn** einen Brief an **Berlins Regierenden Bürgermeister Kai Wegner** (CDU) geschickt hat und ihn, auch im Namen von Kollegen, um Hilfe bittet: „Mehrere Kollegen haben sich an mich gewandt und Besorgnis über die derzeitige Lage geäußert." Sie berichteten „von Ängsten und Unsicherheiten, da die Situation vor Ort weniger friedlich wahrgenommen wird, als dies in den Medien dargestellt wird. Besonders kritisch ist, daß sich Hochschulfremde, vermummte Personen in der Hochschule und in der Nähe von Arbeitsbereichen aufhalten. Dies verstärkt das Unsicherheitsgefühl der Mitarbeiter." Schuld daran seien nicht die Polizeibeamten, sondern vielmehr die Bedrohungslage, verursacht durch Israel-Hasser. „Ich wäre Ihnen sehr verbunden, wenn Sie diese Aspekte in einem möglichen Gespräch mit der Präsidentin der Hochschule aufnähmen, denn schließlich gebietet es die Fürsorgepflicht gegenüber den Hochschul-Mitarbeitern, ihre Sicherheit zu garantieren." Unterdessen ging Frau Völter gegen Reporter vor, die an frei zugänglichen Stellen die Terror-Propaganda fotografieren wollten und verbot ihnen, von den Hass-Plakaten und Aufklebern Fotos zu machen.

Die Gewerkschaft der Polizei (GdP) ist entsetzt. Ihr Sprecher **Benjamin Jendro** erklärt: „Es ist nicht das erste Mal, daß aus dieser wissenschaftlichen Einrichtung Polizeihass offenbar wird. Es ist schon schlimm, daß an der Hochschule Raum für verfassungsfeindliche und antisemitische Parolen geboten wird. Wir reden aber auch über Straftaten, bei denen Gefahr im Verzug gilt und da greift ihr Hausrecht nicht. Genau genommen, behindert sie die Strafverfolgung, was Konsequenzen haben muß". Frau Völter will aber nicht, obwohl sie könnte. Denn Antisemitismus ist keine unter dem Dach des wissenschaftlichen Diskurses zu duldende „Meinung". Das Anstacheln zu Straftaten – „From the River to the Sea" – ist strafbar, gehört nicht an eine Universität und schließlich gehören Universitätsfremde, zumal reisende Aktivisten, überhaupt nicht zum Herrschaftsbereich einer Frau Völter. Auffallend ist ihr häufiger Gebrauch des Wortes „Ich". Zwar hat sie sich während ihres Studiums mit jüdischen Themen befaßt, ihre weiteren Stationen an den ausgewiesen linken Universitäten Göttingen und Kassel legen eher nahe, daß sie dort den „richtigen Standpunkt" übernahm. Jedenfalls läßt ihr Verhalten darauf schließen, daß antisemitische Einstellungen ihr nicht nur nicht fremd, sondern vielleicht auch sympathisch sind. Es könnte auch sein, daß sie private Beziehungen zu den Aufständischen pflegt, feige ist oder alles zusammen. Das sind Mutmaßungen, die man von Berliner Freunden hört, die sich für die Zustände in ihrer Stadt schämen.

Ilsabé von Sonntag – „**Bunte Reste – stofflich I**",
Tusche/Feder auf Karton, **1980**, 100cm x 70cm,
Unikat

91. Die Politikerinnen
a) Petra Kelly (1947 – 1992)

Petra Kelly gehörte zu den Gründungsmitgliedern der Grünen. Sie war das einzige Kind der Eltern Margarete Birle und Richard Lehmann. Als sie sieben Jahre alt war, verließ ihr Vater die Familie, sodaß sie wegen der Ganztagsarbeit ihrer Mutter größtenteils bei ihrer Großmutter lebte. Nachdem ihre Mutter den in Würzburg stationierten US-Offizier **John Edward Kelly** heiratete, änderte sich ihr Nachname von „Lehmann" zu „Kelly". 1959 übersiedelte die Familie mit Tochter Petra und der inzwischen geborenen Halbschwester Grace in die Vereinigten Staaten. Im Folgejahr kam ihr Halbbruder John Lee zur Welt. 1966 machte sie ihren Abschluß an einer High School und begann ein Universitätsstudium. Da erkrankte ihre Schwester an Krebs. Ihre Eltern übersiedelten mit der Familie nach Deutschland, um sie in der Heidelberger Universitätsklinik behandeln zu lassen, wo sie aber 1970 starb. Kelly sieht die Bestrahlungen als Schuldige am Krebstod ihrer Schwester. Sie hat zwar keine Fachkenntnisse, sondern nur ihre hier unmaßgebliche Meinung, das hindert sie aber nicht daran, aus Koinzidenzen nicht bewiesene Kausalitäten herzustellen und fortan mit dem Tod ihrer Schwester gegen die Atomindustrie zu Felde zu ziehen.

Im selben Jahr kehrte Kelly nach Europa zurück und erreichte 1971 den Master-Abschluß Politische Wissenschaften und Europäische Integration an der Universität Amsterdam. Gleichzeitig arbeitete sie als Assistentin am Europa-Institut. Wie zuvor schon in Amerika, so auch hier: Sie engagierte sich in unzähligen Gruppen und Bewegungen mit den amerikanischen Themen Atomkraft, Rassendiskriminierung, Vietnamkrieg, Feminismus sowie ebenfalls mit Atomkraft und

Umweltschutz hierzulande. Glaubt man der Filmemacherin **Doris Metz** („Petra Kelly – Act now") wurde Kelly von ihren grünen Gesinnungsgenossen mit Bewunderung aufgenommen. „Krass, die redet ja wie wir und kann Englisch". Sie sei auch darin ihrer Zeit voraus gewesen. Jetzt wissen wir, daß man mit nur geringen Mitteln wie Englisch und unwahren Behauptungen über Atomkraft Eindruck bei jenen machen kann, die offenbar noch weniger wissen, weil sie nie etwas gelernt oder die Schule beziehungsweise Uni längst abgebrochen haben.

Als Kelly die politische Bühne betrat, erblickte man eine sehr schlanke, offenbar nierenkranke anämische Frau. In der Tat hatte sie einmal erklärt, daß sie ab ihrem siebten Lebensjahr häufig an den Nieren geröntgt und „operiert" worden sei. Nierenerkrankungen im Kindesalter sind nicht gerade häufig. Nach ihren Schilderungen können dafür nur ein multilokuläres zystisches Syndrom oder Nieren- bzw. Harnleitersteine infrage kommen, die eine chirurgische Intervention erforderten. Im Jahr 1978 verlor sie ihr Kind „aus medizinischen Gründen", wie sie sagt. „Daß es an den Röntgenaufnahmen lag, kann ich niemals beweisen. Doch wenn sie schon bei einem Fötus irren, wie steht es dann mit der gesamten Atomindustrie?"

Hier offenbaren sich gleich zwei große Denkfehler: Wenn ich etwas im Kleinen schon nicht beweisen kann, ändert sich die Ausgangslage dann, wenn ich sie um ein Vielfaches vergrößere? Wie kann man überhaupt auf die Idee kommen, daß ein Befund an meinem Körper, dessen Ursache unbekannt und damit nicht beweisbar ist, im Großmaßstab (die „gesamte Atomindustrie") plötzlich beweisbar ist? Und daß man mit nicht bewiesenen Behauptungen – von Tatsachen kann man da ja nicht sprechen – Politik und Wahlkampf machen kann, ohne sich an den Wählern zu versündigen? Außerdem scheint auch hier das den Grünen von Beginn an innewohnende Mantra auf: Wie im Kleinen so im Großen, also habe ich in meinem Garten heuer keine Amsel mehr gesehen, dann kann die grün-richtige Schlußfolgerung nur heißen: In Deutschland gibt es keine Amseln mehr! Und daran sind natürlich – hier folgt dann eine Aufzählung aller für möglich gehaltenen Verursacher – die bösen Menschen schuld. Mit ihrer Benennung ist die Öko-Welt dann wieder mit sich im Reinen.

Ihre immer und immer wieder, auch im Bundestag vorgebrachten Parolen gegen die „Atomindustrie" trug Früchte. Ihre Parteigenossen stimmten ein, es gab Demonstrationen, Sticker an Autos, Windjacken und Kinderwagen. Am Institut der Biologischen Chemie der Universitätsklinik sammelten sich Medizinstudenten, um unter Protestgebrüll den Abtransport schwach radioaktiver Abfälle in blauen Tonnen zu begleiten. Es handelte sich dabei um gebrauchte Kittel, Spritzen und sonstiges Einwegmaterial. Bemerkenswert war, daß sich unter den Protestlern auch jene Studenten befanden, die kurz zuvor noch einen Termin zur Diagnostik mithilfe von Radio-Isotopen wahrgenommen hatten wie eine Szintigraphie der Schilddrüse oder eine Blutuntersuchung mit einem Radio-Immun-Assay (RIA). Das gleiche passierte auch mit den Diabetikern unter den Studenten, die ein rekombinantes Insulin erhielten oder ein Wachstumshormon benötigten. Beide waren auf die pharmazeutische Gentechnik angewiesen. Gentechnik ist für sie Teufelszeug, obwohl bisher weltweit kein einziger Schaden durch den Einsatz von Gentechnik dokumentiert wurde.

Wie sehr man sich verrennen kann, zeigt das Beispiel der Physikerin **Inge Schmitz-Feuerhake** aus Bremen. Sie hatte sich vorgenommen, die Fälle von kindlichen Leukämien in der Elbmarsch zu untersuchen. Sie war der festen Überzeugung, daß Verursacher nur das nahe Kernkraftwerk Krümmel sein könne. Es wurde eine Untersuchungskommission eingerichtet, die darunter litt, daß es polarisierende Gruppen gab, wobei die größere von vorneherein auf einen Zusammenhang mit einem Atomzwischenfall beharrte und widersprechende Studien zurückgehalten hatte, weitere Kommissionen blieben ergebnislos. Bis heute konnte kein kausaler Nachweis geführt werden, daß radioaktive Stoffe aus dem Atomkraftwerk Krümmel die Ursache waren für die Zunahme an Wahrscheinlichkeit für Kinder, an Krebs zu erkranken. Viele Experten zweifelten die Ergebnisse von Schmitz-Feuerhake an und warfen ihr aufgrund ihrer bekannten Anti-Atomkraft-Haltung Voreingenommenheit vor und bemängelten, daß deshalb die Ergebnisse ihrer Studien von vorneherein feststünden.

1998 untersuchte sie Staub auf Dachböden in der Elbmarsch. Angeblich fand sie Plutonium, das in einem Verhältnis vorlag, das weder durch Tschernobyl noch durch Kernwaffentests der 1960er Jahre erklärbar sei. Sie hielt es für bewiesen, daß die Funde vom Kernkraftwerk Krümmel herrührten. Andere Fachleute konnten diese Ergebnisse nicht nachvollziehen und führten diese Spuren doch auf oberirdische Atomwaffentests der 1960er Jahre zurück, wie dem Bericht des **NDR** „Panorama" vom 10. Dezember 1998 zu entnehmen ist: „Krebskranke Kinder beim Kernkraftwerk Krümmel – Das Desaster der Atomkritiker". Gleichfalls **Stuttgarter Zeitung** 23. Februar 2009, **Eckhard Stengel**: „Reaktoremissionen auf dem Dachboden der Professorin?"

Kellys Reden waren maschinengewehrartig schnell. Sie ratterte ihre Parolen ohne Modulation einfach heraus. Manche mögen dies als Zeugnis eines wachen Geistes gesehen haben, in Wirklichkeit ist es das genaue Gegenteil. Wer so stakkato spricht, hat in seinem Gehirn bereits einen festgelegten Inhalt sozusagen unveränderlich abgespeichert und standby gestellt. Das Gehirn läßt bei diesem Sachverhalt keine Korrekturen mehr zu. Deswegen sind die Reden solcher Menschen stereotyp und immer gleich. Dabei hätte ihr die Anleitung „Über die allmähliche Verfertigung der Gedanken beim Reden" von Kleist durchaus helfen können. Ihr Stern sank. 1991 kandidierte sie noch für das Amt der Vorstandsprecherin der Grünen, erhielt aber nur 30 Stimmen.

Kelly, obwohl mit einem tibetischen Arzt liiert, lebte seit Jahren mit dem Generalmajor Gert Bastian zusammen, der seinerseits verheiratet war. Am 19. Oktober 1992 wurden in ihrem Bonner Reihenhaus ihre Leichen gefunden. Bastian hatte zuerst Kelly und sich dann selbst erschossen. Mutmaßungen über die Gründe führen zu nichts.

91. Die Politikerinnen

b) Lena Schilling

An die Staatsanwaltschaft **Wien** ging eine Strafanzeige des
österreichisch-chilenischen Kolumnisten und Kommenta-
tors **Sebastian Bohrn-Mena** und seiner Ehefrau **Veronika**,
der eine Zivilklage folgte. Darin beschuldigen sie die 24jäh-
rige Grüne **Lena Schilling**, haltlose Gerüchte über sie als
Ehepaar in die Welt gesetzt und damit Ruf- und Geschäfts-
schädigung betrieben zu haben. Sie verlangen einen unmiß-
verständlichen Widerruf, eine Unterlassungserklärung sowie eine öffentliche Entschuldigung. Was war geschehen?
Das Mädchen Lena hatte in größeren Kreisen anlaßlos die
Behauptung verbreitet, Herr Bohrn-Mena habe seine Frau
Veronika – übrigens eine frühere Freundin Lenas – so ver-
prügelt, daß diese eine Fehlgeburt erlitten habe. Das Ehepaar hat sich umgehend öffentlich gewehrt, da an dieser
Geschichte nichts dran und völlig aus der Luft gegriffen sei.
Inzwischen hat das Mädchen sich vor Gericht zu einer Unterlassungserklärung verpflichtet, bei Nichteinhalten sind
20.000 Euro fällig. Dann meldete sich darüber hinaus auch
die Fraktionschefin der Grünen, **Sigi Maurer** (39), denn
Lena Schilling hatte zwischenzeitlich über diese verbreitet,
sie unterhalte mehrere Affairen mit Journalisten und Parteikollegen, außerdem sei sie, Schilling, von Maurer übergriffig bedrängt worden, als ihre Kandidatur zur Europawahl
bekannt wurde. Inzwischen wurde Schilling trotz solcher
Straftaten gewählt. Die Grünen haben eben ein Faible für
kindliche und ungebildete Kandidaten. Nun da sie gewählt
ist, kann sie sich in Ruhe einer weiteren Lügengeschichte
widmen: Sie hatte während des Wahlkampfs gegenüber der
Presse behauptet, mit dem **ORF-Journalisten Martin Thür**

eine Affaire zu haben. Dieser ist Lena Schilling jedoch nie begegnet. Sein Verlangen, diese Behauptung zu widerrufen und künftig zu unterlassen, lehnte sie wie gewohnt ab. Erst die heraufziehende Möglichkeit eines weiteren Gerichtsverfahrens brachte sie zu der Erkenntnis, daß zumindest dieses Spiel verloren ist. Mit ihrer Unterschrift bei einem Notar bestätigte sie, daß ihre Affairen-Geschichte eine Lüge sei und versicherte, künftig derlei Behauptungen zu unterlassen.

Schilling mußte übrigens für einen Brüsseler Transparenzbericht ihre Einkünfte bekannt geben. Man mag es nicht glauben: Die Grüne EU-Parlamentarierin kassiert für Polittauftritte im TV Geld. Und auch sonst hat sie ein höheres Nebeneinkommen als die Prominenz der anderen Parteien Österreichs. Für ihr Buch „Radikale Wende – weil wir eine Welt zu gewinnen haben" erhält sie 2.848 Euro jährlich, Der **TV-Sender „Puls4"** zahlt ihr 400 Euro pro Teilnahme an einer Fernsehdiskussion, ihre wöchentliche Klima-Kolumne honoriert die „**Kronen-Zeitung**" mit je 400 Euro. Angesichts ihres monatlichen Salärs von rund 8.000 Euro (ohne Zulagen) kann sie jetzt die Strafzahlung von 4.000 Euro locker zahlen, die ihr das Gericht auferlegte, als sie gegen ihre Unterlassungserklärung in Sachen Bohrn-Mena verstieß. Ursprünglich waren vom Gericht 20.000 Euro angedroht.

91. Die Politikerinnen
c) Svenja Schulze

Der heutigen Bundesministerin für Entwicklungshilfe **Svenja Schulze** (SPD), Jahrgang 1968, oblag als früherer Landesministerin von Nordrhein-Westfalen das Ressort Wissenschaft und war somit auch zuständig für den Forschungsreaktor Jülich. Ein Abgeordneter der Grünen hatte sich darauf spezialisiert, sich in regelmäßigen Abständen nach der exakten Lagerung der vor mehr als 30 Jahren in Jülich verwendeten Brennelementekugeln zu erkundigen, weil er immer wieder Unregelmäßigkeiten mit strahlendem Müll vermutete. Die im Forschungszentrum tätigen Experten halfen dem Ministerium bei der Beantwortung, weil man Mißverständnisse und Fehlinterpretationen bei einem die Bevölkerung polarisierenden Thema von vorneherein ausschließen wollte. Die Antwort aus Jülich war klar und unmißverständlich: Sämtliche Brennelemente seien sicher verwahrt. Lediglich sei es kompliziert, den Bestand in Kugelform sicher zu bestimmen, weil bei Experimenten einige Kugeln zerbrachen. Man muß sich das so vorstellen: Von einer Sammlung Kaffeetassen gingen einige zu Bruch und sind jetzt nur noch als Scherben vorhanden. Würde man die gesammelten Scherben wieder mit Klebstoff zusammenfügen, hätte man wieder vollständige Tassen, ein Verfahren, was man aber bei Brennelementekugeln nicht anwenden kann, wohl aber, die Scherben zu wiegen. Wenn diese dann im Vergleich das Gewicht der intakt gebliebenen Kugeln ergeben, gibt es keinen Fehlbestand. Auf eine solche Vorgehensweise hätte auch Frau Schulze selber kommen können, wenn sie in der Küche bei Kochen und Backen schon einmal mit Gewichten hantiert oder selber noch alle Tassen im

Schrank hat. Sie hingegen sah in dieser Auskunft wohl die Gelegenheit, in der Bevölkerung Atompanik auszulösen, um einem Ende der verteufelten Technologie näherzukommen. Zudem könnte ihr der zeitgleich gemeldete Zwischenfall in Fukushima in die Hände gespielt haben. Also dichtete sie los: Über den Verbleib der 2285 Kugeln könne „mit der gebotenen Sicherheit" keine abschließende Auskunft erteilt werden. Und dann gingen die Pferde mit ihr durch: hochradioaktiver Atommüll sei „allem Anschein" nach sogar illegal im niedersächsischen **Forschungsbergwerk Asse** eingelagert worden. Ihre Pressemitteilungen versah sie noch mit der alarmierenden Forderung nach „lückenloser Aufklärung", es bestehe nämlich Unsicherheit über den Verbleib der gefährlichen Kugeln. Deshalb müsse jetzt auch umgehend der Aufsichtsrat des Forschungszentrums einberufen werden. Unmittelbar danach meldete sich die NRW-Atomaufsicht aus dem eigenen Haus und beendete die sich über Wochen immer weiter fortpflanzende Schulz'sche Eskalation kurz und bündig: Es würden überhaupt keine Brennelemente vermißt! Schulzes heutiger Arbeitsplatz in der Entwicklungshilfe ist da schon weniger störanfällig. Weil sie die Steuergelder in anderen Kontinenten für Projekte ausgibt wie Gendergerechtigkeit oder Radwege in Peru, geraten ihre Taten heute leider kaum in die Öffentlichkeit.

91. Die Politikerinnen
d) Emilia Fester

Emilia Fester wurde 1998 in Hildesheim geboren und machte dort 2017 ein Gesamtschulabitur. Vier Jahre später zog sie für die Grünen in den Bundestag ein. Dazwischen versuchte sie sich im Theatermilieu, beide Eltern arbeiten freischaffend als Theaterpädagogen, veranstalten Aufführungen an Orten wie Strafvollzugseinrichtungen, Discountern oder Parkplätzen. Als wichtig bezeichnet sie ihre Bisexualität, zu der sie sich als Zweite nach ihrer Parteikollegin **Ricarda Lang** „bekannt" hat und die sie offenbar für ein Qualitätsmerkmal und darüber hinaus für eine wichtige Entscheidungsgrundlage über Steuergesetze, Klinikbetten, Funkmasten oder Katastrophenschutz hält. Seit sie im Bundestag sitzt, dämmert es ihr, welch schweres Los sie mit dem Mandat getroffen hat. Da steht eine Pausbäckige doch am Rednerpult mit erhobenem – ja! – Zeigefinger und ruft schluchzend: „Ich habe meine Jugend geopfert!" Zur Veranschaulichung des „Opfers": 10.012,89 Euro Grunddiät + 4.560,59 Euro steuerfreie Kostenpauschale + 1.-Klasse-Freifahrt bei der Bahn + Chauffeur-Dienst, zuzüglich variabler Zulagen. Hat denn dieser berufslosen Person ohne irgendeinen Abschluß oder ohne je wertschöpfend tätig gewesen zu sein, niemand gesagt, daß hierzulande schon Jugendliche im Alter von 16 Jahren eine gewerbliche Ausbildung beginnen und das für einen winzigen Bruchteil dessen, mit dem man sie füttert? Und auch übers Leben hinweg wird sich daran nicht sehr viel ändern. Und im Gegensatz zu allen ich-verliebten Gören im Bundestag und anderen Parlamenten: Die 16jährigen erhalten auch nach ihrer Ausbildung kein Steuergeld, sie verdienen ihr Geld selber und zahlen darauf auch noch Steuern, von denen sie wiederum solche Fehlbesetzungen aushalten müssen.

Während der Corona-Krise plädierte sie für eine allgemeine Impfpflicht und forderte die Abschaffung der individuellen Freiheit zugunsten einer „kollektiven Freiheit"! Das ist starker Tobak und zeigt, daß sich ihr Hirn bisher noch nie mit grundlegenden Fragen beschäftigt hat. „Ich will meine Jugend zurück!" schreit sie stattdessen ins Mikrofon. Sie sei wegen Corona „nicht in der Uni gewesen, nicht im Ausland" – warum sagt sie das, wo sie bekanntlich nie studiert hat und – Lüge – sich sehr wohl im Ausland aufgehalten hat (Dänemark). Man kann ihre Unbildung fast als staatsgefährdend bezeichnen. Sie weiß nicht, wann die Bundesrepublik Deutschland gegründet wurde (als deutsche Bundestagsabgeordnete!), kennt Bismarck nicht, weiß auch sonst nichts. Typisch für den sogenannten Danning-Kruger-Effekt, der besagt, daß Dumme nicht merken, daß sie dumm sind und sich deshalb für klug halten. Leider ist das nicht lustig, denn man beteiligt sie unverständlicherweise unter anderem an der Gesetzgebung und anderen national wichtigen Entscheidungen.

Fester, bisher Abgeordnete aus dem Wahlkreis **Hamburg-Eimsbüttel** und auf dem dritten Platz so gerade eben noch ins Parlament gerutscht, scheint um ihre Bundestagskandidatur für 2025 zu fürchten. Wie sonst ist zu erklären, daß sie sich von den Kreisverbänden Nord und Mitte als deren Direktkandidatin nominieren läßt? Denn dort in den grünen zentralen Stadtteilen St. Pauli und Schanze sieht sie für sich größere Chancen. Sie scheint retten zu wollen, was offenbar nicht mehr zu retten ist: ihre üppigen Diäten als Bezahlung dafür, daß sie ihre „Jugend opfert". Dabei tanzt sie doch so gerne. Auf Instagram, auf TikTok. Sie tanzt für Gerechtigkeit, sie tanzt gegen Wehrpflicht, sie tanzt für die Haschfreigabe. Da kann man sich ja auf einiges gefaßt machen, denn sie drohte bereits: „Als junge Frau habe ich im Parlament noch einiges vor ..."

91. Die Politikerinnen
e) Gunda Röstel

Eine bizarre Geschichte. Frühmorgens in Pulsnitz. Der Interregio wartet, er ist noch vollkommen leer. Die vorangegangenen Tage waren angefüllt mit Vorträgen und einer Seminarleitung und daher entsprechend stressig. Auf den freien Holztischen konnte man seine Unterlagen ausbreiten und ordnen für den nächsten Termin in Köln. Da betritt eine junge Frau den 1.-Klasse-Großraum, nimmt irgendwo Platz und beginnt sogleich lautstark zu telefonieren. Als unfreiwilliger Zuhörer bekommt man mit, wie am anderen Ende der Leitung offenbar mit Büromitarbeitern verhandelt wird, einen Mitarbeiter mithilfe verschiedener Methoden vor die Tür zu setzen. Das Gespräch verlief erst turbulent und auch deswegen unangenehm, weil sich der Verdacht recht bald als Verabredung zu einer Intrige aufdrängte. Auf die Bitte, ihr Gespräch doch etwas gedämpfter zu führen, lief diese Person zur Hochform auf und verlangte von dem gerade ebenfalls zugestiegenen Zugbegleiter die Entfernung des reklamierenden Fahrgastes. Denn dieses hier sei ein Erster-Klasse-Abteil und sie schließlich Bundestagsabgeordnete. Der gute Mann hörte sich das zunächst schweigend an, sagte dann, daß er niemanden rauswerfen werde, der einen gültigen Fahrschein hätte. Jetzt wandte sich der genervte Fahrgast erstmals direkt an die übergeschnappte Politikerin mit der Bemerkung, daß man nicht nur sein eigenes Ticket bezahlt hätte, sondern als Steuerzahler auch noch die 1.-Klasse-Freifahrten für unverschämte Abgeordnete bezahlen müsse. In Dresden beendete die Dame ihren Auftritt und verließ den Zug. Erst später fiel dem Fahrgast in einer örtlichen Tageszeitung ein Portraitfoto auf, das die Furie aus seinem Zug zeigte. Jetzt wußte er auch, daß sich da eine gewisse Gunda Röstel, Jahrgang 1962, so gewaltig daneben benommen hatte. Röstel ist Lehrerin und war von 1996-2000 Sprecherin des Bundesvorstands Bündnis 90/Die Grünen, wo sie anschließend, nachdem sie sich nicht mit ihren Reformvorschlägen hat durchsetzen können, ihren Rückzug aus der Politik verkündete. Dieser verlief, wie bei Politikern üblich, bruchlos, sie wechselte einfach die Branche, die sie in fremde Bereiche führte. Ohne einschlägige Erfahrung wurde die gelernte DDR-Bürgerin Managerin für Produktentwicklung und Unternehmensstrategie bei der **Gelsenwasser AG** (Tochter von EON), die dann zum Eigentum der Dortmunder und Bochumer Stadtwerke gehörte. Im Juli 2004 wurde sie dann kaufmännische Geschäftsführerin der **Stadtentwässerung Dresden GmbH**. 2011 zog sie als Vertreterin Baden-Württembergs in den Aufsichtsrat von **EnBW** ein. Wer da noch über mangelnde Durchlässigkeit klagt, die Frauen solche Karrieren versperrten, wird hier eines Besseren belehrt. Fachwissen wird sowieso überbewertet.

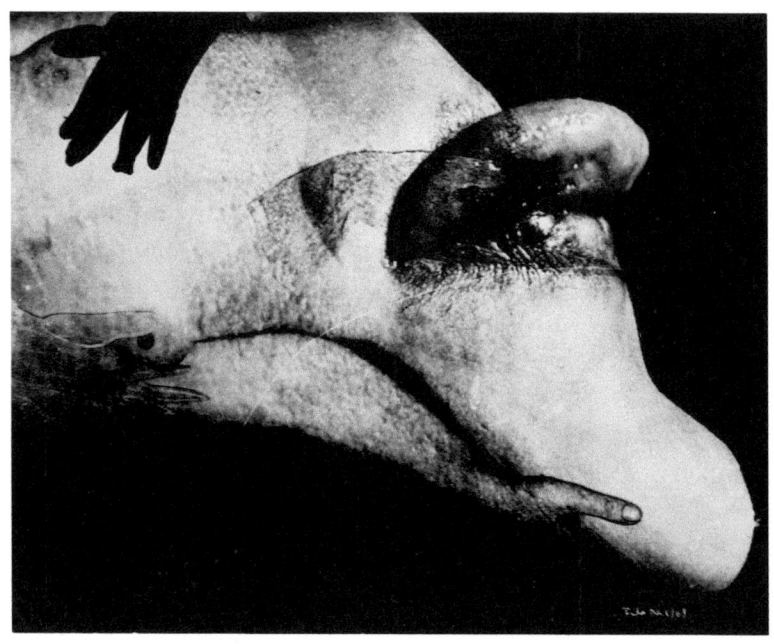

Tilo Keil, Zyklus „Hautbilder": „**Augenlippenfisch**",
Photomontage, Silber-Gelatine, Vintage-Print, **1966,**
29,5cm x 38cm, **Unikat**

91. Die Politikerinnen
f) Heide Simonis

Hätte man noch ihren Gesangsauftritt im **WDR** zu Schwarz-weiß-Zeiten im Ohr gehabt, als die Bonnerin **Heide Simonis** (1943-2013) ihre quälend schiefen Töne, die sie für Sopran hielt, zum Besten gab, wäre **Schleswig-Holstein** vielleicht eine arg gewöhnungsbedürftige Ministerpräsidentin erspart geblieben. Es ist nicht ihr Faible für Kapotthüte und nicht die Keramiksammelei, mit der die passionierte Flohmarktgängerin ihre Umgebung nervte. Es ist ihre schnodderige Sprache, ihre dahergeworfene Abkanzelei aller, die ihr beruflich oder auch privat nahekamen. Solches praktizierte sie regelmäßig coram publico bei der Morgenlage, wenn es zwischen ihr und der Fachebene Differenzen, meist über Kleinigkeiten, gab. Allgemein, das heißt im Geschäfts- und Verwaltungsleben ist es üblich, dies in Vier-Augen-Gesprächen zu tun. Man stellt niemanden zur Schau, um ihn öffentlich zu demütigen! Ihre Kabinettsrunden waren nicht selten gekennzeichnet von wüsten Ausbrüchen, Brüllerei und persönlichen Vorhaltungen. Dann wieder blätterte sie desinteressiert in Modejournalen. Wahrscheinlich war dies alles dem beliebten Finanzminister **Peer Steinbrück** zu viel, der sich aus dem Kabinett Simonis ll zu **Wolfgang Clement** in NRW verabschiedete.

Simonis liebte die Kamera. Sie inszenierte sich gern als „erste Frau" eines Bundeslandes mit den üblichen Attributen wie „stark", „weiblich", „unabhängig" usw. usw. Nachdem aus der Landtagswahl in Schleswig-Holstein im Februar 2005 die **CDU** als stärkste Kraft hervorging, wollte Simonis trotz neuer Mehrheitsverhältnisse auf keinen Fall mit ihr die

Regierung bilden. Also kratzte sie alle anderen Stimmen, einschließlich der beiden Stimmen des Südschleswigschen Wählerverbunds (SW) zusammen, um mit diesen eine Regierung zu bilden. Das Rechenspiel bestand aus 34 Abgeordneten (CDU+FDP), 33 Abgeordneten (SPD+Grüne) + 2 Abgeordneten (Südschleswiger Wählerverbund). Damit hätte die Simonis-Koalition eine Stimme Mehrheit gehabt, die ihr aber in vier Wahlgängen versagt wurde. Ihr Satz daraufhin „Und wo bleibe ich dann?" errang ikonische Bedeutung als Beschreibung für Politiker, die ihr Amt als persönliches Eigentum betrachten mit allen damit zusammenhängenden immerwährenden Privilegien. Im Ruhestand suchte sie noch einmal überregionale Beachtung, als sie in einer Staffel der **RTL**-Produktion „Let's Dance" auftrat. Nachdem ihre Darbietung zahlreiche Kritik – „Hoppel-Heide" – ausgelöst hatte, verwies sie auf einen lädierten Fuß und brach ihre weitere Teilnahme ab.

91. Die Politikerinnen
g) Ulla Schmidt

Von **Ulla Schmidt**, 1948 geboren, bleibt am meisten ihr Aachener Sing-Sang im Ohr. Sie studierte von 1968 bis 1976 auf Lehramt. Allerdings wurde sie nicht in den Schuldienst übernommen, da sie sich weigerte, eine Verpflichtungserklärung auf das Grundgesetz zu unterschreiben. Sie war Mitglied im **Kommunistischen Bund Westdeutschland (KBW)**, der maoistisch ausgerichtet war, und die Bundesländer wollten durch eine Verpflichtungserklärung sicherstellen, daß Lehrer ihre Erziehungsarbeit auf der Grundlage unseres Grundgesetzes verrichten (Radikalenerlass). Hier eine Schilderung des Schlagersängers Christian Anders (in: Christian Meurer, Die Irren, die uns regieren, dort: Anders/Straube, Literarischer Rebell, S. 133f): „In den 70er Jahren verkehrte Frau Ulla Schmidt regelmäßig im Puff oder Bordell oder, um's vorsichtiger auszudrücken, im Rotlichtmilieu der Aachener Innenstadt in der Rotlichtbar „Barberina" (heute Club Voltaire), welche ihrer Schwester gehörte. In dieser Pornobar konnte man sich auch Pornofilme mit gewalttätigen Szenen ansehen und sich dabei genüßlich befriedigen oder sich befriedigen lassen, gegen Bezahlung natürlich. In dieser Pornobar „Barberina" wie auch im Spielclub „Grand Mühle" ging unsere heutige Gesundheitsministerin Ulla Schmidt ihrer Schwester schon mal zur Hand, wenn Sie wissen, was ich meine? Gut." Anders' Bruder war **Dieter Schinzel**, über den er schreibt: „Eine der engsten Vertrauten meines Bruders war Ulla Schmidt, die ihren steilen Parteiaufstieg nur meinem Bruder zu verdanken hat. Dafür bürgte Ulla Schmidt großzügig bei den Banken."

1976 kandidierte sie als Direktkandidatin im Wahlkreis **Aachen-Stadt** und auf dem zweiten Platz der Landesliste NRW für den KBW, allerdings vergeblich. 1983 wurde sie dann Mitglied der SPD und wanderte ab dann innerhalb der Partei durch Ausschüsse, Kommissionen bis sie ab 1990 in den Bundestag einzog und sich dort um die Themen Gesundheit, Krankenversicherung, Soziales u.v.m. kümmerte. Sie war weiterhin eine feste Größe im Umkreis der Etablissements ihrer Schwester **Doris Zöller**, deren Beziehungen zu Aachens Bürgermeister und gleichzeitigem Rechtsbeistand **Jürgen Linden**, der ihr zu einer günstigen Vergnügungssteuerpauschale verhalf, die der Stadt ein Minus von mehr als eine Million DM bescherte. Dazu schreibt der „**Stern**" 12/1995: „Beamte vom Stadtsteueramt hatten Vergnügungssteuer-Nachveranlagungen vom 1. Januar 1983 bis zum 31. Oktober 1991 addiert. Danach fehlten 1.057045 DM."

Im Juli erklärte sie den vorläufigen Verzicht auf ihre Mitgliedschaft im Kompetenzteam des SPD-Kanzlerkandidaten **Scharping** für die Bundestagswahl 2009. Der „Stern" berichtet rückblickend: „Sie, die in Scharpings Schattenkabinett als Familienministerin vorgesehen war, räumte im Gericht ein, im Club ihrer Schwester ausgeholfen und in der Urlaubszeit die Kasse geführt zu haben. 1983 gestattet sie sogar, bei der Stadtsparkasse unter der Nummer 306035601 ein Sparbuch auf den Namen ‚Ursula Schmidt' anzulegen. Damals wurden auf dieses Konto oft innerhalb weniger Tage fünfstellige Summen bewegt. Bereits in ihrer Studentenzeit hatte Ursula Schmidt der Schwester als Aushilfe zur Seite gestanden. Damals besaß Doris Zöller die Bar „Barberina". Bei einer Razzia – Ursula Schmidt wurde als Bedienungspersonal angetroffen – stellte die Staatsanwaltschaft 14 Pornofilme sicher, die unter anderem Unzuchtshandlungen und Brutalitätsszenen zeigten. Einer der Filme trug den Titel ‚Ulla the Swede'". 2009 erfolgte eine intensive Berichterstattung über den Gebrauch ihres Dienstwagens, den sie schon zuvor in den Jahren 2004 bis 2008 für ihren Urlaub in Spanien nutzte. Zur Affaire geriet die Sache erst, als am Urlaubsort ihr Dienstwagen gestohlen wurde, aber zwei Tage später wieder auftauchte. In der Öffentlichkeit wurden Fragen nach der Rechtmäßigkeit solch kostspieliger Urlaubsgestaltungen laut. Sie hatte nämlich ihren Mercedes 420 CDI an ihren Ferienort **Denia** durch ihren Chauffeur, der seinerseits seinen 15jährigen Sohn mitnahm, nachkommen lassen. Nachdem Schmidt ihr Vorgehen verteidigte mit dem Argument, daß die rund 5.000 Kilometer nach Denia und zurück etwa 500 Euro Spritkosten verursacht hätten, und so viel hätte ein gleichwertiger Mietwagen vor Ort auch gekostet, rechnete der Bund der Steuerzahler vor, daß die Fahrt der Minister-Limousine mindestens 10.000 Euro gekostet haben würde, wenn man Maut, Abnutzung, Unterbringung des Fahrers einbeziehe. In diesem Zusammenhang rief Schmidt, sichtlich erbost: "Das steht mir zu!" Die Gesellschaft für Deutsche Sprache kürte daraufhin diesen Ausbruch zum „Satz des Jahres 2009". Wie die „**Stuttgarter Nachrichten**" meldeten, galt Schmidt als eine der Abgeordneten des Deutschen Bundestages mit den höchsten Nebeneinkünften. Erheblichen Anteil daran hatte ihre Funktion als Verwaltungsrätin der **Siegfried Holding**, einem Schweizer Pharmaunternehmen.

91. Die Politikerinnen
h) Cornelia Piper

Angewandte und Theoretische Sprachwissenschaften in der polnischen und russischen Sprache hatte sie studiert und 1982 als Diplom Sprachmittlerin beendet. Danach war die 1959 in **Halle/Saale** geborene **Cornelia Pieper** zunächst als Dolmetscherin tätig, nach der Wende ab 1996 als freiberufliche Übersetzerin. Zu DDR-Zeiten war sie Mitglied der LPDP, später kurzzeitig Geschäftsführerin des Humanistischen Verbandes e.V. in Berlin. So lag es nahe, daß sie sich als Mitglied der **FDP** zuwandte. Dort machte sie in der Landespolitik von Sachsen-Anhalt als Abgeordnete, später dann als Generalsekretärin Karriere. Der FDP-Politiker **Wolfgang Kubicki** forderte sie zum Rücktritt auf, als die Polizei in Halle auf ihrem dortigen Grundstück eine Hanfpflanze gefunden hatte, die offenbar von ihrem Sohn gepflanzt worden war. Schwierig wurde es für die Partei, weil Pieper lange mehrfach und länger unschlüssig war, ob sie als Landespolitikerin Kultusministerin in Sachsen-Anhalt werden will oder doch lieber in Berlin die Fraktionschefin bleiben möchte. Bei der anschließenden Wahl zum Bundesvorstand wurde sie mit 61% abgestraft. Noch vor ihrer Abwahl beauftragte die Partei sie mit der Formulierung „liberaler Leitsätze", eine Art Handreichung, gewissermaßen eine Anthologie liberaler Standpunkte. Dazu hatte sie sich einige Persönlichkeiten ausgeguckt, die ihr dabei thematisch unter die Arme greifen sollten. Zu einem ersten Treffen kam es in der **Friedrich-Naumann-Stiftung** am Grebnitzsee in Potsdam. Teilnehmer berichteten später über ihre Enttäuschung, über fehlendes Konzept, fehlende sonstige Planung, ungeordnete Diskussionsansätze. Nach dem ersten Treffen verzichteten daraufhin einige auf die weitere Anwesenheit. Nun war ja klar, daß die Parteiführung irgendwann einmal eine Zusammenfassung bisheriger Aktivitäten erwartet, die im Oktober 2005 präsentiert werden sollte. Nachdem sie offenbar erfolglos versucht hatte, aus Stichwortzetteln eine Art präsentable Collage zu basteln, wurde die Zusammenkunft mit der Parteiführung vom Pressesprecher kurzfristig abgesagt: Frau Pieper liege derzeit „in einem abgedunkelten Zimmer. Sie kann vor Schmerzen kaum telefonieren, trotz Medikamenten, die ihr der Arzt verabreicht hat." Doch schon eine Stunde später wurde sie bei einem Berliner Edel-Italiener beim Studium der Speisekarte beobachtet. Später ließ die Pressestelle verlauten, daß sie dort anläßlich des Mittagessens mit einem Mitarbeiter wichtige Angelegenheiten besprochen habe. „Solche Rückenschmerzen hat sie ja schon lange", ist die dürre Presseerklärung. Jedenfalls war sie dann ab 2009 als Staatsministerin in **Guido Westerwelles** Außenministerium anzutreffen. Bei der Bundestagswahl 2013 scheiterte die FDP an der Fünf-Prozent-Hürde und damit endete hier auch die politische Karriere der Cornelia Pieper.

So-Ah Yim – „**Mutation 5**", Pigment, Acryl auf Holz, **1999**; zusammengeklappt: 60cm x 60cm x 25,5cm; ausgeklappt: 60cm x 96cm x 25,5cm; **Unikat**

91. Die Politikerinnen
i) Ursula von der Leyen

Ursula von der Leyen (Jahrgang 1958) und die Bedingungen, die ihre Karriere ermöglichten, sind ohne ihre Familie und auch ohne ihr Herkunftsland Niedersachsen nicht zu verstehen. Ihr Vater war der ehemalige Ministerpräsident von Niedersachsen **Ernst Albrecht** (1930-2014), wegen seines huldvoll-monarchischen Gehabes und bezogen auf seine vormalige Beschäftigung als Finanzdirektor bei der **Keksfabrik Bahlsen** in Hannover/Leine „Graf Keks von der Leine" genannt. Ihre Mutter, **Heidi Adele Albrecht, geborene Stromeyer** (1927-2002), war eine Bremer Kaufmannstochter, die mit einem Faible für Lyrik selbst Gedichte und Theaterstücke schrieb, die dann im Familienkreis durch ihre sieben Kinder, zwei Mädchen und fünf Buben, aufgeführt wurden. Eines Tages notiert die Mutter den Traum ihres Töchterchens Ursula: „Vater im Himmel, ich breche die Wolken! Und ich brach die Wolken! Und da sagte ich: Vater im Himmel, ich breche die Tür! Und ich brach die Tür! Und als die Tür gebrochen war, schwebte ich dem Himmel entgegen, und ich wurde ein Engel." Wie alt die kleine Ursula da war und ob es sich wirklich um die Wortwahl eines kleinen Mädchen handelte oder es nicht eher um den poetischen Erguß der mütterlichen Phantasie, wissen wir nicht. Sicher ist, daß die Familie Albrecht sich für herausgehoben und beispielhaft hält und dieses auch zelebriert. Ursula lebte mit ihrer Familie auf dem weitläufigen Anwesen „Tundrinsheide" mit Pferdekoppel, alten Eichen. Man gab Hausmusikabende, die Mutter nannte ihren Mann „Percy", rezitierte ihre Gedichte und überwachte die Kleiderordnung. Man betätigte sich, wie üblich, karitativ. Vom Ausritt zurück, grüßte Tochter Ursula vom Pferd herab die Dorfbewohner. „Die Albrechts haben das Familienleben von 1918 kultiviert", bemerkte man in der niedersächsischen CDU. Das stimmt tatsächlich. Es ist ein bewußtes Konzept, was bedeutet, daß jedes Familienmitglied auf allen Ebenen größer und erhabener zu sein hat als seine Mitmenschen. Wer so lebt, kultiviert um sich herum eine immerwährende Abstandszone. Deutlicher Beleg dafür ist Frau von der Leyens Korrekturversuch nach dem Tod ihres Vaters 2014, als sie im Bundesarchiv die ursprüngliche Traueranzeige ihrer 2002 verstorbenen Mutter plötzlich änderte. Aus „Heidi Adele Albrecht" wurde jetzt „Dr. Heidi Adele Albrecht" und weiter „Dr. phil. Landesmutter und Synodale". Frau Albrecht hatte aber, so weit bekannt, nie studiert oder promoviert. Auf der Plattform der „Kommission für die Geschichte des Parlamentarismus und der politischen Parteien e.V. (KGPart)" findet sich unter dem Namen der Verstorbenen zwar kein Doktortitel, jedoch der ominöse Zusatz „Germanistin und Kulturjournalistin (mindestens) 1953 Theaterkritikerin beim Bonner Generalanzeiger". Vielleicht hatte man hier Angst, etwas falsch zu machen?

Bekannt ist, daß von der Leyens Mutter Antiquitäten liebte und so trug es sich zu, daß **Schloß Nienover**, ein reizvolles Beispiel der Weserrenaissance und episodisch immer mal wieder im Besitz des Landes Niedersachsen und leider schwer verkäuflich, einer neuen Verwendung zugeführt werden sollte. Ein neuer Besitzer mußte her, der sich nach erheblichen Anstrengungen in dem Hannoverschen Ölkaufmann **Günther Beyer** fand. Er investierte zwei Millionen Mark in die Restaurierung des halbverfallenen Gemäuers. Trotzdem wollte er sich alsbald von dem kostspieligen Bauwerk wieder trennen, das pro Jahr 50.000 Liter Öl verbrauchte. So kam es, daß sich eines Tages Heidi-Adele Albrecht bei ihm zum Tee ansagte, um die erlesenen Schloß-Antiquitäten zu inspizieren. Sie war entzückt und von da an erschien sie regelmäßig und nahm dabei immer einige Möbel im Polizeihubschrauber mit. Dann erschien sie in Begleitung des niedersächsischen Landeskonservators und brachte Modelle der Büro- und Empfangsräume in der Staatskanzlei ihres Mannes im Maßstab 1:10 mit. Die dort vorgefundene Büroausstattung sei nämlich so veraltet, mokierte sich die Ministerpräsidentengattin. Der Noch-Hausherr im Schloß wunderte sich, daß über private, also seine, Möbel einfach so disponiert wurde. Schätzungen ergaben einen Wert von 205.600 Mark der abtransportierten Möbel. Diese Möbel-Geschichte blieb an dem Ehepaar Albrecht haften, weil sie im Zusammenhang mit einem Einbruch steht und den dabei merkwürdigen Verzweigungen, Ungereimtheiten und einer veritablen Räuberpistole stehen – der Landesvater ließ sich nächtens einen mehrfach vorbestraften Kriminellen von seinem Dienstwagen abholen, um mit diesem über die Affairen zu sprechen, sodaß am Ende ein Kriminalhauptkommissar Notizen darüber anfertigte, daß die Ehefrau des Ministerpräsidenten Teilstücke des Antiquitätenkonvoluts höchstwahrscheinlich in das Privathaus der Eheleute Albrecht überführt habe. Wer viele Jahre ganz in der Nähe gelebt hat, konnte solche und andere Geschichten brühwarm miterleben.

Von der Leyen studierte nacheinander und jeweils kurzzeitig Archäologie und dann Volkswirtschaft, bevor sie 1980 in Hannover ein Medizinstudium aufnahm, das sie 1987 mit ihrer Approbation als Ärztin abschloß. Ihre anschließende Ausbildung zum Facharzt brach sie ab. Schon damals gestaltete sie ihren Lebenslauf kreativ, indem sie ihr abgebrochenes Archäologiestudium unterschlug. Sie wurde 1990 Mitglied der CDU. 1996 bis 1997 Mitglied im Landesfachausschuß Soziales Niedersachsen. 2001 bis 2004 Mitglied im Rat der Stadt Sehnde. 2003 Direktmandat Landtag Wahlkreis Lehrte. 2003 Ministerin für Soziales, Frauen, Familie und Gesundheit. 2004 bis 2019 Präsidiumsmitglied der CDU Niedersachsen. 2005 Aufgabe ihres Landtagsmandats zugunsten der Bundespolitik. 2005 bis 2009 Eintritt ins Kabinett Merkel I als Bundesministerin für Familie, Senioren, Frauen und Jugend. 2009 bis 2013 als Bundesministerin im Kabinett Merkel II erneut Familie. 2010 bis 2018 stellvertretende Bundesvorsitzende CDU. 2013 bis 2019 Bundesministerin für Verteidigung Kabinett Merkel III, 2018 bis 2019 Bundesministerin für Verteidigung Kabinett Merkel IV. 2019 Parteiamt ruhend gestellt. 2019 bis 2024 EU-Kommissionspräsidentin. Ab 2024 erneut Kommissionspräsidentin.

In ihren Amtszeiten mußte sie sich Untersuchungsausschüssen stellen. Der erste Ausschuß befaßte sich mit der massenhaften Vergabe von Beraterverträgen durch das Bundesverteidigungsministerium. Auch hatte „ein Insider des Hauses" gegen von der Leyen Strafanzeige erstattet. Nach Presseberichten wurden durch von der Leyen beziehungsweise auf ihre Veranlassung relevante Handydaten gelöscht, Dateien vernichtet und Akten unzulässig geschwärzt. An beiden Handys im Gebrauch von der Leyens wurden Textnachrichten entfernt. Ein Sicherheitsberater des Ministeriums nahm eine „Sicherheitslöschung" an einem der Handys vor mit der Begründung, von der Leyens Handy hätte ein Datenleck. Wegen dieser Datenlöschung erstattete ein Abgeordneter

Strafanzeige, die die Staatsanwaltschaft jedoch sehr schnell einstellte. Der Untersuchungsausschuß verlangte die Sicherstellung sämtlicher beweiserheblicher Dokumente, wobei der Zeitraum der Untersuchung erst nach der Einsetzung des Untersuchungsausschusses beginnen sollte. Da aber war die Beweisvernichtung bereits komplett gelaufen! Das, was beispielsweise Minister in Ausübung ihres Berufes tun, in Bild und Ton, in Wort und Schrift, sind immer Dokumente des Regierungshandelns und dürfen nicht einfach mit nach Hause genommen und schon gar nicht vernichtet werden. Man muß auf sie jederzeit zurückgreifen können. Anlässe dazu können jederzeit gegeben und vielfältig ein. Der Untersuchungsausschuß wußte wohl, was er tat, als er auf diese Weise von der Leyen davonkommen ließ.

Und wieder geht es um die Rechtsgeschäfte der Frau von der Leyen, die diese nach wie vor über ihr Handy abwickelt. Inzwischen erschüttert auf EU-Ebene ein Rechtsstreit um Transparenz und Rechenschaftspflichten die EU-Kommission. Der Konflikt entbrannte um den Abschluß eines der größten Impfstoffgeschäfte in der Geschichte der Europäischen Union. Dabei ist die Frage, ob von der Leyen dabei auf offizielle Kanäle verzichtete und Verhandlungen über private SMS und Telefonate führte. Ein Anwalt der EU-Kommission bestätigte vor dem EuGH, daß Nachrichten ausgetauscht wurden, behauptete aber, diese seien nicht relevant gewesen für die Politik der Kommission und würden daher nicht als Dokumente gespeichert. Sollte das Gericht Handyaufzeichnungen, Telefonate u.a. unter Dokumentationspflicht stellen, wie von den Klägern wie der New York Times beantragt, könnte dies die Definition offizieller EU-Dokumente nachhaltig verändern und die Glaubwürdigkeit der EU-Präsidenten auf eine schwere Probe stellen.

Kurz nach dem schrecklichen Terroranschlag vom Dezember 2017 in Berlin, Breitscheidplatz ließ sie die Bundeswehrkasernen nach rechten Umtrieben durchforsten. Sie behauptete, die Bundeswehr habe „ein Haltungsproblem". Aus den Bundeswehrstuben und -büros verschwanden demzufolge auch die Portraits von **Helmut Schmidt** und **Kurt von Hammerstein-Equord,** der zum militärischen Widerstand gegen Hitler gehörte. Die Ungediente von der Leyen befand, daß die Fotos der Abgebildeten diese in Militäruniform zeigten – ja, was denn sonst? So gelang es ihr immer, ihre Arbeit auf der politischen Bühne durchweg mit dem geringsten intellektuellen Aufwand zu verrichten.

Dafür gelang auch ihr, Deutschland international lächerlich zu machen. Eine hochrangige EU-Delegation, angeführt von der Kommissionspräsidentin von der Leyen, besuchte im April 2021 die Türkei. Es standen Gespräche an über Fragen der wirtschaftlichen Zusammenarbeit und auch strittige Themen wie Menschenrechtsfragen an. Zu Beginn der Gespräche war ein Pressetermin anberaumt mit einem offiziellen Foto. Dazu hatte man zwei Sessel bereit gestellt: einen für den Gastgeber Präsident Erdogan und den zweiten für den EU-Ratspräsidenten Charles Michel. Für die EU-Kommissionspräsidentin war kein Sessel vorgesehen. So mußte sie seitlich auf einem großen Sofa Platz nehmen, ihr gegenüber auf einem gleichen Sofa saß dann der türkische Außenminister Mevlut Cavusoglu. Diese Foto-Regie empfand sie als großen Affront und beharrt bis heute auf der Deutung, daß ihr dies nur widerfahren sei, weil sie eine Frau und Europäerin sei. Die Türkei erklärte, die Sitzordnung entspräche der Tatsache, daß der Ratspräsident protokollarisch ranghöher sei als die Kommissionspräsidentin. Und von der Leyens Vorgänger im Amt, Jean Claude Juncker, erklärte, daß manchmal auch er selbst diese Sitzordnung erlebt, aber es einfach so hingenommen habe. Für von der Leyen hingegen ist dieses ein Politikum ersten Ranges, das im Gesetzgebungsweg geregelt werden muß: „Ich fühlte mich verletzt und alleingelassen. Ich kann in den Europäischen Verträgen keine Erklärung für meine Behandlung finden." Nach einem Gespräch mit Charles Michel, den sie wohl für den Anstifter des Polsterdramas hält, erklärte sie: daß sie eine solche Situation nicht noch einmal zulassen werde und erstellte eine Fünf-Punkte-Liste zur Verhinderung zukünftiger Pannen bei einer Sitzordnung. Der Europäische Rat hingegen ortete in diesem Papier eine Reihe von Bedingungen, deren Ziel die „Schwächung des europäischen Rats" sei. Dieses Theater erhielt das Suchwort „Sofagate" in Anlehnung an den Watergateskandal, wobei nicht einmal ansatzweise diese Petitesse mit dem damals durch US-Präsident Nixon ausgelösten demokratieerschütternden Abhörskandal vergleichbar ist. Auch der Abhörskandal in Kiel zwischen Barschel und Engholm betraf die Beeinflussung einer Landtagswahl („Waterkantgate"). Es ist wohl vielmehr so, daß auch hier Frau von der Leyen um die Politur ihrer Person beziehungsweise um die Einhaltung höfischer Etikette so besorgt ist. Deutschland wurde – wieder einmal – zur internationalen Lachnummer.

Von der Leyen ist als Kommissionspräsidentin allzuständig. So ist der von ihr inaugurierte „Green Deal" an jeder Stelle des menschlichen Lebens durchzusetzen, bei Zahnbüste, Heizkissen, Staubsauger u.v.m. Grenzwerte werden diktiert, die technisch nicht erreichbar sind, mit dem Ziel, daß dann diese Produkte eben verschwinden. Das Problem ist, daß Kommissare wie Parlamentarier, einmal in Brüssel angekommen, die Interessen ihrer eigenen Herkunftsländer mißachten, weil nur noch ihre Vorstellung von „Europa" zählt. So wurde auch der Wolf wieder angesiedelt, wo er in der Folgezeit die Herden der Weidetiere dezimierte und die Bauern die Schäden hinnehmen mußten. Anträge, wenigstens in Ausnahmefällen abschießen zu dürfen, wurden brüsk zurückgewiesen. Und dann kam Anfang September 2022 der Tag, an dem ein Wolf sich über das Lieblingspony „Dolly" der Kommissionspräsidentin hermachte, was Berichten zufolge ihr das Herz gebrochen haben soll. Dann ging alles unüblich schnell: Die Abschußgenehmigung galt von Oktober bis zunächst Januar 2023. Allein im Jahr 2023 kam es Deutschland zu über 4.000 Wolfsrissen. „Die Konzentration von Wolfsrudeln in einigen europäischen Regionen ist zu einer echten Gefahr für Nutztiere und potentiell auch für den Menschen geworden", sagte von der Leyen, die sich den Vorwurf gefallen lassen mußte, sie handele nur aus persönlicher Betroffenheit, was selbstverständlich zurückgewiesen wurde.

Nun ist Hannover ein besonderes Pflaster, weil der inner circle, auch „Maschsee-Connection" genannt, einen Kristallisationspunkt bildet in Gestalt des Rechtsanwalts und Notars **Götz von Fromberg**. Über Hannovers Grenzen hinaus bekannt wurde er, als er dem damaligen Bundeskanzler **Gerhard Schröder** kurzfristig Unterschlupf gewährte, nachdem dieser von seiner damaligen Ehefrau Hillu ausgesperrt wurde. Grund hierfür war seine offenbar gewordene eheliche Untreue mit der Journalistin **Doris Köpf**, seiner späteren Frau. In Frombergs Haus, genauer in seinem „Krökelkeller", einem Partykeller in drei Räumen mit Kicker und Tischfußball, Zapfanlage und kleiner Theke, bei Zwiebelmett, Holzfällersteak, Würstchen und Kartoffelsalat treffen sich alle, die irgendwie wichtig sind oder es nach zahlreichem Treffen hier werden: **Frank-Walter Steinmeier, Sigmar Gabriel, Philip Rösler, Ursula von der Leyen, Christian Wulff, Gerhard Glogowski, Carsten Maschmeyer, Wolfgang Clement, Bodo Hombach, Peter Veltins, Bert Rürup, Otto Rehagel, Stefan Aust, Vitali Klitschko, Klaus Meine** und weitere. Für seinen Mandanten **Frank Hanebuth** von den **Hells Angles** erledigte Fromberg noch sein letztes Mandat. Nach Frombergs Auskunft konnten Hanebuth und er die kriminelle Rockerszene soweit befrieden, daß Wohnen in der Innenstadt möglich blieb. Wer aus Hannover kommt oder hier irgendwie verwurzelt und in Politik, Wirtschaft, Gesellschaft oder Kultur exponiert ist, findet hier ein Netzwerk, in das er sich einhaken kann. Es versteht sich von selbst, daß Angriffe oder andere Mißlichkeiten durch das Netz abgewehrt oder neutralisiert werden können. Und so könnte man auch bei der Überprüfung einer Dissertation behilflich sein.

Heiko von der Leyen ist Herzspezialist und arbeitet an Gewebeersatz auf biologischer Basis beispielsweise für Herzklappen. Als er für vier Jahre nach Amerika ging, um als medizinischer Direktor in das biopharmazeutische Unternehmen „Orgenics" einzutreten, zog seine Familie mit, so wie das in Unternehmen eben üblich ist. Offenbar war aber für Frau von der Leyen die Aussicht, womöglich dort für eine Nur-Hausfrau gehalten zu werden, unerträglich. Also nahm sie Einfügungen an ihrem Lebenslauf vor. Auf der Homepage des Verteidigungsministeriums gab sie an, „Aufenthalt in Stanford, Kalifornien/USA" von 1992 bis 1996. Für 1993 fügte sie noch zusätzlich an „Auditing guest, Stanford University, Graduate School of Buisiness" und für 1995 „Marktanalyse, Stanford Health Services Hospital Administration" an. Von Stanford kam promt die Rüge, daß von der Leyen

Positionen in Stanford aufführe, obwohl sie in keinem offiziellen Programm eingeschrieben gewesen sei, das mit einem Schein oder irgend einem anderen akademischen Abschluß abgeschlossen werde und sprach von „Mißbrauch". Die belegten Aktivitäten seien nicht ausreichend. Erwartbar ließ von der Leyen das nicht unwidersprochen. Sie habe die Stationen in Stanford sehr wohl korrekt dargestellt und hätte sogar eine schriftliche Bestätigung über ihre Tätigkeit in der Krankenhausverwaltung, außerdem sei sie 1993 Gasthörerin gewesen. Im übrigen hätte sie stets betont, daß der Grund für ihren Aufenthalt in Stanford der Forschungsauftrag ihres Mannes gewesen sei. Möglicherweise war man sich in Stanford nicht bewußt, eine deutsche Bundesministerin vor sich zu haben und verkannte die Brisanz des Falles. Wahrscheinlich, um befürchteten diplomatischen Verwicklungen vorzubeugen, entschied man sich dort für die Formel „Mißverständnisse": Bei nochmaliger Betrachtung sei ihre Leistung als „ausreichend" zu bewerten, um im Lebenslauf erwähnt zu werden. Amerikanische Universitäten sind, anders als in Deutschland, eher wie große Unternehmen strukturiert. Sie werden von diesen unterhalten, sie folgen Vorgaben wie Effizienz, Verhaltenscodices usw. Deshalb sind sie sehr empfindlich, wenn ihre Regeln nicht eingehalten werden. Das hat die Fachfrau für Lebensläufe wohl nicht bedacht.

Von der Leyen gehörte auch zu den Politikern, deren Doktorarbeit mithilfe von Plagiaten zustande gekommen sein soll. Veröffentlicht wurden 27 Plagiatsfundstellen in einem Werklein von gerade einmal 62 Seiten. Das Thema ihrer Bemühungen „C-reaktives Protein als diagnostischer Parameter zur Erfassung eines Amnioninfektionssyndroms bei vorzeitigem Blasensprung und therapeutischen Entspannungsbad in der Geburtsvorbereitung". Das Thema ist so einfach, daß man sich fragt, wozu man da noch abschreiben muß. Erstens ist es eine Beobachtungsstudie und solche Studien sind verpönt beziehungsweise schon lange nicht mehr zugelassen. Das C-reaktive Protein (CRP) ist ein unspezifischer Entzündungsparameter, der bei vielen Gelegenheiten aufscheint wie Grippe, Rheuma, Bronchitis, postoperativ oder Lungenentzündung, Blasen- und Nierenentzündungen u.v.m. Das heißt, zu beobachtende Studienteilnehmer könnten bereits mit einem erhöhten CRP in die Klinik gekommen sein, wären aber in der Statistik zu einem Thema erfaßt worden, das sie gar nicht repräsentieren. Solche Konstellationen können eine Arbeit dann wertlos machen. In ihrer Arbeit sind mehrere Täuschungsmuster zu erkennen: Da ist einmal das normale Abschreiben, indem man einfach die Satzbestandteile umstellt. Oder man gibt in den Fußnoten eine Quelle an, die aber ein ganz anderes Thema hat, zudem bestehen Erkenntnisse ihrer Arbeit sowohl aus gewissermaßen zusammengebackenen und nicht gekennzeichneten Fragmenten anderer Autoren als auch eigenen Belegen. Da könnte man schon von wissenschaftlichem Fehlverhalten sprechen. Von der Leyen konnte daraufhin nicht anders, als ihre Dissertation prüfen zu lassen. „Unabhängig und neutral" sollte dies geschehen und deshalb reichte sie ihre an der MHH zu Hannover erarbeitete Dissertation bei deren Präsidenten, **Christopher Baum**, den sie aus privatem Zusammenhang gut kennt, zur Prüfung ein. Das voraussehbare Ergebnis: Sie darf ihren Doktortitel behalten. Zwar habe es hier Fehler gegeben, aber kein Fehlverhalten. Das sei ein entscheidender Unterschied. Die Begründung liest sich abenteuerlich: Zwar gebe es „klare Mängel", „konkret geht es um Fehler in der Form von Plagiaten, also Übernahme fremder Textpassagen, ohne die Originalautoren korrekt zu kennzeichnen", so die Prüfungskommission. Aber „es gibt keine Anhaltspunkte für eine bewußte Täuschung". Die von der Ministerin begangenen Fehler „stellten den wissenschaftlichen Wert der Arbeit nicht grundsätzlich infrage." Die Davongekommene daraufhin: „Ich bin froh, daß die Universität nach eingehender Prüfung zum Schluß gekommen ist, daß meine Experimente für die medizinische Forschung relevant waren..." Solches Vorgehen, hierzulande plagiierende Doktoranden regelwidrig mit äußerster Milde davonkommen zu lassen, führte dazu, daß im Ausland der deutsche Doktorgrad nicht mehr viel wert ist, der **Europäische Forschungsrat** erkennt den deutschen „Dr. med." nicht mehr als vollwertigen Doktortitel an.

Und auch sonst gelangte ihre Dissertation zu zweifelhaftem Ruhm: Die Münchner Medizinprofessorin **Ursula Gresser**, Sachverständige für die Begutachtung von Doktorarbeiten hinsichtlich der formalen Anforderungen an diese, nutzte von der Leyens Doktorarbeit als Negativbeispiel als Anschauung für die von ihr betreuten Doktoranden:

Die Gliederung wird immer wieder durchbrochen, die einzelnen Teile werden vermischt.

Die Einleitung enthält alles Mögliche. Sie sollte aber nur zum exakten Thema führen.

Es wurde wohl in weiten Passagen Inhalt aus Lehrbüchern übernommen – in Doktorarbeiten zieht man wissenschaftliche Originalliteratur als Quelle heran.

Es wurde übernommen, ohne als Zitat oder Entnahme zu kennzeichnen, z.B. auch bei zahlreichen Abbildungen.

Es ist nicht ersichtlich, was die Doktorandin selbst gemacht hat.

Der Studienplan ist kaum erkennbar. Es wird an verschiedenen Stellen angedeutet. Aber er müßte im Methodenteil glasklar beschrieben sein.

CRP ist ein Wert mit schnellen Änderungen und unzähligen Einflußfaktoren. Will man die Ergebnisse vergleichen, müßten die Werte bei allen Mitwirkenden zu exakt vergleichbaren Zeitpunkten gewonnen worden sein – und mit Vorwerten verglichen werden. Das ist beides meines Erachtens nicht der Fall.

Ebenfalls nicht erkennbar: war es eine prospektive oder eine retrospektive Studie?

Das Literaturverzeichnis wirkt aufgebläht, so, als ob es aus Review-Arbeiten oder anderen Publikationen zumindest teilweise übernommen. (So war es zum Beispiel im Fall Schavan).

Das alles gilt nicht nur für Doktorarbeiten sondern für alle wissenschaftliche Publikationen.

Von der Leyen sann schon lange nach mehr Macht. Sie ärgerte sich über Regierungschefs, die ihr nicht gehorchen wollen, weil sie an ihre eigene Bevölkerung denken. Deshalb paßte ihr die Form der EU-Verwaltung nicht mehr, wo die Regierungschefs der Länder Mitspracherechte haben. So heckte sie zusammen mit dem früheren EZB-Präsidenten, dem Italiener Mario Draghi einen Plan aus, wonach die 27 EU-Länder die aus bisher 530 Programmen erhaltenen

Fördergelder künftig aus 27 Programmen erhalten sollen, in denen dann die verschiedenen Förderthemen jeweils zusammengefaßt sind wie Landwirtschaft, Verkehr, Verteidigung usw. Aber anders als bisher sollen diese Gelder mit Auflagen verbunden werden. In der Landwirtschaft muß dann auf ökologischen Landbau umgestellt werden, Autoverkehr zurückgedrängt und die Wärmeversorgung durch Wärmepumpen bevorzugt werden. Dieses ist ihr Streich, nachdem sie zuvor für ihre Wiederwahl als Kommissionspräsidentin verbindlichere Töne angeschlagen hatte, um jetzt mit der Machtkeule zu operieren. Daß ein Gebilde wie die EU, die ja kein Staat ist, dringend der Reform bedarf, ist verständlich. Daß, was jetzt ins Werk gesetzt werden soll, hat mit dem Willen nach gedeihlichem Zusammenleben nichts mehr zu tun! Die Väter der EU, Adenauer und de Gaulle – letzterer sprach vom „Europa der Vaterländer" – wollten die Eigenheiten jedes EU-Landes erhalten wissen und lehnten beispielsweise eine Gemeinschaftshaftung ab („Chacun pour soi et Dieu pour nous tous") und würden heute, könnten sie es, energisch gegen den Einheitswahn aus Brüssel protestieren.

91. Die Politikerinnen
j) Anne Spiegel

2022 erlebte Deutschland mit der Ahrflut die schlimmste Flutkatastrophe seit hier Dämme, Schleusen, Polder und Rückhaltebecken gebaut wurden. 134 Menschen fanden den Tod. Weil bekannt war, daß bereits vor 100 Jahren solche Flutmassen über die Ahr hereingebrochen waren, konnte man annehmen, daß entsprechende Vorsorge und Schutzmaßnahmen längst getroffen wurden. Dem Einstellungsbeschluß zur Beendigung mehrerer Ermittlungsverfahren der zuständigen Oberstaatsanwaltschaft Koblenz durch den Leitenden Oberstaatsanwalt **Mario Mannweiler** ist aber zu entnehmen, daß vor 100 Jahren die Geologie und die Topographie, die Bebauung und Nutzung von Grundstücken anders gewesen sei und deshalb nicht vergleichbar. Der eigentlich naheliegende Gedanke, daß immer mal mit Wassermassen dieses Ausmaßes zu rechnen war und man sich – gleichgültig, welche Landschaftsveränderungen inzwischen stattgefunden haben – darauf einzustellen habe, ist für diese Justizbehörde offensichtlich abwegig. Auch die Begründung für die Nutzlosigkeit früher Warnungen liest sich so: „Nach dem Ergebnis der Ermittlungen ist jedoch nicht sicher festzustellen, ob durch weitergehende und frühere Räumungsaufforderungen Personenschäden mit an Sicherheit grenzender Wahrscheinlichkeit vermieden worden wären". Diese Logik ist schwer zu ertragen! Es hätte nichts geändert, weil man gar nicht gewußt habe, ob die so Gewarnten sich dann auch in Sicherheit gebracht hätten, denn man hätte sie ja nicht zwingen können. Diesem Oberstaatsanwalt Mannweiler ist ins Stammbuch zu schreiben: Wer gewarnt wird, kann dann selbst entscheiden, ob er der

Warnung Folge leistet. Wenn aber nicht gewarnt wird, zu sagen, man hätte nicht wissen können, ob die Gewarnten dem auch gefolgt wären, ist an Zynismus nicht zu überbieten. Man könnte auch fragen, ob solche Äußerungen und Handlungen beziehungsweise Unterlassungen eine deliktische Dimension haben. Das bedeutet, an einem brennenden Haus zu evakuieren und zu löschen ist angeblich nutzlos, weil man nicht weiß, ob die darin befindlichen Menschen auch in Sicherheit gebracht werden wollen! Wie immer, gibt es auf keiner politischen oder Verwaltungsebene Verantwortliche, obwohl jeder lesen und hören kann, daß es sie dennoch gibt: Da ist erstens die Ministerpräsidentin von Rheinland-Pfalz, Dreyer (SPD), die um 22 Uhr zu Bett gegangen sein will und sich bis zum Ende ihrer Regierung beharrlich weigerte, sich auch nur zu entschuldigen (weil sie verhindern wollte, damit einen Haftungsfall auszulösen? Ihr Nachfolger im Amt tut es ihr gleich). Sie hätte sich als Letztverantwortliche laufend informieren müssen, um Anweisungen geben zu können. Anders ihr Parteigenosse und seinerzeitige Innensenator in Hamburg, Helmut Schmitt, der in einer furchtbaren Flutnacht kurzerhand (übrigens verbotswidrig im Innern!) die Bundeswehr eingesetzt hatte, um die auf den vielen Dächern in Dunkelheit und Sturm Ausharrenden zu retten. Er wäre übrigens auch nicht ins Bett gegangen!

Was heißt in der Politik eigentlich Handeln? Was heißt Führung? Was heißt Verantwortung? Das Umweltministerium und damit direkt verantwortlich war **Anne Spiegel** (45,

Grüne). Ein Faktum, das sie bis heute nicht so recht einsieht. Der dritte Verantwortliche ist der zuständige **Landrat Pföhler** (CDU). Letzterer konnte sich aus zunächst Krankheits-, dann Altersgründen in den Ruhestand verabschieden, nachdem es ihm in der Flutnacht als einzige Rettungsmaßnahme noch gelang, seinen roten Porsche aus einer Tiefgarage herauszuholen. Frau Spiegel war in dieser Flutnacht ein Totalausfall. Ihr Haus meldete um 17 Uhr, daß man die Lage ernst nehme, aber kein Extremhochwasser zu erwarten sei, trotzdem sollte man vorsichtig sein, besonders die Campingplatzbetreiber. Diese Meldung wurde von ihr vor der Freigabe noch redigiert. Beispiel: Das Wort „Campingplatzbetreiber". „Bitte noch gendern, ansonsten Freigabe". In der höchsten Not hat die politische Korrektheit oberste Priorität! Die ihr nachgeordnete Landesumweltbehörde wußte zu diesem Zeitpunkt aber schon, daß katastrophale Pegelstände weit über das bisherige Maß hinaus zu erwarten waren, das heißt mit Jahrhunderthochwasser sei zu rechnen. Im späteren Untersuchungsausschuß erklärte Spiegel, sie habe sich mit solchen, laufend eintrudelnden Meldungen nur oberflächlich befaßt. Sie habe noch ein „dienstliches Gespräch" gehabt, welches sich als Abendessen mit ihrem intimsten Berater. dem Fraktionschef der Grünen, **Bernhard Braun**, herausstellte, einem Mann, der den Vortrag eines Abgeordnetenkollegen, der nicht zu seiner ausgeprägt linken Gesinnung paßte, als „braune Sauce" bezeichnete. Während dieses Essens, um 18.44 Uhr, lief eine Mail aus dem Landesamt für Umwelt ein mit der Meldung, daß sich eine Katastrophe anbahne. Keine Reaktion. Der Staatssekretär notierte um 22.24 Uhr: „Versuche Telefonat". Nach diesem „dienstlichen Gespräch" ab 22 Uhr war Spiegel dann für niemanden mehr zu erreichen. Auch um 8 Uhr am nächsten Morgen ging der Anruf ins Leere.

Zwischenzeitlich – 16.30 bis 7.30 – waren zahlreiche Mails, SMSen aufgelaufen, aber sie reagierte nicht.

Erst am Morgen dämmerte es ihr, daß es eine Katastrophe gegeben hat, die jetzt aber nicht zu ihrer persönlichen werden sollte. Presseberichten zufolge behauptete sie wahrheitswidrig, daß sie in der Flutnacht „bis zwei Uhr nachts" telefoniert habe. Sie trommelte ihre Presseleute zusammen mit dem Auftrag: „Wir brauchen ein Wording, daß wir rechtzeitig gewarnt haben, wir alle Daten immer transparent gemacht haben, ich im Kabinett gewarnt habe." Und: Sie hatte sich um ein „Blame Game" durch ihren Kollegen vom Innenressort, Roger Lewenz gesorgt, weil sie befürchtete, man könne ihr die Schuld für verschleppte Warnungen zuschieben. Die einzigen Worte, die sich Spiegel noch abringen konnte, in Gedanken bei den Menschen im Ahrtal zu sein. Ihr Pressestab arbeitete weiter: „Anne brauchte heute (und morgen) Außen-Termine. Wir brauchen ein Factsheet, was wir bereits im Starkregenmanagement und im Hochwasserschutz etc. getan haben (um in alle Richtungen sprechfähig zu sein). Und wir müssen nach vorne schauen." Im Untersuchungsausschuß lehnt sie einen Rücktritt kategorisch ab. Sie freue sich jetzt auf die vor ihr liegenden Aufgaben. Jetzt müsse sie die Unterstützung für ukrainische Waisenkinder koordinieren. Vor dem Untersuchungsausschuß am 22. März 2022 erklärte sie ihren vierwöchigen Südfrankreich-Urlaub 10 Tage nach der Ahrtalkatastrophe für notwendig, ihre Familie hätte ihn nötig gehabt. Gleichzeitig mußte sie einräumen, daß sie während ihres Urlaubs nicht an den Kabinettssitzungen per Video-Zuschaltung, wie zuvor von ihr behauptet, teilgenommen hat. Das Bündel an Falschaussagen, Unerreichbarkeiten, Trotz, Lügen und Verantwortungslosigkeit führte am 4. April 2022 dann doch bei der Uneinsichtigen zum Rücktritt. Anläßlich ihres Pressestatements fragte sie zum Schluß noch jemanden, nicht im Bild Sichtbaren: „Muß ich noch irgendwas...?" Nach kleiner Pause: „Jetzt muß ich's abbinden..." Auch hier sieht man, daß es nur um sie geht, um die Darstellung ihrer Person (früher: „Verkaufe"). Spätestens im Dezember 2024 endet für die Ex-Ministerin der Bezug von Übergangsgeld. Wohl deshalb wurde sie neuerdings bei Grünen-Terminen gesichtet. Angeblich strebte sie wieder eine Position in der ersten Reihe an und soll massiv dafür geworben haben. Die Grünen erklärten dazu öffentlich, daß es keine diesbezüglichen Pläne gebe. Möglicherweise könnte sich eine erneute Legislaturperiode mit der Frontfrau Anne Spiegel negativ auf die Partei auswirken. Dann fand sich für sie eine Verwendung bei „Krisenchat", einer 2020 gegründeten gemeinnützigen GmbH aus Berlin, die Kindern und Jugendlichen in Not über Netz-Kanäle psychosoziale Hilfe anbietet. Sie trat ihre Stelle als Chief Operating Officer/COO der Geschäftsleitung am 1. November 2024 an. Das Unternehmen finanziert sich aus staatlicher Förderung und Spenden. Im Oktober 2024 beschloß der Haushaltsausschuß des Deutschen Bundestages die Förderung von „Krisenchat" mit zwei Millionen Euro aus dem Etat des Bundesfamilienministeriums (derzeit geführt von ihrer Amtsnachfolgerin, der Grünen Lisa Paus). Für das Jahr 2024 wurden für die Teile des genehmigungsfähigen Förderantrags 863.253 Euro bewilligt. Für das Jahr 2025 erhält die Firma wiederum 2 Millionen Euro Fördermittel.

Legendär ist ihr Umgang mit dem Präsidenten des Oberverwaltungsgerichts Koblenz und gleichzeitigem Präsidenten des Verfassungsgerichtshofs Rheinland-Pfalz, **Lars Brocker**. Dieser hatte es gewagt, ihre Migrationspolitik zu kritisieren, für die sie als auch Integrationsministerin zuständig war. Sie hatte sich nämlich gegen ein Urteil des OVG Koblenz gewandt, das die Rückführung einer Armenierin als rechtmäßig entschieden hatte, wie zuvor im Eifelkreis Bitburg-Prüm, wo das Integrationsministerium die Ausländerbehörde angewiesen hatte, die Abschiebung einer siebenköpfigen libanesischen Familie zu stoppen, die das Trierer Verwaltungsgericht als rechtmäßig angesehen hatte. Spiegel interpretiert die Gesetze nämlich eigenwillig und regelte per Anweisung, daß beispielsweise auch aus „Kirchenasyl", für das es keine gesetzliche Grundlage gibt, niemals abgeschoben werden darf. Brocker kritisierte nun die Integrationsministerin, sich mit ihren Weisungen nicht an Gerichtsentscheidungen zu halten. Im TV sagte er: „Es geht mir darum, nicht nur zu sagen, daß man die Entscheidungen des Gerichts respektiert, sondern danach auch zu handeln." Er habe die Ministerin bereits „in großer Runde" gebeten, „die Justiz nicht zu beschädigen". Spiegel fand das wohl ungeheuerlich und in völliger Unkenntnis (oder Mißachtung?) der Hierarchieebenen und unter Verstoß gegen das Gebot der Gewaltenteilung bestellte sie den höchsten Richter des Landes an einem Montag früh, gewissermaßen „zum Rapport". Dieser ließ ausrichten: „Wenn ich als Präsident des Oberverwaltungsgerichts Gesprächsbedarf mit der Landesregierung habe, ist mein Ansprechpartner der Justizminister". Mit diesem gebe es „in dieser Sache aber keinen Gesprächsbedarf".

91. Die Politikerinnen

k) Marie-Luise Dreyer

Wie ihr Vorgänger im Amt des rheinland-pfälzischen Ministerpräsidenten, **Kurt Beck** (SPD), so ist auch seine Nachfolgerin, **Marie-Luise Dreyer**, genannt „Malu" (gewissermaßen eine Positionsbestimmung aus der 68er-WG), mitten in
der Legislaturperiode zurückgetreten. Beck gab damals im
Fernsehen als Grund „Probleme mit meiner Bauchspeichel-
drüse" an, was diejenigen Kollegen verwunderte, die häufig
Pankreas-Patienten sehen und versorgen und sich da auskennen. Wahrer Grund dürfte wohl die Nürburgring-Affaire
gewesen sein, die sich seine Regierung im Bemühen um Finanzierung der Rennstrecke leistete. Ausnahmslos halbsei-
dene Glücksritter zockten den Steuerzahler ab, ein falscher
US-Millionär, ein windiger Vermittler aus der Schweiz, un-
gedeckte Schecks, Geldüberweisungen als Voraussetzung
für Finanzhilfen von Gönnern und mittendrin sein Finanzminister **Deubel**, der solche Konstruktionen ausheckte und
deshalb – so geht die Sage – von den Kämmereikollegen anderer Bundesländer sogar noch für „genial" gehalten wird.
Irgendwann ermittelte die Staatsanwaltschaft und in einem
Prozeß wurde der bis zuletzt uneinsichtige Ex-Finanzmi-
nister zu einer Haftstrafe verurteilt. Da Beck an seinem Fi-
nanzchef bis zuletzt eisern festgehalten hatte, sah er nun
die Einschläge näher kommen und eine größer werdende
Gefahr für seine Person. Der Rücktritt 2013 war somit für
ihn Notbremse und Rettungsanker zugleich.

Dreyer (SPD), Jahrgang 1961, war von 2013 bis 2024 Ministerpräsidentin von Rheinland-Pfalz. Zuvor war sie im Kabinett Beck von 2002 bis 2014 Ministerin für Arbeit, Soziales,

Gesundheit und Demographie und hatte, genau genommen, die Nürburgring-Affaire mit zu verantworten. In ihre Zeit fiel die sogenannte „Rodalbenaffaire". Rodalben ist ein kleiner Ort in der Südwestpfalz, ca. 7 Kilometer von der nächsten Stadt entfernt. Dort befindet sich ein Heim für Jugendliche nach dem Programm „Heimunterbringung statt Untersuchungshaft". Dieses war eines von Dreyers Herzensprojekten, weil sie Jugendlichen Hafterfahrungen ersparen wollte. Dort wurde 2003 eine 21jährige, als Erzieherin Berufsanfängerin, auf ihrer ersten Arbeitsstelle und während sie allein Nachtdienst hatte, von zwei 16jährigen und einem 17jährigen männlichen Jugendlichen erstochen. Den Tätern war es möglich gewesen, Eßbesteck einzubehalten und dieses als Tatwerkzeug zu benutzen. Die Tat löste heftige Reaktionen in der Bevölkerung aus. Verantwortlich war hier Frau Dreyer als Dezernentin, der man schwere Versäumnisse bei der Planung und Umsetzung des Projekts vorwarf. Berufsanfänger, vorzugsweise weiblich, sollten grundsätzlich nicht in solchen oder ähnlichen Einrichtungen eingesetzt werden, schon gar nicht alleine Nachtdienst verrichten. Rücktrittsforderungen überhörte Dreyer und äußerte sich auch sonst nicht. Sie verhält sich grundsätzlich so, als hätte sie mit Fehlern und Schäden aus Regierungshandeln nichts zu tun.

Zur Kommunalwahl 2014 ließ sie Wahlscheine drucken mit dem Satz „Männer und Frauen sind gleichberechtigt". Daneben sollten die Anteile der Geschlechter im jeweiligen Gemeinde- oder Stadtrat und der Geschlechteranteil der

Kandidatenlisten angegeben werden. In Rheinland-Pfalz sind gegenwärtig nur 16,8% weiblich. Die Regierung erhoffte sich dadurch, deren Anteil zu erhöhen. Sie hätte aber als Volljuristin mit angeblichem Prädikatsexamen wissen können – und wenn sie darüber hinaus die Verfassung ernst nimmt –, daß ihr Plan nicht durchgeht. Drei Einzelkläger hatten beim Landesverfassungsgericht Klage erhoben. Das Gericht befand, daß bei der Wahl die Willensbildung sich vom Volk zu den Staatsorganen vollziehen soll und nicht umgekehrt. Die Regierung habe mit ihrem Vorhaben den „Grundsatz der Freiheit der Wahl" verletzt. Das Grundgesetz verleihe dem Wähler das Recht, „in der Wahlkabine in Ruhe gelassen zu werden", heißt es in der Mitteilung des Gerichts. Es ist immer wieder bedrückend, dabei zusehen zu müssen, wenn ein Regierungschef ein gestörtes Verhältnis zur Verfassung hat.

Ein weiterer verfassungsrelevanter Fall betrifft ihren Aufruf über das Portal der Staatskanzlei zu einer Demonstration unter dem Motto „Zeichen gegen rechts – kein Platz für Nazis", den sie noch als Ministerpräsidentin im Januar 2024 erlassen hatte. Solche Aufrufe stehen ihr aber nicht zu, da sie gegen das Neutralitätsgebot verstoßen, den politischen Wettbewerb behindern und den Bürger in seiner Wahlfreiheit gegenüber den Parteien beschränken. Einzelne Bürger sowie die AfD haben deshalb Klage gegen sie beziehungsweise die Staatskanzlei beim Verfassungsgerichtshof (VGH) Rheinland-Pfalz eingereicht.

Wenn sie unterwegs ist in der Menge, dann gibt sie das Bild einer Person, die nichts anficht, die täglich aus vollem Hals lacht. Breit geöffneter Mund, zurückgeworfener Nacken verdecken in Wirklichkeit ihre Teilnahmslosigkeit, ihre

Sturheit und Kälte. Die Ahrflut 2021 mit 134 vermeidbaren Toten hat ihr nicht den Schlaf geraubt: Sie ging um 22 Uhr zu Bett. Als Flutmanagerin bestellte sie – ohne Ausschreibung – eine Kneipenbesitzerin, halber Schädel kahlrasiert, übrige Haare grünlich-lila, reich tätowiert. Aussehen wie aus einer Unterschichtensoap von RTL2. „Missy Motown" hieß sie, ohne jede Erfahrung, selbst nicht betroffen, weil ihre Kneipe oberhalb der Flutzone liegt. Ihre Bonität wurde „im Internet" überprüft, wie Dreyers Finanzminister Ebling versicherte, so, als ließen sich Abschlüsse und Bilanzen dort finden! (Ebling verfügt auch sonst über eigenartige Ansichten wie die, bei der Grundsteuer liege alles im Rahmen, man sei noch nicht an der „Erdrosselungsgrenze"!) **Landrat Horst Gies** versteht bis heute nicht, „was diese Frau für diese Aufgabe qualifiziert hat". Dreyer ließ ihre oberste Verwaltungsbehörde ADD anweisen, daß Bürger aus dem betroffenen Gebiet selbst keine ehrenamtliche Hilfe leisten dürfen, selbst Fachleute aus dem Bauwesen oder anderen technischen Berufen unter ihnen nicht, im Klartext: Selbsthilfe war untersagt. Denn Missy Motown erhielt für sich und ihren Beraterstab gut drei Millionen Euro, um sogenannte „Info-Points und später für „mobile Beraterteams" zu installieren. Dann heuerte sie mit Roswitha K. eine vorbestrafte Betrügerin und selbsternannte „Politikberaterin" aus Bayern an, die die ehrenamtlichen Fluthelfer mit Verleumdungen, Cybermobbing und Schlachtrufen aus dem Katastrophengebiet drängte. Es dauerte nicht lange, bis sich unter den Geschädigten große Lager bildeten, initiiert durch diese ominöse Fluthelferin. Es wurde gemobbt, es gab Handgreiflichkeiten, Frieden gibt es bis heute nicht. Abrechnungen soll diese Person bis heute nicht geliefert haben. Faßt man alle Geschehnisse, Rechnungen und sonstige Tatbestände zusammen, so kann man getrost die Überlegung anstrengen, daß die Bewältigung dieser Katastrophe möglicherweise stümperhaft bis kriminell vonstatten gegangen sein könnte. Ihren nunmehrigen Rücktritt begründet Dreyer – nach dem Muster Kurt Beck – mit ihrer MS-Erkrankung, die sie allerdings zuvor nicht daran hinderte zu verkünden: „Ich habe noch viel vor!"

Während der Corona-Zeit leistete sie sich allerhand Merkwürdigkeiten, die man unter der damaligen Gesetzeslage ohne weiteres als strafbar klassifizieren kann. Wie erinnerlich begann die allgemeine Impfkampagne mit der Erstellung einer sogenannten Prioritätenliste, das heißt, es wurden Personengruppen definiert, die zuerst geimpft werden sollten wie alte Menschen und Kranke, Kranken- und Altenpflegepersonal. Personen, die nicht durch diese Liste erfaßt wurden, mußten mit der Impfung warten, bis sie an der Reihe waren. Es dauerte nicht lange, bis Zeitungen über sogenannte „Impfdrängler" berichteten, die sich oft mit halsbrecherischen Mitteln eine Impfung erschlichen hatten wie gefälschter Impfausweis, Täuschung über Zugehörigkeit zu einer Patienten- oder Berufsgruppe u.v.m. An vielen Orten in Deutschland flogen solche Impfdrängler – oft aus Leitungspositionen – auf und wurden sofort entlassen. Im Januar 2021 wurden die Leser mit einem großformatigen Foto überrascht, das die eigens nach Kaiserslautern angereiste Ministerpräsidentin von Rheinland-Pfalz, Dreyer, mit ihrer Gesundheitsministerin **Sabine Bätzing-Lichtenthäler** zeigt, um dem Impfakt an **Peter Förster**, dem Geschäftsführer des dortigen Westpfalz-Klinikums beizuwohnen. Wohl wissend, daß diese Impfaktion gesetzeswidrig war, weil der Impfling (Jahrgang 1957) erst zur dritten Gruppe auf der Prioritätenliste gehörte, wurde die Pressemitteilung im voraus mit der Erklärung versehen, daß der Geschäftsführer hier ein Vorbild für seine Mitarbeiter abgeben wolle. Das Pressefoto zeigte die beiden Frauen, wie sie dem Geschäftsführer, einem feierlichen Akt gleich, über die Schulter schauen. Diese Aktion blieb bei den Bürgern nicht unwidersprochen. „Bleiben Sie gesund – und schämen Sie sich!" rief man ihm in den Leserbriefen hinterher. In einem Interview (**Tagesspiegel-online** vom 27.02.2021) auf die Frage: „Es gibt auf der anderen Seite ja auch schon Politiker, die die Chance nutzen, sich beim Impfen vorzudrängeln, braucht es härtere Strafen?" gibt Dreyer zur Antwort „Wenn sich Leute wirklich vordrängeln, finde ich das wirklich rücksichtslos, den Gruppen gegenüber, die ein sehr hohes Risiko haben, sehr schwer zu erkranken, wenn sie nicht geimpft werden. Wir haben leider noch Menschen aus der Priorität eins, welche überhaupt noch nicht geimpft sind. Ich finde den Vorschlag für ein Bußgeld für Impfdrängler angemessen. Das wäre ein starkes Signal." Auch dieser Vorgang zeigt, daß die Ministerpräsidentin jede Kritik an sich und ihr Regierungshandeln verdreht, abweist und leugnet, weil sie sie als Majestätsbeleidigung auffaßt.

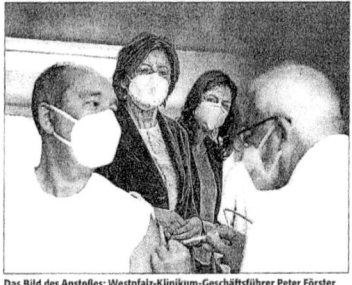

Ausriß: „Rheinpfalz" Nr.5 vom 17.01.2021: Der Klinikchef Peter Förster erhält im Beisein der beiden Damen Dreyer und Bätzing-Lichtenthäler – einem Hochamt gleichend – eine für ihn nicht erlaubte Corona-Impfung.

91. Die Politikerinnen
l) Manuela Schwesig

Die 13 Jahre jüngere **Manuela Schwesig**, genannt „Manu" erlebte die Wende als 16jährige. Nach dem Abitur trat sie in den gehobenen Dienst in der Steuerverwaltung des Landes Brandenburg ein und schloß ihre Ausbildung mit der Prüfung zur Finanzwirtin an der „Fachhochschule für Finanzen des Landes Brandenburg" ab. Im Jahr 2000 wechselte sie an das Finanzamt Schwerin, für das sie als Steuerfahndungsprüferin arbeitete. Danach arbeitete sie als Steueramtsrätin im Finanzministerium Mecklenburg-Vorpommern. In dieser Zeit, 2003, trat sie der SPD bei. Ab 2008 ist die Beamtin Schwesig beurlaubt. Ihre Parteikarriere verlief bruchlos über Stadtratsmandat Schwerin (2004-2006), Landesministerin (2008-2013) für Arbeit, Gleichstellung und Soziales im Kabinett Sellering ll, Bundesministerin (2013-2017) für Familie, Senioren, Frauen und Jugend, Ministerpräsidentin von Mecklenburg-Vorpommern (seit 2017). Als Bundesministerin blieb sie vor allem mit der Forderung in Erinnerung, Elternpaaren eine um 20% reduzierte Arbeitszeit mit Rückkehrrecht auf eine Vollzeitstelle zu gewähren. Die Kosten dieser 20% sollten die Steuerzahler tragen. In der Migrationspolitik forderte sie einen bedingungslosen Familiennachzug, was die Integration erleichtere. Diese Position wird von der gegenwärtig zahlreichen Fachliteratur zu diesem Thema mehrheitlich nicht gestützt. Sie forderte die Wiedereinführung der Vorratsdatenspeicherung im Hinblick auf Kinderpornographie. Unglücklicherweise argumentierte sie mit einer falschen Statistik. Dann stellte sie ihr Programm „Demokratie leben! Aktiv gegen Rechtsextremismus, Gewalt und Menschenfeindlichkeit" vor. Dabei wurde das Programm gegen Linksextremismus ihrer Vorgängerin im Amt, **Kristina Schröder**, ersatzlos gestrichen. Deren Programm habe Linksextremismus als Problem „aufgebauscht", die „Gräben vertieft" und die Arbeit vor Ort behindert. Offensichtlich hat ihr Programm einige Gräben übersehen: Im sommerlichen Grevesmühlen soll sich Unerhörtes zugetragen haben. Ein 11jähriger Junge soll einem 8jährigen Mädchen aus Ghana mit seinem Fuß den Weg versperrt haben. Diese Banalität zwischen Kindern, wie sie immer und überall vorkommt, wurde von linken und grünen Politikern und Medien als rassistische Gräueltat hingestellt, was Frau Schwesig als Ministerpräsidentin veranlaßte, sich an die Spitze der Ankläger zu stellen. Die Polizei stellte später klar, es habe lediglich eine Berührung der Füße der beiden Kinder gegeben, ohne Rangelei oder Angriff. Da Schwesig trotzdem bei ihrer Lesart blieb, kann man nur sagen, sie mißbrauchte ihr Amt, um politische Gegner zu diffamieren und ihre eigene Agenda durchzusetzen.

Als die seinerzeit von Kanzler Schröder gemeinsam mit dem damals noch wohlgelittenen Präsidenten Russlands, **Wladimir Putin**, die Gasröhre Nordstream ll ins Werk gesetzt wurde, konnte sich niemand Putins Kehrtwende vorstellen, als er die Ukraine überfiel. Deutschland und andere westliche Länder schnürten Sanktionspakete. Zu diesen gehörte der weitere Verzicht auf Gaslieferungen aus Russland. Die **USA** boten stattdessen ihr Flüssiggas an, was sie schon zuvor gerne an Deutschland verkauft hätten, das Russengas jedoch billiger war. Inzwischen hatte Russland die Fertigstellung der Röhre bis auf buchstäblich 100 Meter vor der Küste Mecklenburg-Vorpommerns geschafft, als die Bundesregierung unter Merkel den Abbruch der Bauarbeiten befahl. Frau Schwesig sann auf Möglichkeiten, das Bauwerk doch noch zu retten und wirtschaftlich zu nutzen. So tüftelte sie 2021 mit dem Eigner der Röhre, der russischen Gazprom AG, mithilfe der Gründung einer „Stiftung Klima- und Umweltschutz MV" die Sanktionsauflagen zu umgehen und weiter Maschinen und Baumaterialien zu liefern. Nach dem Verbot des Weiterbaus entfiel der Stiftungszweck, die Stiftungsgelder wurden für gemeinnützige Zwecke verwandt. Bei der finanztechnischen Abwicklung des Nordstream-II-Komplexes kam heraus, daß eine Finanzbeamtin insgesamt drei Steuererklärungen über eine Schenkung von Gazprom über 20 Millionen Euro, die zuvor als verschollen galten, verbrannt hatte. Und Finanzvorsteher **Olschewski** mußte nicht nur die drei verbrannten Steuererklärungen gestehen, sondern den Verlust von gleich einem ganzen Stapel Unterlagen, von dem niemand weiß, aus welchen Dokumenten er bestand. Auch hier: Schwesig konnte davon nichts wissen. Kritik an ihr ist deshalb ungehörig, wenn nicht eine Majetätsbeleidigung.

Für den Fall, meine Leser tragen sich mit dem Gedanken, eine Politikerlaufbahn einzuschlagen, hier ein kurzer Auszug aus „Verlieren ohne zu scheitern" (Ein Kurs für strauchelnde Politiker mit Malu und Manu - Von **Susanne Gaschke** und **Alexander Kissler**, Berlin 10.04.2023): „Kritik an Ihnen ist Kritik an den Menschen! Die Ministerpräsidentin ist die Landesmutter. Sie sind nicht nur die erste Bürgerin Ihres Landes, Sie sind das Land selbst. Wer Ihnen Untätigkeit vorwirft, der verhält sich ungerecht gegenüber den vielen Menschen, die wirklich alles gegeben haben". „Wer Ihnen falsche Entscheidungen ankreidet, der redet das Land schlecht. Sobald es Ihnen gelingt, als Personifikation der Unbescholtenen zu erscheinen, sind Sie unantastbar."

Peter Sebastian – „Queen of Hearts", Zyklus
„Höhlenmalerei", Acryl auf Leinwand, 1978,
160cm x 119,5cm, Unikat

91. Die Politikerinnen
m) Annalena Baerbock

Wäre sie nicht zufällig Außenministerin geworden, gäbe es über **Annalena Baerbock** (Jahrgang 1980) nicht viel zu berichten. Vorausgesetzt, ihre Angaben zur schulischen Ausbildung sind nach mehreren Korrekturen jetzt zutreffend, verbrachte sie 1996 ein Austauschjahr an der Lake Highland Preparatory School in Orlando/Florida, einer privaten koedukativen Schule, die 1970 nur für weiße Schüler gegründet wurde. Ihr Abitur machte sie an der Humboldtschule Hannover, die Partnerschule des Sportinternats Hannover ist und deshalb den Zusatz „Eliteschule des Sports" trägt. Zur Schulzeit vor 1996 fehlen Angaben. Von Kindsbeinen an betreibt sie Trampolinspringen bis zur Meisterschaft. Das Institut für Sportwissenschaft in Bonn befaßte sich am 12. Oktober 2016 anläßlich seiner Tagung „Schädel-Hirn-Verletzungen im deutschen Spitzensport" mit dem Thema „Concussion" beziehungsweise dessen Risiko, gestaffelt nach Sportarten. „Concussion" ist eine Gehirnerschütterung oder auch eine leichte Form des traumatischen Hirntraumas, hervorgerufen unter anderem durch Stöße oder ruckartiges Schleudern des Gehirns gegen die knöcherne Hirnkapsel (Kalotte). Diese ist ihrerseits gefüllt mit Hirnwasser, sodaß die Wucht der Stöße etwas gedämpft werden kann. Problematisch sind Concussionen, deren Symptome wie Kopfschmerzen oder auch nachlassende geistig-intellektuelle Fähigkeiten, die oftmals nicht bemerkt werden, immer dann, wenn sich traumaauslösende Ereignisse wie beispielsweise im Berufsboxen oder Fußball (Kopfball) über lange Zeit immer wiederholen. Unter diesem Gesichtspunkt wurde von den Tagungsteilnehmern das Concussionsrisiko auch bei der Sportart Trampolin als hoch bewertet. Im Juli 2024 gab Baerbock eine Trampolin-Vorführung im Turnverein Leverkusen.

Bekanntermaßen hatte sie in **Robert Habeck**, einem Philosophen, Kinderbuchautor und unverständlicherweise späteren Bundeswirtschaftsminister, einen ernstzunehmenden innerparteilichen Konkurrenten auch um eine eventuelle Kanzlerschaft. Aus diesem Grund charakterisierte sie ihren Rivalen: Dieser würde sich „von Hause aus mit Hühnern, Schweinen, Kühemelken" auskennen, sie dagegen komme „vom Völkerrecht". Damit hat sie ihre Marke gesetzt: Er, der dumme Bauer auf seiner Scholle, ich die Weltläufige, Erdumspannende. Aber ohne daß sie es vielleicht beabsichtigte, hat sie damit gesagt: Mein Interesse liegt bei den gutsituierten und akademisch gebildeten Städtern, nicht bei der rückständigen Landbevölkerung. Und so formte sie ihren Lebenslauf, um ihren Anspruch zu unterfüttern. Sie gab an: „Studium an der Universität Hamburg 2000-2004", Fach „Politische Wissenschaft" (Vordiplom, kein Bachelor) sowie „Nebenfach Öffentliches Recht". Vor 2014 las man auf ihrer Homepage noch „Jurastudium"! Die Frage, ob sie im „Nebenfach" eine Abschlußprüfung gemacht habe, beantwortet die Grünen-Pressestelle, sie habe „Leistungsnachweise" erbracht. Sie sei dann nach London gewechselt, um das Studium abzuschließen. Ein Abschluß in Hamburg wäre nur mit einer Prüfung im Hauptfach möglich gewesen, deshalb gilt das Studium „Öffentliches Recht" als „abgebrochen". Die London School of Economics akzeptierte das Hamburger Vordiplom mit Leistungsnachweisen, was seinen Grund wohl darin hatte, daß es nach der Umstellung von Diplom- auf Bachelor-Studiengänge in Deutschland in London Unsicherheiten beziehungsweise Mißverständnisse über Vergleichbarkeiten gab. Für den Abschluß (LL.M.-Grad) des dortigen Masterstudiengangs Internationales Öffentliches Recht (2004-2005) genügt ein Aufsatz (Essay) von 10.000 Wörtern. „Die Gefahr, die London School of Economics ohne LL.M.-Titel zu verlassen, wird von ehemaligen Teilnehmern als gering eingeschätzt." (Jost Müller-Neuhof). 2011 war sie laut eigenem Lebenslauf „Wissenschaftliche Mitarbeiterin am British Institute of Comparative and Public Law (2012)". Knapp zwei Jahre später hieß es dann „Trainee British Institute of Comparative and Public International Law" 2012)" Wie das? „Übersetzungsfehler", sagt die Grünen-Sprecherin. „Frau Baerbock hat während der Sommermonate ein Praktikum absolviert." Ach so. Zwischen einem „Wissenschaftlichen Assistenten" und einem „Trainee" liegen Welten! Zudem behauptete sie fälschlicherweise, Mitglied des „German Marshall Fund" und des „Hohen Flüchtlingskommissars der Vereinten Nationen" zu sein und anderer kleinerer Institutionen.

Nach mehrmaligen, teils widerwilligen Korrekturen an ihrem Lebenslauf mußte sie sich auch von der Bezeichnung „Doktorandin" verabschieden, weil die Arbeit ergebnislos blieb. Glücklicherweise hat sie sich mit ihrem Buch verewigt: „Jetzt. Wie wir unser Land erneuern". Wer als Retter unterwegs ist, braucht Material. Der Kopf alleine reicht nicht aus. So hat die Autorin Baerbock sich nach Hilfsmaterial umgesehen und wurde fündig, genauso wie der Plagiatsforscher Stefan Weber: Beim Blog „Klima-Challenge-Accepted" des Verbands der Wirtschaft für Emissionshandel und Klimaschutz in München, bei der Bundeszentrale für Politische Bildung, beim „Spiegel", beim Magazin „Internationale Politik" des amerikanischen Politikwissenschaftlers Michael T. Klare. Der Ullstein Verlag exkulpiert seine Autorin mit dem Hinweis, daß es sich nicht um ein wissenschaftliches Werk handle. Es sei hier üblich, auf Quellen zu verzichten. Allerdings irrt sich der Verlag insoweit, als Baerbock nicht die Quellenangabe vergessen hat, sie hat einfach abgeschrieben, Wort für Wort!

Bei Baerbocks Gewohnheit, durch Aufbrezeln ihres Lebenslaufs ihre Bedeutung, ihre Wichtigkeit zu unterstreichen – wie dies leider auch andere, zum Beispiel von der Leyen macht – vertieft sie die in der Gesellschaft vorhandenen Risse weiter. Politiker und die sie umgebenden Personen werden ohnehin schon als Vorgesetzte wahrgenommen, die Bürgern immer weitere Lasten aufbürden, sich selbst aber davon ausnehmen können, finanziell im Übermaß abgesichert, blind, taub, gleichgültig gegenüber den wirklichen Problemen zu sein. Das Vorschwindeln einer Akademikerlaufbahn oder sonstiger akademischer Meriten ist dünkelhaft und diskreditiert darüber hinaus jeden nichtakademischen Lebenslauf. Handwerker und Techniker, Kranführer und Krankenpfleger, sie alle fühlen sich geringschätzt, sie sehen, daß man auf sie herabschaut und sogar verachtet. Sollen wir uns wundern, wenn Jugendliche den Flötentönen einer Anette Schavan folgen und keinen Lehrberuf mehr ergreifen, sondern in die Universitäten drängen? Oder lieber gleich Influenzer werden? Wenn nach Gründen für Staatsverdrossenheit und Politikerverachtung gesucht wird: Sie liegt in der Dummheit, Überheblichkeit und Verantwortungslosigkeit von Politikern!

Im Juli 2024 teilte Baerbock der Weltöffentlichkeit mit, daß sie auf eine erneute Kanzlerkandidatur zur Bundestagswahl September 2025 verzichte, wozu sie übrigens niemand vorgeschlagen hatte. Das wahrscheinlich erhoffte Beben blieb aus. Stattdessen ergab die Exegese, daß es sich um einen typisch Baerbock'schen Anfall von Selbstüberschätzung handelte: „Statt in einer Kanzlerkandidatur gebunden zu sein, meine Kraft voll und ganz meiner Aufgabe zu widmen, Vertrauen, Kooperation und verläßliche Strukturen zu bilden – für und mit so vielen Partnern weltweit und in Europa, die darauf bauen." Dieses verkündete sie in Washington anläßlich des 75. Nato-Gipfels in einem CNN-Interview mit der woken Reporterin Christiane Amanpour. Der Subtext: Soll Habeck sich doch um Schweine und Wärmepumpen kümmern – ich, Annalena Baerbock, bin in der Welt zuhause. Sie wartet auf mich! Diese Haltung ist eine schwer zu ertragende Selbstüberhöhung mit der eindeutigen Botschaft, daß sie für die Welt unverzichtbar sei und ihre „Partner" glaubten das ebenfalls. Und damit es allen leichter fällt, sie als strahlende Außenministerin einer großen Industrienation auch entsprechend wahrzunehmen, gibt es Stylisten und Föhnartisten, die mit ihr um die Welt jetten. Und das kostet. Politiker wollen und müssen passabel aussehen. Dafür gibt es Etats. Baerbock gelang es jedoch, diesen Posten sprunghaft in die Höhe zu treiben: auf 136.552,50 Euro für das Jahr 2023. Zur Begründung erklärte sie, daß man im Fernsehen wegen des starken Scheinwerferlichts geschminkt sein müsse. „Ansonsten sieht man aus wie ein Totengräber, weil man total grau ist", sagte sie bei der Veranstaltung „Politik vor Ort". (Ganz am Rande: War dies jetzt eine Diskriminierung der Totengräber?).

Baerbock hat die Angewohnheit, viel und lange zu reden, ohne etwas zu sagen (filibustern). Das erschöpft Zuhörer. Wie man hört, wendet sie diese Methode auch im Privaten unter anderem bei Elternabenden an. Auch dort verabschieden sich die gestressten Erziehungsberechtigten irgendwann zur eigenen Nachtruhe. Wer viel redet, offenbart aber auch ungewollt, welches Durcheinander bei ihm zwischen den Ohren rumpelt:

„CO2 sammelt sich in der Luft. Das geht da nicht so einfach wieder weg. Und das spüren wir." (1 live, 3.9.2021).

Als Außenministerin gefiel es ihr, das „Bismarckzimmer" in „Saal der Deutschen Einheit" umzubenennen und das Portraitgemälde Otto von Bismarck abzuhängen. (Wo ist es jetzt? Hat sie es etwa verkaufen lassen oder sogar entsorgt?). Die Historikerin Annalena Baerbock wußte, was sie tat: „Bismarck war kein Demokrat". Unter Bismarck, übrigens der erste gesamtdeutsche Außenminister!, entstand das Bürgerliche Gesetzbuch (BGB), das noch heute gilt. Sie weiß auch nicht, daß Bismarck das Sozialversicherungssystem begründete, das bis heute gilt. Darüber hinaus hat sie sich herausgenommen, Deutschland und seine Bürger von einem Teil seiner Geschichte einfach abzuschneiden. Man sollte Ungebildeten keine Macht anvertrauen!

„An Tagen wie diesen, wo es grau ist, da haben wir natürlich viel weniger erneuerbare Energien. Deswegen haben wir Speicher. Deswegen fungiert das Netz als Speicher. Und das ist alles ausgerechnet." (21.1.2018, Deutschlandfunk).

Bei Maischberger: „...Rechenzentren, große Super-
märkte, die dann als Energieerzeuger in den Markt reinkom-
men. Und wenn eine Kühlung, zum Beispiel, bei einem rie-
sengroßen Produzenten von minus 22 Grad in Zukunft dann
auf 20 Grad, minus 20 Grad runterkühlt, dann ist das Hühn-
chen immer noch kalt, aber wir können an der Grundlast das
Netz, und das war mein Punkt, so stabilisieren, daß sich im
Netz die unterschiedlichen Akteure ausgleichen." (Innovativ.
Dachte man doch bisher, die Kühl- und Gefriertemperaturen
von Nahrungsmitteln seien wissenschaftlich begründet. Jetzt
werden wir belehrt, daß Hühner mit ihren Salmonellen dann
auch wärmer gelagert werden können, wenn Politiker das
festlegen.). Und daß sich da „Akteure ausgleichen..."? Soll
das eine feministische Stromerzeugung sein? Vielleicht er-
barmt sich mal jemand und gibt ihr ein Privatissimum in naturwissenschaftlichen und technischen Fragen. Nötig wären
auch die Fächer Geschichte, Geographie, Deutsch ... aber
man kann halt nicht alles haben!

Bei einer Podiumsdiskussion in Prag, wo es auch um
die Unterstützung der Ukraine ging, erklärte sie: „We stand
with Ukraine no matter what my German voters think." (Wir
stehen zur Ukraine, gleichgültig, was meine deutschen Wähler denken.). In Kurzform die Beschreibung ihres Handelns,
seit sie in einer entsprechenden Position das Sagen hat: kalt-
schnäuzig, klingt nach „dann sollen sie doch Kuchen essen..."

Münchner Sicherheitskonferenz (MSC) 2023. Frage
der Reporterin an Baerbock, ob die Ukraine sicher sei, falls
Putin weiterhin Russlands Präsident bleibt, antwortet sie:
„Wenn Putin sich nicht um 360 Grad ändert, nicht." Diese
Feststellung wiederholte sie wortgleich ein zweites Mal.

8. Mai 2021. Im Bundestag, Gedenken an das Ende des 2. Weltkriegs: „...45, nach dem Krieg gemeinsam gehandelt und in den 60ern die Sozialdemokraten die soziale Marktwirtschaft eingeführt haben ..." Setzen! 6! Die soziale Marktwirtschaft wurde in der Bundesrepublik Deutschland durch den damaligen Wirtschaftsminister und späteren Bundeskanzler (CDU) Ludwig Erhard begründet!

„Wir kämpfen einen Krieg gegen Russland und nicht gegeneinander". (Hier hatte sie Russland den Krieg erklärt. Man kann froh sein, daß man dort die Fähigkeiten der deutschen Außenministerin richtig einschätzt.).

„Talk vor Ort" 20. Juli 2022: „Wenn wir die Gasturbine nicht bekommen, dann bekommen wir kein Gas mehr, und dann können wir überhaupt keine Unterstützung für die Ukraine mehr leisten, weil wir dann mit Volksaufständen beschäftigt sind." ??? (Wo sollen denn die Volksaufstände stattfinden?).

Bei Markus Lanz erklärte sie: „Wir müssen die unterschiedlichen Methoden genau analysieren, weil es eben nicht ein Krieg ist, der wie im 19. Jahrhundert geführt wird, mit Panzern alleine". {Von Panzerschlachten im vorletzten Jahrhundert ist allerdings nichts bekannt, weder von Napoleon noch vom Zweiten Burenkrieg. Ein Museumsbesuch hätte sie übrigens belehren können. Da gibt es prächtige Schlachtengemälde wie das vom französischen Feldzug von 1814: Die verheerende Schlacht an der Beresina gegen die Truppen des Zaren Alexander I. „Napoleon I. (1769-1821), gefolgt von Marschall Michel Ney (1769-1815)" oder „Die Schlacht von Waterloo".)}.

Aber nicht nur bei Panzern kennt sie sich aus. Auch mit „Haub*i*ezen", was bei ihr so niedlich klingt, als handele es sich um Spielgeräte beim Kindergeburtstag. Die iranischen Revolutionsgarden sind für sie „Revolutionsgraden", deren „präsidenzlosen" Angriff sie verurteile. Und damit wir nicht vergessen, wem wir die umwälzesten Erkenntnisse, die je von der deutschen Politik zutage gefördert wurden, verdanken, hier die Urheberin: „Ich persönlich", „Ich ganz persönlich", „Ich als Außenministerin", „Ich ganz persönlich als Außenministerin". Typisch Morbus Trampolin.

06. Januar 2025: Wahlkampfauftakt in der Musik- und Kongresshalle zu Lübeck. Baerbock wollte wohl warmherzig-sympathisch wirken mit einem extra an die Lübecker im Publikum gerichteten Gruß: „Ich esse gerne Schokolade. Auch deswegen bin ich gerne hier." Dumm nur, daß Lübeck keine Schokoladenstadt ist, sondern weltberühmt für ihr Marzipan!

Baerbock bezeichnete die Lage im Nahen Osten nach dem Schlag Israels gegen die Hisbollah und ihren Führer Hassan Nasrallah als „brandgefährlich": „Es droht die Destabilisierung des ganzen Libanon. Und das ist in keinster Weise im Interesse der Sicherheit Israels. Mit den jüngsten Meldungen muß man deutlich sagen: Die Militärlogik, das ist das eine, mit Blick auf die Zerstörung von Hisbollah-Terroristen. Aber die Sicherheitslogik ist eine andere." Ein solcher Stuß, verzapft von Didi Mustermann, hätte sich versendet, hingegen in die Welt posaunt von einer Frau, die sich wohl für die größte Militär- und Sicherheitsstrategin aller Zeiten hält, bleibt nur noch das Fremdschämen! Sie weiß nicht, wovon sie spricht und entblößt sich vor der ganzen Welt mit ihrer grandiosen Unbildung. Sie sollte wissen, daß eine Waffenruhe für die Terroristen eine Aufforderung ist, sich neu aufzustellen, um noch brutaler zuzuschlagen. Sie ist blind, wenn sie vor einer „Eskalation" warnt, denn diese ist längst eingetreten. Dann warnt sie vor einer „Destabilisierung" des Nahen Ostens. Sie geht also, trotz der Bilder, davon aus, daß es dort stabil ist. Und die Folgen der Eliminierung des Terrorchefs Hassan Nasrallah ist „in keinster Weise im Interesse Israels"? Dieser Mann terrorisierte jahrzehntelang israelische Bürger, bis er das Land überfiel, Menschen und Kinder abschlachtete, Geiseln verschleppte und einige von ihnen auf der Flucht tötete! Sollte Israel zuvor bei der großen Annalena nachfragen, um zu erfahren, was in Israels Interesse ist? Wegen dieser Person äußern nicht wenige Politiker in- und außerhalb Europas Mitleid mit Deutschland! Soweit ist es schon gekommen.

Klima-Konferenz Scharm-El-Scheich 2022: „Heute ist der Moment, wo wir uns ehrlich fragen müssen: Was sind die Folgen für mein Land? Aber auch, was sind die Folgen für mein Nachbarland oder ein Land, das Hunderttausende von Kilometern entfernt liegt?" (Sie könnte den Mond gemeint haben, den sie ihrem Geschäftsbereich als Außenministerin zurechnet. Dann würde ihre Berechnung stimmen: der Mond ist im Schnitt ca. 384.400 Kilometer von uns entfernt.).

Aus Afrika zurück äußerte sich Baerbock zur Energiezukunft. Diese liegt für sie in Kenia! In Kenia kann das Thermometer schon mal sehr tief fallen. Nennenswerte Industrie gibt es keine. Der Großteil der Bevölkerung ist arm und zu 20 % unterernährt. Die Kindersterblichkeit liegt bei 41,1/1000 Geburten, das Durchschnittsalter bei 62 Jahren. Zugang zu elektrischen Strom haben nur 85 % der Bevölkerung. Die

Energiegewinnung aus Erdöl zu 34% kann Baerbock doch wohl nicht gemeint haben. Energie aus Wasserkraft – normal zu 18% – ist wegen der Trockenperioden unzuverlässig. Nicht alle haben Handys, Autos schon gar nicht. Trotzdem ist Kenia für Deutschlands grüne Außenministerin das Energie-Vorbild!

Als es um Bodenschätze geht, die für die Herstellung wichtiger Industriegüter benötigt werden, fragte sie: „Die Rohstoffe, Kobold, wo kommt das eigentlich her? Wie kann das recycelt werden?" (Daß es sich dabei nicht um einen Lapsus handelt, beweist die Tatsache, daß sie auch später immer wieder von „Kobold" spricht, wenn die Rede auf Kobalt für die Batterieherstellung kam.).

Baerbock trifft den österreichischen Amtskollegen Alexander Schallenberg (ÖVP). Dieser überreichte ihr als Abschiedsgeschenk ein kleines Büchlein mit den Worten: „Und ich habe Ihnen als kleine Anekdote, damit es nie zu Mißverständnissen zwischen uns kommt, ein kleines Wörterbuch Österreichisch-Deutsch mitgebracht." Sie: „Herzlichen Dank, Herr Strache. Das ist sehr wichtig ... auf jeder Pressekonferenz." (Strache war kein Regierungsmitglied mehr und auch nicht mehr Klubobmann der FPÖ, wie sie wohl glaubte, aber selbst im Kabinett Kurz wäre er nicht ihr Ansprechpartner gewesen!).

„Heute gehen wir einen Schritt, der längst überfällig war: Wir bringen zwanzig Benin-Bronzen in ihre Heimat Nigeria. Das wird nicht alle Wunden der Vergangenheit heilen. Aber wir zeigen, daß wir es ernst meinen mit der Aufarbeitung unserer dunklen Kolonialgeschichte". (Nigerias Kolonialmacht war Großbritannien, nicht Deutschland!) Hintergrund ist, daß 2022 die zwei Schwestern im schwachen Geiste Baerbock und die Kulturstaatsministerin Claudia Roth nach Nigeria reisten, um 20 angeblich von Deutschland, in Wirklichkeit von den Briten geraubte Benin-Bronzen, die bislang im Hamburger Museum für Völkerkunde ausgestellt waren, in einem feierlichen Akt der Reue und Sühne „zurückzubringen". Die Bronzen würden jetzt wieder dem nigerianischen Volk gehören, verkündete sie voller Pathos. Aber die Geschichte geriet zum Flop. Prinz Okpame-Edward Oronsaye, Sproß eines 1400 Jahre alten Königshauses, äußerte sich in der „Berliner Zeitung (BZ)": „Es tut mir leid, aber Ihre Außenministerin ist zu jung. Sie hat keine Erfahrung, und manchmal merkt man das, wenn sie spricht." Es gebe überhaupt kein nigerianisches Volk, das die Bronzen annehmen könnte, wurde sie von ihm belehrt. Hier leben 250 Volksstämme, die sich kaum als Nigerianer bezeichnen würden. Die Bronzen, die in einem von Deutschland mit Millionen Euro finanzierten Museum ausgestellt werden sollten, übertrug Nigerias Präsident Muhammadu Buhari danach dem König von Benin, dem sogenannten Oba Eware II. Da dieser kein Regierungsamt inne hat, sind die Bronzen jetzt in seinem Privatbesitz und er kann mit ihnen machen, was er will.

In Südafrika wollte sie sich mit dem 70jährigen Präsidenten Cyril Ramaphosa treffen. Er aber nicht mit ihr. Sie gilt in Südafrika als unerfahren. Außerdem nimmt man ihr übel, daß sie geprägt sei von den nicht mehr zeitgemäßen Vorstellungen, daß nämlich die Werte der westlichen Minderheit der Maßstab für die Mehrheit der Welt sein sollen. In ihrer Rede: „South Africa's path to freedom has been a BACON of hope inspiring men and women arround the world" dürfte wohl eher "Beacon" = Leuchtfeuer gemeint gewesen sein - anstelle von Bacon = Schinken.

Baerbock traf ihren saudi-arabischen Amtskollegen Faisal bin Farhan in Jeddah. Darüber berichtet Ebrahim Hashem, Polit- und Wirtschaftsberater der Vereinigten Arabischen Emirate. Hashem ist Havard-Absolvent, spricht vier Sprachen und arbeitete früher für die OPEC. Er fühlte sich vom Benehmen der deutschen Außenministerin vor den Kopf gestoßen. Während in Deutschland berichtet wurde, daß Baerbock in Saudi-Arabien eine pragmatische feministische Politik vertreten habe, twitterte er: „Einige ausländische Beamte sind sich nicht bewußt, daß sie sich dilettantisch verhalten und grob klingen. Es scheint ihnen an einem grundlegenden Verständnis des Weltgeschehens und an grundlegenden diplomatischen Umgangsformen zu mangeln." Für höchst unpassend hält er die Maßregelungen Baerbocks für Saudi-Arabien. Zunächst sorgte sie mit einem nur knapp über das Knie reichenden Kleid für Verwunderung, was als Respektlosigkeit gewertet, aber von ihrem Gesprächspartner Hashem nicht kritisiert wurde. Da die Öffentlichkeit weiß, daß sie eine große Kollektion von knöchellangen Kleidern auf ihren Reisen zeigt, kann aus diesem Kleider-Faux-pas nur der Schluß gezogen werden, daß sie die in weiblicher Bekleidung heikle arabische Welt absichtlich brüskieren wollte. Kritikwürdig war für ihren Gesprächspartner vielmehr ihr Tadel an der Arabischen Liga. Weil diese nach mehreren Jahren Abstinenz Syrien wieder in ihre Reihen aufgenommen und dessen Präsident Baschar al-Assad bei einem Treffen begrüßt habe. Für Baer-bock war diese Entscheidung nicht hinnehmbar, denn die „Tagesschau" meinte, diese Entscheidung der Arabischen-Liga bringe Baerbock „an ihre Grenzen". Sie habe „betont, daß die deutsche Regierung eine andere Position einnehme. Es dürfe keine Normalisierung geben." Die Frage steht im Raum, ob Deutschland jetzt alle Staaten, die Baerbock nicht gehorchen, ins diplomatische Niemandsland verbannt?

Baerbocks verbale Ausrutscher sind kein Versehen, sondern Ausdruck ihres geistigen, eigentlich kindlichen Normalzustands. Es fällt auf, daß sie von alltäglichen Dingen wie Geschichte, Atomkraft, Energieerzeugung, Antriebstechniken, Atemluft, Bodenschätzen, von Arbeitsabläufen in Industrie oder Gewerbe u.v.m. keine Ahnung hat. Sie hält sich selbst für intelligent und fähig. Da trifft das Sprichwort zu: Wo im Hirn die Einbildung Platz gegriffen hat, hat die Ausbildung keinen Platz mehr. Das ist ein kompetitiver Antagonismus. Eine Marktfrau oder ein Hausmeister wären ihr da weit überlegen. Die Folge daraus ist, daß man sie in Peking, Neu-Dehli (wo man sie übrigens nicht einmal vom Flughafen abholte), Moskau, Riad oder sonstwo außerhalb Deutschlands nicht ernst nimmt. Für Deutsche ist sie nicht nur ein Fall zum Fremdschämen, sie schadet Deutschland. Aber sie hat eine Mission: „Laßt uns dieses Europa enden."

Die mit Millionensummen vom Steuerzahler gefütterte Deutsche Presseagentur/dpa und das ZDF stehen unaufgefordert bereit, korrigierend einzugreifen, wenn ihre Annalena mal wieder dummes Zeug redet. Anläßlich ihrer Rede vor dem Ministerrat der OSZE-Staaten sagte sie in Richtung des anwesenden russischen Botschafters Lawrow: „Sie können sich selbst etwas vormachen, nicht aber der Welt, nicht den 1,2 Milliarden Menschen in Europa." Ihr Problem mal wieder: In Europa leben nicht 1,2 Milliarden Menschen, sondern deutlich weniger, nämlich nur 750 Millionen. Also wurde bei dpa und ZDF fleißig gerechnet: Sie ersetzten „Europa" einfach durch „OSZE-Region" und schon stimmt's. dpa schickte sogar noch extra eine Korrektur hinterher: „Die Ministerin hat sich versprochen." Das ZDF änderte das Zitat sofort, ARD folgte. Die Vorgeschichte der Zensur mag man kaum glauben: Die deutsche Presseagentur wandte sich von sich aus an das Auswärtige Amt und bat um Freigabe, das Zitat ändern zu dürfen. Normalerweise werden Zitate mit einer falschen Information gar nicht wiedergeben oder gesendet oder das falsche Zitat wird im Original wiedergegeben und redaktionell eingeordnet. Die dpa teilt dazu mit: „Dieses Vorgehen entspricht jedoch nicht den dpa-Standards. Ein direktes Zitat ist für Nachrichtenagenturen heilig. Im dpa-Handbuch heißt es dazu. ,Auf keinen Fall dürfen inhaltliche Veränderungen bei vollständig wiedergegebenen Zitaten vorgenommen werden.' Der Fehler wird derzeit intern aufgearbeitet."

Die Grünen haben wegen ihrer Regierungsbeteiligung in Bund und einigen Ländern die exklusive Möglichkeit, in der europaweit und hier besonders Deutschland belastenden Migrationskrise als Blockierer aller bisher als wirksam erarbeiteten Lösungsvorschläge aufzutreten. Auch alle beim Thema Klimaschutz diskutierten Lösungsvorschläge enden immer mit noch härteren Vorgaben mit beabsichtigten Erdrosselungseffekten für Landwirtschaft, Verbraucher und Verkehr. Alles scheitert an ihrer Moral als einzigem Maßstab, von der sie überzeugt sind, daß die Ihrige die beste Moral sei, so als gebe es hier einen Comparativ. Aus diesem Grund muß jede Abschiebung von Migranten, auch wenn sie in Deutschland kein gesetzliches Bleiberecht haben oder zu den Schwerkriminellen gehören, verhindert werden, auch durch Nichtanwendungserlasse an beteiligte Ämter, durch Tricks, Lüge und Gesetzesbrüche. Einen weiteren Bremsklotz bastelten die Grünen und SPD mit dem neuen Chancen-Aufenthaltsrecht. Hier können Ausreisepflichtige, für die man den juristisch nicht einzuordnenden Begriff „Geduldete" erfand, doch bleiben. Der Staat wartet mit ihnen, ob sie Chancen erfolgreich nutzen. Und so kommt es, daß der Staat wartet und wartet... Wenn dann im seltenen Fall doch und ausnahmsweise mal ein Schwerkrimineller abgeschoben werden konnte, stimmten die Grünen für diese seltenen Fälle nur zu, wenn die Migranten auf dem Heimflug von einem Rechtsanwalt begleitet werden, damit dieser notfalls noch im letzten Moment vor Gericht Eilanordnungen bewirken kann, obwohl der Ausreisepflichtige zuvor schon mehrere Gerichtsinstanzen ergebnislos durchlaufen hatte.

Umgekehrt wird auf denselben Wegen und mit denselben Mitteln angeordnet, möglichst Jeden außerhalb des europäischen Rechtsgebietes, der nach Deutschland will, einzusammeln. Das dazu benötigte Visum wird bei den deutschen Botschaften beantragt und ausgestellt. Neben dem sowieso stetig wachsenden Migrantenstrom direkt an der deutschen Grenze, hat Baerbock ein Bundesaufnahmeprogramm (BAP) geschaffen, um „die Einreise zu erleichtern" für monatlich 1000 Afghanen, von denen jeder das Recht hat, seine oftmals vielköpfige Familie nachzuholen. Wir sollen sie vor den Taliban retten und das geschieht kontinuierlich per Luftbrücke. Seit Frühjahr 2023 konkretisierte sich der Verdacht, daß für Baerbock die Interessen von Migranten Vorrang haben vor denen der Deutschen. Sie persönlich hat offenbar Sicherheitsmaßnahmen monatelang nicht ernst genommen und strengere Maßnahmen blockiert. Wie das Magazin „Cicero" berichtete, soll sie ihre Mitarbeiter Ende 2022 in einem Vermerk angewiesen haben, beim Streit mit dem auf verschärfte Sicherheitsmaßnahmen drängenden Innenministerium hart zu bleiben und es notfalls auf eine öffentliche Konfrontation mit diesem ankommen zu lassen. Sie befürchtete, daß sonst nicht genug Afghanen ausreisen könnten. Es gab ein Schreiben des deutschen Botschafters in Pakistan, der davor warnte, Islamisten könnten das Programm nutzen, um nach Deutschland zu gelangen. Außerdem sei es anfällig für Korruption und Vetternwirtschaft. Das Auswärtige Amt setzte dann das Programm vorübergehend aus, die Staatsanwaltschaften Berlin und Cottbus ermitteln gegen mehrere Mitarbeiter der Baerbock-Behörde wegen Rechtsbeugung und Korruption. Sie werden verdächtigt, Mitarbeiter in den deutschen Auslandsvertretungen angewiesen zu haben, trotz unvollständiger, ungültiger oder scheinbar gefälschter Papiere der Antragsteller Einreisedokumente für Deutschland auszustellen. Botschaftsmitarbeiter in Pakistan äußerten Bedenken, wurden aber angewiesen, einem jungen Mann mit gefälschtem Paß ein Visum auszustellen „Falscher Pass hin oder her", schrieb ein Beamter aus der für Visa-Einzelfälle zuständigen Abteilung an die deutsche Botschaft in Islamabad. Besonders Asylbewerber aus Syrien, Afghanistan, Türkei, Pakistan und aus afrikanischen Staaten haben so ohne Berechtigung Papiere erhalten und anschließend Asyl in Deutschland beantragt. Das Auswärtige Amt wiegelt ab: es seien maximal 20 Fälle gewesen. Bei zwei Millionen ausgestellter Visa muß das Ausmaß aber wohl viel größer sein.

Zur Zeit werden Visa im hohen vierstelligen Bereich überprüft. Wer jetzt glaubt, Baerbock hätte entsprechend reagiert und für mehr Sicherheit gesorgt, sieht sich getäuscht. Eine neue Verwaltungsvorschrift an alle Auslandsvertretungen schreibt nun vor, daß die Visavergabe nicht mehr von amtlichen Dokumenten abhängig gemacht werden soll. Wenn beispielsweise keine gültigen Pässe vorliegen, sollen auch Fotos, Schülerausweise oder Impfpässe herangezogen werden können. (Wer die Verhältnisse in diesen Ländern kennt, weiß, daß Dokumente aller Art wie Pässe, aber auch ärztliche Approbationen dort auf der Straße gekauft werden können.). Derartige Anweisungen sind in der EU einmalig, Deutschland folgt einem Sonderweg.

Unterdessen leitete die Baerbock-Staatssekretärin Susanne Baumann die Ablösung eines Beamten der Botschaft in Islamabad ein. Grund ist seine Überzeugung, daß weiterhin Sicherheitsmaßnahmen notwendig und anzuwenden sind. Neuerdings probt Baerbock ihr Rezept auch mit reisewilligen Äthiopiern aus. Frau Baumann soll mit einer förmlichen Weisung Druck auf die Deutsche Botschaft in Addis Abeba (Äthiopien) ausgeübt haben, weil die Botschaftsmitarbeiter einer Gruppe Äthiopier aus Sicherheitsgründen keine Visa ausstellen wollte. Denn es passierte, wovor die Botschaftsmitarbeiter gewarnt hatten: eine Äthiopierin ist nicht mit der Gruppe zurückgereist, sondern in Nürnberg geblieben, wo sie prompt Asyl beantragte. Die Mitarbeiter des Bundesamts für Migration und Flüchtlinge sind bis hinauf zur Führungsebene sehr verärgert, weil sie Baerbocks Alleingänge, mit dem sie immerzu geltendes Recht bricht, ausbaden müssen.

Als Ende Januar 2025 in der Bundestagsdebatte der CDU-Innenexperte Thorsten Frei von der „freiwilligen Aufnahme afghanischer Staatsbürger durch die Bundesregierung" sprach, erntete er wütenden Protest der Außenministerin Baerbock: „Ihr wichtigster Punkt ist, wo wir gar keine Afghanen mehr rausholen derzeit, weil die Taliban alles abgeriegelt haben". Hier zeige sich, „wie absurd Ihre Debatte mittlerweile geworden ist". Das „Wall Street Journal" merkte sofort an, daß Baerbocks Darstellung falsch ist. Seit 2022 wurden rd. 24.000 afghanische Staatsbürger in Deutschland aufgenommen. Dieses werde „über Pakistan organisiert", so das Ministerium, aktuell hätten 2.100 Personen eine Aufnahmezusage.

Und da sie an diesem Punkt nicht weiterkam, wurde sie ausfällig: „...daß Männer, wenn sie nicht mehr weiterwissen, mit Lügen um sich werfen!" Minuten vorher hatte sie sich noch beschwert, es gebe „sexistische Zwischenrufe gegen mich und Frauen". Aha – Sexismus ist nur gegen Frauen böse, gegen Männer gerechtfertigt?

Andere Länder denken nicht daran, das Baerbock-Rezept zu kopieren. Das grüne Lager will die ganze Welt retten und lädt deshalb alle jenseits Europas Grenzen, bevorzugt aus dem „globalen Süden" ein, zu uns zu kommen. Das ist voraussehbar nicht zu verkraften und die Kriminalitätsstatistik bestätigt es. Die europäischen Großstädte gehen dadurch Richtung Budget-Bankrott und versinken in einem Chaos krimineller Anarchie, in dem Messerstechereien, „Ehrenmorde", Clan-Fehden, Gruppenvergewaltigungen und alle Formen von Raub und Diebstahl zur Alltäglichkeit geworden sind. Deutschland nimmt pro Jahr eine Bevölkerungszahl von drei Großstädten (= 3 x 100.00) auf, denn jeder, der deutschen Boden betritt, bleibt.

91. Die Politikerinnen
n) Christine Lambrecht

Nach dem Rücktritt des Verteidigungsministers **zu Gutten-berg** mußte dieser der SPD-zufallende Posten wiederbesetzt werden. Es wurde dabei an den erfahrenen Verteidigungs-politiker und Soldatensohn **Lars Klingbeil** gedacht. Doch der hatte den entscheidenden Makel: Er war keine Frau. So folgte ihm die Juristin **Christine Lambrecht**, Jahrgang 1965, eine Vertraute des Kanzlers Scholz, der besonders ihre unbedingte Loyalität schätzt. Ihr Wirken währte nur etwas länger als ein Jahr und war geprägt von Pannen, Un-zulänglichkeiten und Ignoranz. Als erstes soll sie versucht haben, den Generalinspekteur der Bundeswehr faktisch zu entmachten, dabei sollten die ihm bisher unterstellten Bereiche auf ihre Staatssekretäre verteilt werden. Als sie noch Justizministerin war, flüchteten mehrere Mitarbeiter in andere Abteilungen. Auch ins Verteidigungsministerium ritt sie mit der Kavallerie ein: Noch vor Amtsantritt muß-ten etliche wichtige Mitarbeiter ihren Arbeitsplatz räumen. Ihre Amtsvorgängerin Annegret Kramp-Karrenbauer war darüber so erbost, daß sie der feierlichen Amtseinführung ihrer Nachfolgerin fern blieb. Kaum im Amt stolperte sie bei der Nennung von Dienstgraden und meinte, daß die Anre-de „Herr" oder „Frau" mit Nachnamen genügen müsse. Bei der Truppe kam nicht gut an, daß ihre Verteidigungsminis-terin sich noch nicht einmal die Dienstgrade merken will. Als im Januar 2022 eine Diskussion um die Unterstützung der Ukraine mit Waffen begann, lud sie zu einem außeror-dentlichen Pressetermin, um stolz zu verkünden, man habe 5.000 militärische Schutzhelme an die Ukraine geliefert. Das Echo war bis auf die Kabarettbühnen verheerend. Ende

2022 wurde im Rahmen weiterer Waffenlieferungen an die Ukraine auch über Panzer-Lieferungen diskutiert. Daraufhin verbot Lambrecht, den eigenen Bestand an Leopard 2 und Leopard 1 überhaupt zu erfassen. Sie fürchtete, die Kenntnis über den genauen Bestand könnte den Druck auf ihren Kanzler Scholz erhöhen, weitere Panzer zu liefern.

Lambrecht liebt Stöckelschuhe. So sehr, daß sie nur mit 10cm-Absätzen ihren Dienst verrichten kann. So auch beim Truppenbesuch in Mali, wo sie hochhackig mit Schutzweste durch Wüstensand stöckelte. Die Soldaten fühlten sich nicht ernstgenommen. Außerdem verstieß sie damit gegen die allgemeinen Sicherheitsvorschriften, die ausnahmslos für alle gelten. Der nächste Eklat ließ nicht lange auf sich warten und berührt in erster Linie Fragen des Stils. Es taucht auf Instagram ein Foto ihres Sohnes Alexander (Jahrgang 2000) auf, aufgenommen und gepostet von seiner Mutter, in blasierter Pose sitzend im bequemen Lederfauteuil eines Bundeswehrhelikopters der Flugbereitschaft, ein Glas Wein vor sich. Sie hatte ihn zum Truppenbesuch in Schleswig-Holstein mitgenommen. Anschließend flogen beide zum Kurzurlaub auf Sylt. Das war legal, gegen Erstattung der Beförderungskosten auf Basis des jeweils günstigsten Normaltarifs. Die Mitnahme ihres Sohnes ist bei ihr Gewohnheit. Als Justizministerin nahm sie ihn auf insgesamt sieben Auslandsreisen mit: Slowenien, Helsinki, Liechtenstein, Lissabon, Luxemburg, Paris und Prag.

Am Neujahrstag 2023 postete sie auf ihrem Instagram-Account ein Video mit ihrer Silvesteransprache: ... „Mitten in Europa tobt ein Krieg. ... Viele, viele Begegnungen mit interessanten und tollen Menschen, dafür sage ich ein herzliches Dankeschön" .... Das Video wurde in Berlin in der

Silvesternacht aufgenommen, umgeben von Böllern und abgefeuerten Raketen, die im Nachthimmel auch ein Kriegsgeschehen hätten illustrieren können. Dieser Auftritt wurde allgemein als unangemessen und taktlos wahrgenommen, auch der Rücktritt der Ministerin wurde gefordert, dem sie dann auch nachkam. Kurz nach der Silvester-Fehlleistung wieder ein Instagram-Post von sich. Sie sitzt auf einer rustikalen Holzbank vor Bergpanorama, vor sich ein Laptop mit der Botschaft: „Ich werde oft gefragt, was ich denn so mache. Für alle, die es interessiert: Ich schreibe an meinem Buch ‚Auf Stöckelschuhen durch Absurdistan‘, Stay tuned!"
Es wird vermutet, daß es sich dabei um ein Rachebuch handeln könnte, denn sie fühlt sich offenbar ungerecht behandelt und Opfer kampagnenwütiger Journaille und hinterhältiger Parteifreunde.

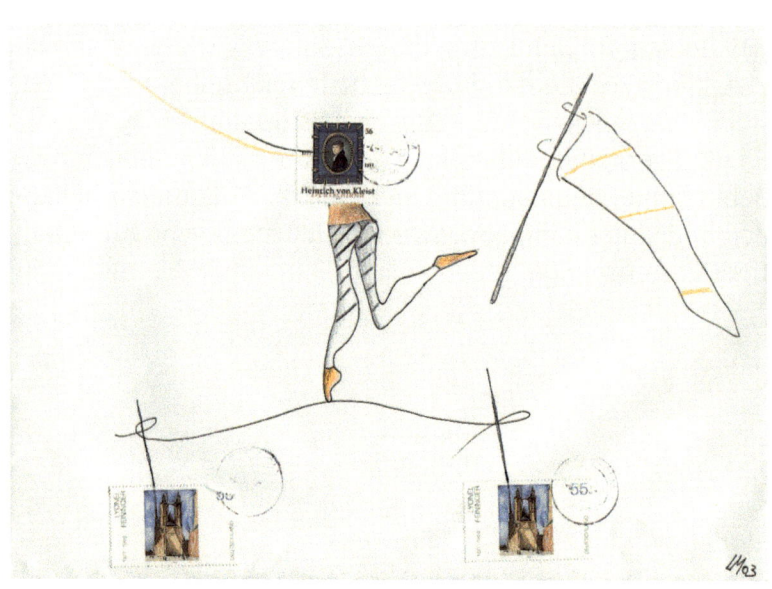

Liesel Metten – „**Mailart**", Buntstifte, Briefmarken,
colour, **2015**, 22,5cm x 32,5cm, **Unikat**

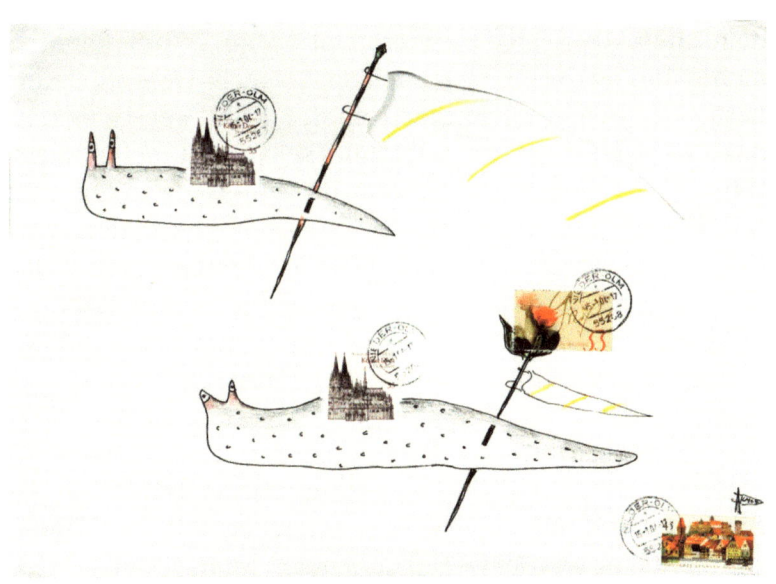

Liesel Metten – „**Mailart**", Buntstifte, Briefmarken,
colour, **2015**, 25cm x 35cm, **Unikat**

92. Die Staatenlenkerinnen
a) Angela Merkel

Angela Merkel wurde 1954 in Hamburg geboren, wuchs aber in Quitzow (Brandenburg) auf. Als sie nach der Wende 1989 die nunmehr gesamtdeutsche Bühne betrat und in den Fernsehnachrichten erschien, fragten sich die Westdeutschen: Wer ist das überhaupt? Man erfuhr nämlich nichts und das sollte sich auch später nicht wesentlich ändern. Aus dem Umfeld von **Kanzler Kohl** war zu hören, daß nach der Wiedervereinigung selbstverständlich auch Bürger der ehemaligen DDR in der Politik vertreten sein sollen. Von Kohl ist bekannt, daß er keine Menschenkenntnis hatte. So lernte man auch **Günther Krause** kennen, der den Einigungsvertrag mitverhandelte und dann im Kabinett Kohl IV Bundesminister für besondere Aufgaben, anschließend Bundesminister für Verkehr wurde, bevor er in Untreue- und Betrugsaffairen versank. In kurzer Erinnerung blieb **Claudia Nolte**, Familienministerin im Kabinett Kohl V wegen ihrer Rüschenbluse, deren Ehe an ihrem Dienst-Mercedes und nunmehr herausgehobenen Status zerbrach, wie berichtet wurde. Lediglich Angela Merkel, einmal den Platz erklommen, blieb. Bis zur Wende hatte sie 34 Jahre in der DDR verbracht. Und so ist es normal, daß Westdeutsche interessierte, wer sie ist, woher sie kommt, was man von ihr erwarten kann, zumal die Grenze zwischen den beiden deutschen Staaten so dicht war, daß es für die Allgemeinheit keine Informationen über das DDR-Alltagsleben, über Bildungswege, über Freizeitgestaltung und Kulturangebote gab.

Merkels Vater war Pfarrer. Über die Gründe für seinen Entschluß, mit seiner Familie zehn Jahre nach Kriegsende die deutsch-deutsche Grenze in umgekehrter Richtung ostwärts zu überqueren, gibt es verschiedene Lesarten. Offiziell wollte **Kasner** der darbenden Kirche im Osten aufhelfen und wurde dort auch Leiter des Pastoralkollegs der Evangelischen Kirche, einer kirchlichen Weiterbildungsstätte. Die andere Seite liest sich so: Kasner war zuvor Pfarrer in Hamburg, sah aber für seine Zukunft kaum Möglichkeiten, in absehbarer Zeit in der Kirchenhierarchie aufzusteigen, sodaß er fürchtete, bis an sein Lebensende einfacher Pfarrer bleiben zu müssen. Und da er sowieso für das System der DDR Sympathie hegte, sah er in Brandenburg Chancen für sich. Es kam dann auch wie beabsichtigt. Er stieg auch auf, jedoch war auch hier der Aufstieg bis ganz nach oben in ein Bischofsamt nicht möglich, weil ihm dazu der Doktortitel fehlte.

Daß die westdeutsche Bevölkerung Interesse an dem Vorleben der DDR-Bürgerin Merkel haben würde, ist also normal und legitim. Schließlich hat ja „drüben" ein Unrechtssystem regiert, die Menschen waren von Stasi, IMs und Spitzeln umstellt. Die geschredderten Stasi-Unterlagen lagern immer noch in mehreren tausend Säcken und werden wohl trotz der Fraunhofer-Software mangels politischem Willen nie mehr gelesen werden. Man kann wohl davon ausgehen, daß bei Bekanntwerden der Klarschriften aus den Säcken manche bisher geheime Verwicklungen zwischen bundesdeutschen Stellen mit dem DDR-Stasi-Regime ans Tageslicht kämen. So gab es von Anfang an wechselseitig starke Interessen, die

Sache ruhen zu lassen. Die Bevölkerung war also auf Merkels eigene Angaben angewiesen. Danach war sie nach Eigenauskunft keine Widerstandskämpferin, hat auch sonst nur an harmlosen, in der DDR üblichen Vorgängen teilgenommen. Diese Selbstbeschreibung mit dem schroffen „Alles ist gesagt" als Antwort auf Nachfragen, brachte DDR-Bürger in Harnisch. Merkel konnte, obwohl Pfarrerstochter, ohne weiteres studieren, während allen vier Kindern des Pfarrers Uwe Holmer aus Lobetal, der das Ehepaar Honecker für 10 Wochen beherbergte, das Universitätsstudium versagt wurde. DDR-Bürger wissen es auch besser und berichten detailliert, beispielsweise über die jahrelange Überwachung (1979 bis 1982) des Dissidenten **Robert Havemann**, übrigens die größte jemals in der DDR durchgeführte Maßnahme mit Kosten von 760.000 Mark, die wechselseitig von der Stasi organisiert und von FDJ-Mitgliedern geleistet wurde. Von dort gibt es ein Foto, das Merkel zeigt. Daß sie auch Teil des Wachpersonals war, ist wahrscheinlich, denn das Havemann-Grundstück lag abgeschieden, keine weitere Bebauung, sodaß es deshalb keinen Grund gab, hier so einfach mehrfach auf der Bildfläche zu erscheinen. Daß sie zur Bewachung gehörte, ist also sehr wahrscheinlich, bewiesen ist sie aber nicht. Als der WDR in einem entsprechenden Beitrag das Foto verwenden wollte, wurde dies vom Bundeskanzleramt untersagt und mit „Schutz der Privatsphäre" begründet. Dieses Argument trifft allerdings nicht den Sachverhalt, denn Merkel ist eine öffentliche Person, „Privatsphäre" beträfe nur Begebenheiten, in denen sie wirklich privat wäre, im Badeanzug auf der Liegewiese zum Beispiel. Es ist deshalb merkwürdig, daß sich die Rechtsabteilung des WDR mit dieser rechtlich unhaltbaren Begründung zufrieden gab und gehorchte.

Merkel wurde 1968 aktives Mitglied der SED-Jugendorganisation „**Freie Deutsche Jugend**" (FDJ). 1973 machte sie Abitur an der Erweiterten Oberschule „Hermann Matern" (EOS) in **Templin**. Als führendes FDJ-Leitungskader der Schule organisierte sie die feierliche Abschlußveranstaltung für Abiturienten. In ihrer Rede rief sie zur Solidarität durch Geldspenden für Waffen für die marxistisch-leninistischen Frelimo Befreiungsfront in Moçambique auf, die in einem Bürgerkrieg für die kommunistische Umgestaltung des südafrikanischen Landes kämpfte. Beginn des Physikstudiums an der **Universität Leipzig**, an der nur jene studieren konnten, die besonders linientreue Eltern hatten. Auf Merkels Elternhaus, und hier auf den Vater, traf das zu, man hatte zwei Autos, einen Telefonanschluß und Reisen auch ins westliche Ausland. In Gesprächen berichtete sie später, daß sie eigentlich nichts vermißt habe. Sie hätte sich wohl gefühlt und eine schöne Jugend gehabt, und diese Äußerung wurde ihr später in Westdeutschland auch nicht verübelt.

1977 heiratete sie den Physikstudenten **Ulrich Merkel**, von dem sie sich bereits 1981 wieder scheiden ließ. Die Trennung ging von ihr aus. Er sagte später, das Aus sei für ihn überraschend gekommen, er sei baff gewesen: „Eines Tages packte sie ihre Sachen (Anm.: Das war die Waschmaschine). Sie hatte das mit sich selbst ausgemacht". Dieser Satz beschreibt in aller Kürze einen Wesenspunkt des Merkel'schen Charakters: Das Heimliche, Hintertück'sche, Hinters-Licht-Führen, wie Deutschland unter ihrer Regierung immer wieder ertragen mußte. Merkel versuchte die Erklärung, daß damals eben alle einfach so geheiratet hätten, sozusagen als studentische Modeerscheinung. Diese Bemerkung schmerzte ihren Ex-Mann besonders, weil sie damit im Nachhinein ihrer Verbindung jegliche Ernsthaftigkeit abgesprochen hatte.

1978 Diplomarbeit Physik in **Ilmenau**, dort Aufnahmeantrag zur Hochschule, der abgelehnt wurde, deshalb Aufnahmeantrag an der Elite-Akademie der DDR in **Berlin**, der erfolgreich war. An dieser Stelle runzeln DDR-Bürger die Stirn: In Ilmenau abgelehnt und schnurstracks von der Elite aufgenommen zu werden? Das ist erklärungsbedürftig. Eine Stasi-Verpflichtungserklärung habe man ihr zwar vorgelegt, sagt sie, sie habe diese aber nicht unterschrieben, mit der Begründung, sie könne den Mund nicht halten und tratsche alles weiter. Das sollen wir glauben von einer Frau, die ihre Ehe hinter dem Rücken ihres Partners einfach schweigend beendete? Und die wir Westdeutsche auch nicht gerade redselig erlebt haben? Sollen wir glauben, daß sich die Stasi mit dieser simplen Ausrede hat abspeisen lassen?

In Berlin konnte sie zusammen mit anderen FDJlern ein renovierungsbedürftiges Haus in Mitte besetzen – was damals von der FDJ empfohlen wurde und durchaus üblich war, denn die Besetzer renovierten – anschließend konnte sie von der WG nach Berlin-Prenzlauer Berg in eine Wohnung ziehen, die sie allein für sich hatte und bei der ihr **FDJ-Chef Professor Osten** bei der Renovierung behilflich war. Gleichzeitig wurde sie Vorsitzende für Agitation und Propaganda der FDJ und so etwas wie die Leiterin der Kinderferienlager der DDR-Akademien. Auf ihre FDJ-Mitgliedschaft angesprochen, behauptete sie, daß ihre Mitgliedschaft nur dazu gedient habe, an Theaterkarten zu kommen. Das kann aber so nicht stimmen. In der DDR mußten Werktätige neben ihrer Arbeit auch ein Kulturprogramm absolvieren, was mit der Verpflichtung, mindestens 12mal im Jahr eine Kulturveranstaltung besucht zu haben, einherging. Dazu gab es so etwas wie ein Fleißheftchen, in dem jeder Theater- oder Konzertbesuch eingetragen und von der Veranstaltungsleitung abgestempelt wurde. Meistens hatte man bis zum Jahresende sein Soll noch nicht erfüllt, sodaß die Kulturhäuser für die Nachzügler zusätzliche Vorstellungen arrangieren mußten. Alle Vorstellungen übers Jahr waren auch der allgemeinen Bevölkerung, also auch Frau Merkel zugänglich.

Am Zentralinstitut für Physikalische Chemie an der Akademie der Wissenschaften der DDR war sie FDJ-Leitungssekretärin und galt als besonders staatstreu. Sie arbeitete an ihrer Doktorarbeit in einem Büro, das sie mit Michael Schindhelm teilte, der später als IM enttarnt und noch viel später Theaterintendant in Basel wurde. Eine Doktorarbeit in der DDR bestand immer aus zwei Teilen, der erste Teil behandelte ein Thema aus dem Studienfach des Promovenden, der obligatorische und davon untrennbare zweite Teil hatte sich mit Marxismus-Leninismus zu befassen. Während der erste Teil ihrer Doktorarbeit, deren Gutachter übrigens ein **Professor Joachim Sauer** war, einsehbar ist, trifft dies auf den zweiten, den „untrennbaren Teil" nicht zu. 1986 wurde sie zum Dr. rer. nat. promoviert.

Um diese Zeit herum erhielt sie ein Dauervisum, um in das westliche Ausland und nach Westberlin jederzeit ausreisen zu können. Merkel hat vieles nach der Wende mit der Hilfe befreundeter Weggefährten säubern und verschwinden lassen können, was auch ihre spätere Unterstützung für **Gauck** erklärt, den sie zum Chef der Stasi-Unterlagenbehörde gemacht hatte und noch viel später – wenn auch widerwillig – zum Bundespräsidenten. Etliche Zeit danach tauchten bei Amerikas **CIA** die „Rosenholz" genannten Akten auf, ein Konvolut von 381 CD-ROMs mit ca. 350.000 Dateien, hauptsächlich gesammelt vom DDR-Auslandsgeheimdienst. Diese

Dateien wurden dann von der Bundesstasiunterlagenbehörde gesichtet, vermutlich „bereinigt", zum Teil geschwärzt, sodaß für die Bevölkerung wohl keine Erkenntnisse übrig blieben.

In der Wendezeit, als sich unterschiedliche Gruppen zusammentaten und über die Zukunft der DDR berieten, Modelle entwarfen und diese zur Diskussion stellten, soll Merkel eines Tages in der Tür zum **„Demokratischen Aufbruch"** (**DA**) gestanden haben mit der Frage: „Kann ich helfen?", was eine unverfängliche Methode ist, an Informationen und Daten zu kommen. Sie wurde Mitglied des DA, dessen Vorsitzender der **Stasi-IM Manfred Schnur** war, Anwalt im Umkreis der Kirche und von Merkels Vater Kasner, so wie auch **Clemence de Maizière**, vormals SA- und NSDAP-Mitglied und Sturm-Mann und später bruchlos, Stasi-IM war (Deckname „Anwalt"). Kasner arbeitete mit beiden eng zusammen. Nach der letzten Volkskammerwahl in der DDR wurde der enttarnte **Lothar de Maizière (IM „Cerny")**, Sohn des Clemence de Maizière, CDU-Ministerpräsident, der Angela Merkel als stellvertretende Regierungssprecherin in sein Kabinett holte. Unverständlich blieb dabei die Haltung Helmut Kohls, als er anschließend ausgerechnet aus diesem Umfeld Angela Merkel ins Bundeskabinett holte. Als spätere Bundeskanzlerin holte Merkel dann **Thomas de Maizière** in ihr Kabinett, der bei ihr Kanzleramtsminister und damit zuständig für die Geheimdienste wie Verfassungsschutz, BND oder übernommene Stasi-Agenten wurde. Dabei drängen sich die Fragen geradezu auf: Was weiß der de Maizière-Clan, was trotz Enttarnung noch unbekannt ist? Oder hat Merkel ihm selbst etwas zu verdanken? Gibt es vielleicht eine Art von Mitwisserschaften? Man kann sagen, daß Angela Merkels Lebenslauf fast zur Gänze unbekannt ist. Es gibt einige Daten, die sich nicht leugnen lassen, wenige andere wurden hie und da mehr beiläufig und geschönt von ihr erzählt, wie ein Rezept zur Kartoffelsuppe. Man kann auch sagen, daß der ihr hörige politische Raum – Exponenten waren hier besonders Rupert Pohlenz, Ronald Pofalla und Peter Hintze – vom Volk verlangte, daß es solche Informationsbröckchen nicht nur bejubelt, sondern auch glaubt.

Allerdings hat die Öffentlichkeit Augen. Und die sehen eine Person, die offensichtlich nicht an Manieren und Benimmregeln interessiert ist. Kameras zeigen eine plumpe Frau, die sich, bevor sie sich niederläßt, ihren Rock hinter sich mit beiden Armen bis zum Ellenbogen unterm Gesäß rafft, um dann auf einen Stuhl zu plumpsen. Bei einem Türkei-Besuch ließ sie sich neben Präsident Erdogan so in den goldverzierten Sessel fallen, daß durch ihre schräge Sitzposition ihr behostes mächtiges Hinterteil herausragte. Mit etwas Aufmerksamkeit hätte man durchaus graziler Platz nehmen können! Als im April 2008 im norwegischen Oslo die Eröffnung der Oper gefeiert wurde, erschreckte sie nicht nur die Norweger mit dem unglaublich freizügig-üppigen Dekolleté einer alternden Frau. Was war bloß in sie gefahren? Wollte sie damit ganz Deutschland blamieren? Selbst ein Taxifahrer empörte sich und meinte, daß man sie für eine „Puffmutter" halten könnte. Dabei hatte sie zwei attraktive skandinavische Kronprinzessinnen zur Seite: Viktoria von Schweden und Mette-Marit von Norwegen, beide in hochgeschlossenen Roben und Vorbilder an Stil, die sich Décolletées hätten leisten können! Wenn sie in Bayreuth erscheint, um die Huldigungen der Wagner-Gemeinde entgegenzunehmen, glänzt unter ihrem Rock das nackte Bein in Söckchen. Es gehört doch nicht viel Phantasie dazu, sich vorzustellen, daß auch ein langer Rock hochschlagen kann.

Und daß selbst eine Physikerin keine Hemmungen hat, auch von „erneuerbarer Energie" zu sprechen, ist mehr als seltsam. Energie erneuert sich bekanntlich nicht, wäre es anders, gäbe es das perpetuum mobile und wir hätten keine Energiesorgen mehr! Auch den Begriff „Quantensprung", den sie gebraucht, wenn sie großen Fortschritt sieht, wo sie doch wissen müßte, daß ein Quantensprung eine äußerst winzige, noch nicht einmal beständige Zustandsänderung ist, sollte sie durch passenden und präzisen Vergleich ersetzen. Nun kann man einwenden, daß seit vielen Jahren die Ergebnisse des westdeutschen Schulsystems eine Desorientierung in fast allen Bereichen hervorgebracht hat, die den Aufstieg einer aufreizend ungebildeten und kulturlosen Person ermöglichte. Da ist Bayreuth nur die Tünche.

Merkel brachte neue Vokabeln in das Politikersprech: Dazu gehört zum einen die Einweg-„Botschaft", die sie per SMS an ihre Kollegen und Mitarbeiter verschickte. Es waren Anweisungen oder Beurteilungen, die einfach hinzunehmen waren. Als Kommunikation konnte man das nicht ansehen, deshalb wählte sie für ihr spezielles Verfahren auch die biblische Bezeichnung „Botschaft", welche traditionell nur vom Allerhöchsten, also Gott selbst, gesandt wird, meistens mit der Aufforderung, nicht nachzulassen im Streben nach ewigem Heil. Die nächste biblische Sprachanleihe ist wieder von Gott, dieses Mal von Jesus. „Ich aber sage..." intoniert sie, wenn sie anderer Meinung ist (und das ist sie meistens) und will, daß man sich an sie anpaßt oder ihr widerspruchslos folgt. Ihre Sprache gibt den Ort auf der Hierarchieebene preis, auf dem sie sich sieht: Oben, an der Spitze und das trotz ihrer eher dürftigen rhetorischen Fähigkeiten. Als es im Bundestag um das Thema „Kalte Progression" ging, versuchte sie diese zu erklären und scheiterte nach etlichen

Anläufen kläglich, dabei können gerade dieses Thema bereits Achtkläßler begreifen und erklären.

Aber einen Lieblingsmitarbeiter hatte sie: den „Vorreiter". Dabei handelt es sich um einen Kürassier, der vorausgeschickt wird, um feindliche Linien zu erkunden, bisweilen auch um Nachrichten zu überbringen. Diese Rolle ist ebenso lebensgefährlich wie die des Vorkosters. Während ein Vorkoster bisweilen an den dem Herrscher zugedachten und vergifteten Speisen stirbt, erleidet der Vorreiter oft dasselbe Schicksal durch Feindeshand. Wenn Merkel Deutschland zum Vorreiter in Sachen Energiewende machen will und glaubt, alle anderen Länder würden es ihr gleichtun, so hatte sie sich geirrt. Kein anderes Land ist so dumm und kappt seine sichere Energieversorgung, ohne einen vollwertigen und stetigen Ersatz zu haben. Auch alle ihre anderen „Vorreiter" wie beispielsweise der Umgang und die Wohnbeschaffung für die inzwischen mehr drei Millionen Flüchtlinge hierzulande weckte bei anderen Ländern keinen Eifer, es ihr gleichzutun.

Regierungschefs haben Büroleiter. Gerhard Schröder hatte **Sigrid Krampitz**, Helmut Kohl **Juliane Weber** und **Beate Baumann** kam zu Merkel auf Empfehlung von **Christian Wulff**. Im Gegensatz zu Krampitz und Weber ist Frau Baumann vollkommen unsichtbar. Merkel und sie sind seit 1992 eine verschworene Gemeinschaft, nichts dringt nach außen. Sie befinden sich buchstäblich in Deckung. Hier werden Strategien entwickelt, Reden und Interviews vorbereitet und einstudiert. Sie arbeiten jetzt in Räumlichkeiten, die der Steuerzahler ausgeschiedenen Bundeskanzlern samt Personalausstattung zur Verfügung stellt, wozu es hierfür allerdings bis heute keine gesetzliche Grundlage gibt, sondern nur um eine langjährige Gewohnheit. Begründet wird dies mit der Übernahme von Repräsentationspflichten und der Wahrnehmung von Aufgaben, die über den Ruhestandseintritt eines Kanzlers hinaus fortwirken, nachgelagert sind. Die Ausstattung ist mit 9 Angestellten die üppigste aller bisherigen Ruhestandskanzlerausstattungen: 1 Büroleiter, 1 stellvertretender Büroleiter, 2 Fachreferenten, 3 Sachbearbeiter, 2 Fahrer. Und hier arbeiten die beiden Frauen an der Selbstdarstellung der einst „mächtigsten Frau der Welt" („Times", „Bild" u.a.) für die Nachwelt.

Der ehemalige Deutsche Bank-Chef **Josef Ackermann** wurde am 7. Februar 2008 60 Jahre alt. Merkel spendierte ihm dafür ein Abendessen (Ranschmeiße?). Ackermann sagte später: „Sie hat mir damals gesagt, sie würde gerne etwas für mich tun. Ich soll doch einmal etwa 30 Freunde und Freundinnen einladen aus Deutschland oder der Welt, mit denen ich gerne einen Abend zusammensein würde – im Kanzleramt. Und ich muß Ihnen sagen, es war ein wunderschöner Abend!" Bekannt wurde die Sause erst im August 2009 und ab dann Gegenstand teils heftiger Diskussionen. Im Bundestag fragten Abgeordnete nach Gästeliste und Kosten für die Geburtstagsfete. **Hermann Gröhe**, Kanzleramtsminister, gelang eine präzise Darstellung grandioser Rabulistik: „Der Chef der Deutschen Bank, Dr. Josef Ackermann, hat seinen 60. Geburtstag nicht im Bundeskanzleramt gefeiert. Die Kanzlerin hat Ackermanns 60. Geburtstag vielmehr zum Anlaß genommen, am besagten Dienstag, 22. April 2008, im repräsentativen Bereich ihres Kanzlerbüros ein Abendessen mit Vertretern aus Wirtschaft und Gesellschaft auszurichten". Ackermann selbst ist in bleibender Erinnerung durch seine Victory-Finger im Gerichtssaal beim Mannesmann-Prozeß, durch seine Ankündigung von 25%

Rendite (die nur zulasten von Anlegern und Kunden zu realisieren wäre) und durch seinen Ausspruch während der Finanzkrise, daß er sich schämen würde, die Staatshilfen in Anspruch zu nehmen.

Das höchste deutsche Gericht ist das Bundesverfassungsgericht. Es wird von den Bürgern geliebt. Oft lesen sie, daß dieses Gericht ihr Rechtsempfinden wieder gerade gerückt hat. Das Bundesverfassungsgericht muß unabhängig sein, weil nur dieses seinem Spruch die nötige Autorität verleiht. Deshalb stieß die Meldung auf größte Verwunderung, daß eine Delegation des Bundesverfassungsgerichts unter Leitung seines Präsidenten **Prof. Dr. Stephan Harbarth** und der Vizepräsidentin **Prof. Dr. Doris König** am 30. Juni 2021 zu einem Treffen mit der Bundesregierung nach Berlin reiste. Anschließend gab die Bundeskanzlerin ein Abendessen mit geselligem Beisammensein, wobei in der allgemeinen Berichtertattung unerwähnt blieb, daß sich Merkel und Harbarth zwei Stunden zuvor separat zu einem Vier-Augen-Gespräch getroffen hatten. „Der Besuch setzt eine seit vielen Jahren bestehende Tradition fort", beeilt sich das Gericht im vorhinein zu versichern, weil man weiß, daß solche Treffen heikel sind. Dieser Satz soll wohl davon ablenken, daß es sich hier um eine Merkel'sche Tradition handelt, die Kanzler vor ihr wären nie auf die Idee gekommen. Es gehört sich nämlich grundsätzlich nicht, daß sich Gesetzgeber und Rechtsprechende (Legislative und Judikative) zusammensetzen. Damit erwecken sie den bösen Anschein, die Gewaltenteilung und damit die Unabhängigkeit der Gerichte zu untergraben. Pikant ist, daß dieses Treffen gerade einmal drei Wochen vor der mündlichen Verhandlung des Zweiten Senats über eine Klage gegen die Kanzlerin wegen Verletzung ihrer Neutralitätspflicht zu entscheiden hatte.

Merkel hatte nämlich während einer Reise durch Südafrika auf einem Flughafen zur Wahl in Thüringen 2020 Stellung genommen. Dort wurde der FDP-Kandidat **Thomas Kemmerich** zum Ministerpräsidenten gewählt mit den Stimmen der CDU und vermutlich auch der AFD. Obwohl die Wahl juristisch sauber, das heißt gesetzeskonform, ablief, wollte sie das Ergebnis nicht dulden. Sie erklärte, „daß dieser Vorgang unverzeihlich ist und deshalb auch das Ergebnis rückgängig gemacht werden muß." Schon allein diese Einlassung ist empörend! Und tatsächlich, man folgte ihrem Befehl, Kemmerich trat nach wenigen Tagen wieder zurück, es gab Neuwahlen, der alte Ministerpräsident wurde wieder der neue. Dieses Verfahren verlor Merkel zwar erwartungsgemäß in der anschließenden Hauptsache (Verletzung einer Partei auf Chancengleichheit gem. Art. 21, Abs.1 GG), nachdem sie beim vorausgegangenen Antrag auf Erlaß einer Einstweiligen Verfügung noch obsiegte. Der Präsident des Bundesverfassungsgerichts Harbarth war ihr nämlich mit einem Tip zu Hilfe geeilt, indem er ihr am Telefon riet, die streitgegenständliche Sache von der Webseite ihres Kanzleramts zu entfernen, was auch geschah. Nun mußte über die Einstweilige Verfügung nicht mehr entschieden werden, weil ihr jetzt die Eilbedürftigkeit fehlte.

Harbarth war zuvor stellvertretender Fraktionsvorsitzender der CDU/CSU-Bundestagsfraktion. Auch nach seiner Wahl zum Verfassungsgerichtspräsidenten am 22. November 2022 – übrigens auch unüblicherweise mit seiner eigenen Stimme, wie das Protokoll vermerkt – blieb er Mitglied des Bundestags. Verstörend: das kumpelhafte Händeschütteln und Schulterklopfen in der CDU-Fraktion nach Bekanntgabe des Wahlergebnisses. Am 30. November vormittags hielt er noch eine Rede zur Migrationspolitik. Erst am Nachmittag dieses Tages ließ er sich vom Bundespräsidenten Steinmeier zum Präsidenten des Bundesverfassungsgerichts vereidigen. Das Protokoll vermerkte einen Zwischenruf: „Was für eine Bananenrepublik!"

Nicht nur beim Bundesverfassungsgericht ist sie die „unsichtbare Dritte", sondern weiter unten auch bei den Medien hat sie schon klargemacht, wer bei ihnen die Richtung vorgibt. So hat sie in dem Jahr, in welchem die von ihr verschuldete und bis heute andauernde Flüchtlingskrise begann, mehrfach Chefredakteure ins Kanzleramt bestellt, um sie zu der von ihr gewünschten Berichterstattung zu bewegen (Eingriff in die Pressefreiheit!). Im Haus der Bundespressekonferenz in Berlin lag eine Broschüre aus, welche „Formulierungshilfen für die Berichterstattung im Einwanderungsland" (neudeutsch: „Wording") gibt und die politisch korrekte Wortwahl vorschreibt. Dem vormaligen Chefredakteur des ZDF (2000-2010), **Nikolaus Brender**, wurde der Vertrag nicht verlängert. Dieses war ein solch einmaliger Vorgang, der den damaligen **ZDF-Intendaten Markus Schächter** veranlaßte, aus der CDU auszutreten. Er sah nicht nur den hessischen Ministerpräsidenten **Roland Koch** als Schuldigen, sondern vor allem Angela Merkel. Prominente Verfassungsrechtler werteten dieses Vorgehen als Verfassungsbruch, **Klaus Bresser**, Brenders Vorgänger im Amt, sprach von „organisierter Verfassungskriminalität". Grund ist die bis heute leider andauernde Präsenz der Exekutive in den Aufsichtsgremien, die die grundgesetzlich garantierte Rundfunkfreiheit erstickt.

Ihr unbedingter Wille, eine bestimmte, nämlich ihre Sicht auf die Dinge in der Bevölkerung zu implementieren, zeigte sich auch, als am 26. August 2018 in **Chemnitz** der 35jährige Tischler **Daniel H.** erstochen und zwei weitere Männer schwer verletzt wurden. Täter waren die syrischen Asylbewerber **Aala S.** und **Farhad A.**, wobei sich letzterer sofort in den Irak absetzen konnte. In Chemnitz fand zu dieser Zeit das jährliche Stadtfest statt, der öffentliche Raum war voller Menschen. So kann man es normal nennen, wenn Besucher aus dem Tatumfeld hinter den Tätern herlaufen, um sie bis zum Eintreffen der Polizei festzuhalten, was nach dem Gesetz nicht nur erlaubt, sondern auch geboten ist. Auf einem Video ist zu sehen, wie zwei Männer losrennen wollen und eine weibliche Stimme ihnen hinterherruft: „Hase, bleib hier!" Das konnte man aber nicht Hetzjagd nennen. Für Merkel aber war von vorne herein klar, daß es sich hier um eine „Hetzjagd" gehandelt hat. Drei Jahre später wurde Anklage gegen neun Männer erhoben wegen Landfriedensbruch in Tateinheit mit gefährlicher Körperverletzung. Dieses Verfahren dauerte zweieinhalb Jahre und wurde ohne Hauptverhandlung beendet, denn nach Feststellung des Gerichts, hat es eine „Hetzjagd" nie gegeben. Zwar hatten sich kurz nach der Tat einige Rechtsextreme zusammengerottet, aber es gab keine Hetzjagd. Merkel hatte gesagt: „Wir haben Videoaufnahmen darüber, daß es Hetzjagden gab", mußte aber später zugeben, daß sie das Video nie gesehen hatte, sie einfach nur das gesagt hätte, was eben alle gesagt hätten und was ihr selber am meisten zupaß kam. Dafür mußte der Präsident des Bundesamtes für Verfassungsschutz, **Hans Georg Maßen**, gehen, weil er die Video-Aufzeichnungen für ungenügend hielt. In bekannter Merkel-Manier kostete ihn das nicht nur sein Amt sondern auch seine Reputation. Er wurde ersetzt durch seinen bisherigen Stellvertreter **Thomas Haldewang**, der sofort einen neuen Arbeitsschwerpunkt erfand: die „Delegitimierung des Staates". Darunter versteht Herr Haldewang alle diejenigen, die mit dem Staat unzufrieden sind und ihrem Groll in bisher nicht strafbarer Art und Weise auch Luft machen wie beispielsweise im Internet oder in öffentlichen Reden am Arbeitsplatz, in der Straßenbahn, im Wirtshaus. Schimpfen auf die Politik oder auch auf Politiker ist nicht strafbar, solange nicht beleidigend, das weiß auch Herr Haldewang. Um trotzdem solche unzufriedenen Bürger erfassen zu können, wurden inzwischen vielerorts Stellen eingerichtet, wo man anonym mißliebige Zeitgenossen melden kann. Und das Strafrecht wurde erweitert um den Straftatbestand der Politikerbeleidigung als Offizialdelikt (Der dafür früher angewandte strafrechtliche Tatbestand „Majestätsbeleidigung" ward einst abgeschafft, weil man mit dem Politiker keinen Sondermenschen schaffen wollte.). Während es für den normalen Bürger bei Beleidigung beim Antragsdelikt bleibt, wird jetzt der Staat von sich aus aktiv. Über alledem, über die angebliche Chemnitzer Hetzjagd und angeblichem Rechtsextremismus wurde über das 35jährige Opfer, das sein Leben für die irrationale Politik einer Frau Merkel hergeben mußte, kein einziges Wort verloren. Und das Ansehen der Stadt Chemnitz ist seither untrennbar mit „Hetzjagden" verbunden, die es nie gegeben hat.

Im April 2016 kam der angeblich afghanische Staatsbürger **Abdul D.** nach Deutschland und beantragte Asyl. Er wurde als unbegleiteter minderjähriger Flüchtling eingestuft. Sein Asylantrag wurde im Februar 2017 abgelehnt, erhielt aber auch keinen sonstigen Schutzstatus, konnte wegen seines Alters als Minderjähriger aber auch nicht abgeschoben werden. So kam es, daß er am 27. Dezember 2017 seine 15jährige deutsche Ex-Freundin **Mia** in einem Drogeriemarkt ermorden konnte. Dazu benutzte er ein zuvor extra dafür gekauftes 20 cm langes Brotmesser, mit dem er sieben Mal auf sein Opfer einstach. Ein Gerichtsgutachten stufte sein Alter mit 20, höchstens 21, nicht jünger als 17,5 Jahre ein. Die Jugendstrafkammer änderte den Mordvorwurf, der wegen der Tatplanung erging, unverständlicherweise in Totschlag und verzichtete darüber hinaus auf eine weitere Anklage, denn der Angeklagte rastete während des Prozesses aus, würgte und bespuckte einen Polizeibeamten, den er als „Drecksbullen" beschimpfte. Dessen ungeachtet verhängte das Gericht nur achteinhalb Jahre und schöpfte damit das mögliche Höchstmaß im Jugendstrafrecht (10 Jahre) nicht aus. Leider ist solches heute auch andernorts üblich, wenn es um abzuurteilende Migranten geht. Das Verfahren wurde im Gegensatz zu anderen Jugendstrafsachen äußerst aufwendig gestaltet. Für mehrere Straßen wurde Totalsperrung verhängt, die Presse wurde, wie berichtet, weit „außer Hörweite" stationiert, wobei unklar blieb, was durch die Mauern des Gerichtsgebäudes überhaupt hätte hörbar sein können. Bürger beklagten die extreme Hysterie, die sie für unangemessen hielten. Auch hier drehte sich alles um den Täter. Mütter, die sich zusammenfanden und gemeinsam demonstrierten, auch gegen die anhaltende und ungeregelte Zuwanderung, wurden sofort von Antirassismusgruppen beschimpft und mit Trillerpfeifen gestört. So war es naheliegend, daß sich zu den Müttern auch einige AFD-Mitglieder gesellten. Deshalb ist das Anliegen der Mütter aber nicht illegitim: Wir müssen unsere Kinder schützen!

Nach dem Anschlag von Solingen im August 2024 mit drei Toten und vielen Verletzten warf der „Spiegel" Merkel vor: „Es klingt so, als wollten Sie unbequeme Themen wie das Attentat von Solingen, bei dem ein Islamist drei Menschen ermordete, gern totschweigen." Nein, sagte sie, aber solche Anschläge dürften eben nicht zu lange die mediale Debatte bestimmen, weil das nur der AFD nützen würde. Im übrigen sieht sie die Deutschen beim Flüchtlingsthema in einer „Bringschuld", weil für Integration sie verantwortlich sind. Die Deutschen müßten Veränderungsbereitschaft zeigen und hätten sich anzupassen. Und bei Klagen über islamistische Einflüsse und Bedrohungen im Alltag wie Schule oder Freizeit empfiehlt sie den Deutschen, daß sie mal wieder selbst öfter in die Kirche gehen sollten, dann regele sich das von allein. Überhaupt: „Wenn wir nicht mehr ein freundliches Gesicht zeigen sollen, dann ist das nicht mehr mein Land", sagt sie, wobei einzuwenden ist, daß das Land, dessen Kanzlerin sie ist, nie ihr Land war oder geworden ist. Sie kann mit Deutschland nichts anfangen, was für Narzissten wiederum normal ist, denn diese interessieren sich ausschließlich nur für sich selbst.

„Eines Tages werden Millionen Menschen die südliche Hemisphäre verlassen und in die nördliche Hemisphäre ziehen. Und sie werden dorthin nicht als Freunde gehen, weil sie gehen werden, um zu erobern. Und sie werden mit ihren Söhnen erobern: der Bauch unserer Frauen wird uns den Sieg verleihen." (Hoari Boumedienne, algerischer Staatschef, in einer Ansprache vor den Vereinten Nationen, 1974).

In diese Zeit fällt auch ihr Interesse an dem Thema „Nudging" und so richtete sie im Bundeskanzleramt gleich eine neue Abteilung dazu ein mit Mitarbeitern, die „hervorragende psychologische, soziologische, antropologische, verhaltensökonomische bzw. verhaltenswissenschaftliche Kenntnisse" haben. Nudging kommt aus der Verhaltensökonomie und bedeutet anstoßen, stupsen, nachhelfen und heißt, Menschen zu bewegen, etwas zu tun oder auch zu unterlassen, ohne daß sie dies wahrnehmen. Merkel verspricht sich von Nudging, ihren Regierungsstil effektiver machen zu können. Alltagsbeispiele für Nudging sind beispielsweise die Frühstücksbuffets in Hotels und Kantinen, bei denen Süßspeisen mehr als eine Armlänge entfernt auf einem höheren Tableau plaziert sind, während im Vordergrund Äpfel und Melonenstücke angeboten werden. Aufzüge sollen langsamer fahren und an jedem Stockwerk halten, damit die Benutzer lieber die Treppe nehmen. Bei Geräten Änderungen der Voreinstellung wie bei Druckern (immer beidseitiger Druck). Schockbilder auf Zigarettenpackungen. Verwendung der „leichten Sprache". Auf Bürgersteigen werden grüne Fußabdrücke gemalt, die zum nächsten Abfallbehälter führen, in Kinos sollen kleinere Popcornbehälter angeboten werden. Man nennt dies „liberalen Paternalismus", in dem ein allwissender Staat für seine Schäfchen sorgt. Eigentlich kann man Nudging auch begreifen als willkommene Erinnerung an ein Verhalten, das zu eigenem Vorteil ist. Kritiker allerdings sehen im Nudging eine besonders hinterhältige Form der Manipulation und Gängelei, bei der der Staat die Bürger ohne demokratische Kontrolle manipuliert, bevormundet und sich so letztendlich seinen gewünschten Musterbürger erzieht. Daß sich gerade Merkel für diese Form des Regierens begeistert, ist naheliegend, entspricht sie doch vollkommen ihrem Naturell des Verheimlichens, Konspirativen und der Heimtücke.

„Manche unserer Gegner können es sich nicht verkneifen, uns in der Zuwanderungsdiskussion in die rechtsextreme Ecke zu rücken, nur weil wir im Zusammenhang mit Zuwanderung auf die Gefahr von Parallelgesellschaften aufmerksam machen. Das, liebe Freunde, ist der Gipfel der Verlogenheit. Eine solche Scheinheiligkeit wird vor den Menschen wie ein Kartenhaus in sich zusammenbrechen.

Deshalb werden wir auch weiter eine geregelte Steuerung und Begrenzung von Zuwanderung fordern", so die Vorsitzende der CDU/CSU-Fraktion und Parteivorsitzende Angela Merkel auf dem 17. Parteitag der CDU 2003 in Leipzig. Als sie Jahre später von Anne Will gefragt wurde, was sie bewogen habe, die unkontrollierte Massenzuwanderung zuzulassen, antwortete sie: „Ich bin den Regungen meines Herzens gefolgt". Hier verkennt Merkel die raison d'état, die nicht auf Milde und Mitleid beruht, sondern auf Gerechtigkeit. Es kommt also nicht auf die Durchsetzung ihrer persönlichen Gefühle an, sondern auf die gerechte Abwägung aller Interessen und Bedürfnisse und da hätte sie, wenigstens einen Monat später, zu anderen Ergebnissen kommen müssen. **Alan Posener** legt in der „Welt" (07.09.2017) dem Biographen **Stefan Zweig** (1881-1942) eine Charakterisierung Merkels in den Mund: „Unversehens geht sie geradewegs zum bisherigen Gegner über und übernimmt all dessen Worte und Argumente. In dieser Umkehr, im maßlosen Zynismus ihrer Charakterdarstellung bewahrt sie ein Maß an Frechheit, das unwillkürlich betäubt und zur Bewunderung zwingt. Sie ist nur einer Partei treu, nämlich der Mehrheit". Merkel in den Tagesthemen am 17. Juni 2024: „Für mich ist immer wichtig, daß ich mir alle möglichen Entscheidungsoptionen, wie man es machen könnte, durchspiele, wie entwickelt sich das, und was würde das bedeuten, wer würde was dazu sagen, wer würde was darüber schreiben, wer würde das kritisieren." So ist bei uns der Atomausstieg aus irrationalen Gründen zustande gekommen, weil es in Fukushima ein Erdbeben mit folgender Flutwelle gegeben hatte, Konstellationen, die sich in Deutschland nicht ergeben können, das weiß die Physikerin Merkel. Sie hielt aber die am lautesten lärmenden Grünen für die Mehrheit, deren Wunsch sie erfüllte. Genauso verhielt es sich bei den Themen „Gentechnik", obwohl weltweit bisher kein einziger Schadensfall durch Gentechnik in Lebensmitteln bekannt ist, und dem Thema „Ehe für alle", das von derselben Wählergruppe vehement gefordert wurde. Sie gab der „regierungsamtlichen" **Brigitte** ein Interview, in dem sie annoncierte, daß sie den Wünschen nun entsprechen werde. Bei der Abstimmung im Bundestag zu diesem Thema stimmte sie jedoch selbst mit „nein". Das muß man wohl nicht verstehen. Möglicherweise ist dies Ausdruck ihrer Verachtung des Volkes, dem zu dienen sie geschworen hat. Die Deutschen sind mit den Jahren in ihren Reden zu den „Menschen, die schon länger hier leben" mutiert. Solches Verhalten ermutigte den Integrationsrat zu der Forderung, in den Grundschulen als reguläre Fremdsprache Türkisch einzuführen. Als im Februar 2019 mehrere Abgeordnete, zusammen mit dem damaligen Bundestagspräsidenten Norbert Lammert anregten, den Artikel 22, Absatz 1 des deutschen Grundgesetzes um den lapidaren Satz: „Die Sprache der Bundesrepublik ist deutsch" zu ergänzen, lehnte Merkel ohne Begründung ab. Es half auch nicht, ihr zu erklären, daß die meisten Länder der Welt solche Präzisierungen in ihren Verfassungen haben wie eben auch die Nationalhymnen und die Farben der Flaggen. „Sie haßt eben die Bundesrepublik genauso wie die DDR die Bundesrepublik gehaßt hat", war die lapidare Erklärung ehemaliger DDR-Bürger.

Der Arzt und Psychoanalytiker **Hans-Joachim Maaz**, 1943 in Halle geboren, hat sich ausführlich mit der Person Merkel beschäftigt. Seine Sicht ist deshalb bedeutsam, weil er als DDR-Bürger das System, die Lebenswirklichkeit und die psychische Gelagertheit der Menschen am besten kennt. Für ihn leidet Merkel an Selbstüberschätzung, die sie immun gegen Kritik mache. Dazu hält er ihre Politik für vollkommen irrational. Da viele in ihr die mächtigste Frau der Welt sähen, ist es fast natürlich, daß jede Kritik an ihr abprallt. Diese rigide Haltung zeige sich bei ihr in Rede, Gestik und Gesichtsausdruck – „Ab dem 30. Lebensjahr ist jeder selber für sein Gesicht verantwortlich." (Albert Camus, 1913-1960) – und Körperhaltung. Sie sei der Prototyp eines Menschen, der hochgelobt und hochgepusht wurde bei gleichzeitiger narzisstischer Grundproblematik. Damit sieht er sie als „Gefahr für Deutschland", weil sie selbst glaubt, sie sei die mächtigste Frau der Welt. An dieser Denkmalbildung haben sich leider auch führende Wirtschaftskapitäne und sogar Naturwissenschaftler beteiligt. „Herrlich!" jubelten sie. „Eine Physikerin, die vom Ende her denkt!" Wie bitte? Vom Ende her? Dazu müßte man zunächst einmal „das Ende" kennen. Welcher Unsinn doch verzapft wird, wenn es um die Plätze im Regierungsflieger geht!

Merkels Mitgliedschaft in der CDU kann man als Irrtum bezeichnen und ist etwa so zu verstehen wie ihre erste Ehe: beiläufig. Mit der Wende traf sie in Westdeutschland auf eine CDU-Regierung. Diese hatte das Sagen, Bundeskanzler, Minister, Staatssekretäre und Verwaltungspersonal gehörten mehrheitlich der CDU an. Parteilos konnte sie nicht bleiben, wenn sie an die Spitze will. Also wurde sie Mitglied einer Partei, in welcher sie als solches nicht zu erkennen ist. Welchen Standpunkt, welche Haltung sie überhaupt hat, weiß niemand. Das Volk nennt die kinderlose Frau stattdessen „Mutti". Der Kern einer Partei wie der CDU bleibt ihr verborgen, bei Parteiveranstaltungen läuft sie einfach mit. Merkels Regierungsstil ist unkenntlich, ihr Kern ist die Neu-Errichtung einer DDR. Sie handelt autoritär im Alleingang, nur fällt es merkwürdigerweise niemandem auf: Migrationskrise, Energiewende, Atomausstieg, die Finanzkrise, die sie gegen den Rat Sachverständiger durchboxte, indem sie das Non-bail-out-Versprechen ignorierte und am Ende doch die deutschen Steuerzahler haften ließ und so den Grundstein für die Gründung der AFD legte. Die Klausel (Art. 235 AEU-Vertrag) gewährleistet, daß ein Euroland nicht für Verbindlichkeiten und Schulden anderer Teilnehmer haften muß.

Auch die planlose Absorption von Millionen von Flüchtlingen aus Afrika, Arabien und Asien – Merkel: „Nun sind sie halt da!" – haben unumkehrbare Folgen für Deutschland. Sie kann eben alles, gewählte Regierungen stürzen, Grenzen öffnen oder schließen. In der Migrationskrise hat sie den Keim gelegt, daß Bürger hilf- und wehrlos den bekannten und spezifischen Straftaten der Hereinströmenden wie („Ehren"-)Morden, (Gruppen-)Vergewaltigungen ausgeliefert werden. Sie hat damit das Leben von Migranten höher bewertet als das Leben bereits hier lebender Deutschen, denen zu dienen sie geschworen hat. Der Staat (also sie als Anordnende) hat dazu die Tötung von Deutschen geduldet und benutzt, um anderes Leben (nach ihrer Aussage das der Migranten) zu retten, welches sie höher bewertete. Damit behandelte sie die deutschen Bürger als bloße Objekte sprach ihnen jeden Wert ab, der dem Menschen um seiner selbst willen zukommt. Dieses war und ist gegen die Verfassung: Entscheidung des Bundesverfassungsgerichts vom 15.02.2006 (1 BvR 357/05, Leitsatz 3).

Sie regiert im Stile eines Feudalfürsten. Sie wolle „durchregieren", sagte sie zu Beginn ihrer Herrschaft. Kritik nimmt sie einfach nicht zur Kenntnis. Wenn sie im Bundestag sitzt, sieht man sie mit ihren hängenden Mundwinkeln und beleidigtem Gesichtsausdruck an ihrem Smartphone fingern. Viele werten ihre Posen als Langeweile oder Verachtung der

Bürger. Sie drohte, das Land, dem sie dienen wollte, zu verlassen, wenn ihr die Bürger die Gefolgschaft verweigerten. Sie bürdete den Bürgern Lasten auf, was sie „alternativlos" nennt. Mit „Wir schaffen das" verbindet sie „Das schaffen wir" der DDR, wenn es dort um Arbeitsnormen, das Einbringen der Ernte, Fünfjahrespläne, die Versorgung mit Konsumgütern ging. Damit hat sie eine Krise losgetreten, die bis heute nicht überwunden ist. Grund ist, daß Deutschland eine narzisstische Kanzlerin hatte, die „alles mit sich selbst ausmachte", die es nicht für nötig hielt, mit der Bevölkerung überhaupt zu sprechen und ihr offenbar auch keine Rechenschaft schuldig sein und darüber hinaus keine Fehler gemacht haben will. Die so Unfehlbare ist umgeben von „Menschen, die schon länger hier leben" und nach der Bundestagswahl 2013 mit CDU-Sieg riß sie dem CDU-Generalsekretär Volker Kauder das kleine Deutschland-Fähnchen, das er glücklich schwenkte, entrüstet aus der Hand, um es sogleich fortzuwerfen. „Aber sie ist schlagfertig und hat Humor", sagen ihre Getreuen. Man kann sich ja manches schöntrinken. Merkels „Humor" ist patzig und geht immer auf Kosten anderer. Auf die Frage eines Journalisten nach dem Scheitern der Ampelkoalition 2024, antwortete sie kurz und bündig: „Männer!"

Am 17. April 2023 verlieh ihr Bundespräsident Steinmeier den höchsten Verdienstorden der Bundesrepublik Deutschland, das Großkreuz in besonderer Ausführung mit 100mm breitem Schulterband. Vor ihr erhielten ihn nur noch Adenauer und Helmut Kohl. Die Bevölkerung hat sich längst daran gewöhnt, daß auf allen Verwaltungsebenen unentwegt Verdienstorden verteilt werden, fast ausschließlich an ihre Funktionsträger und immer als „Dank für geleistete Arbeit", wofür sie allerdings zuvor schon mehr als auskömmlich entlohnt wurden. Steinmeier bemühte sich, den Grund für die Vergabe darzulegen, was ihm aber nicht gelang. So bleibt die Frage: Wozu? Schließlich hat sie Deutschland und den Deutschen mit ihrer Russlandpolitik, ihrem Atomausstieg, dem Verbot von Fracking eine bis heute andauernde Energiekrise sondergleichen beschert. Dazu noch die ungeregelte und ausufernde Migration, die besonders Deutschland überfordert. Und warum waren bisher nur zwei der vorangegangenen deutschen Bundeskanzler würdige Preisträger? Allgemein muß man sagen, daß hierzulande Leistungen gewürdigt werden, die über das Maß der eigentlichen Verpflichtung des zu Ehrenden hinausgehen. Preiswürdig ist also nicht eine tadellose Tätigkeit als solche, denn die schuldet der zu Ehrende seinem Dienstherrn, seinem Arbeitgeber oder auch den Wählern ohnehin. Preiswürdig wäre also nicht ein deutsches Parteimitglied, das deutsches Steuergeld für das Schulfach feministische Mathematik in einem tunesischen Bergdorf umleitet oder der Privatmann, der für die Firmenleitung einer IT-Firma in Indien einen Poloplatz bezahlt. Also noch einmal: Wozu diese Ehrung?

Weil das Wort „Toleranz" zu ihren Lieblingsvokabeln gehörte und sie diese immer wieder bei denen einforderte, die vor lauter Ertragen aufgebürdeter Lasten längst verstummt sind, ist an dieser Stelle ein kurzer Rekurs zum Thema Toleranz angebracht, diesem überstrapazierten Schlagwort aus dem Werkzeugkasten von SPD und Grünen: „Tolerieren können immer nur Mächtige. Stärkere. Das sind sowohl Regierungen und gesetzgebende Körperschaften als auch die öffentliche Mehrheitsmeinung. Nur wer seine intoleranten Intentionen durchsetzen kann, ist zur Toleranz verpflichtet." (Iring Fetscher 1922-2014, SPD-Mitglied und Mitglied der SPD-Grundwertekommission sowie Berater der Kanzler Brandt und Schmidt.)

Und auch Herbert Marcuse findet in seiner „Kritik der reinen Toleranz" (1966) deutliche Worte: „Bedingungslose Toleranz ist der Tod jeder konstruktiven Kritik."

Toleranz haben also die Mächtigen zu üben und sollten diese Pflicht nicht umkehren und auf diejenigen abladen, die von vorne herein machtlos sind und nur noch zu ertragen haben, was Mächtige ihnen aufbürden. Es zeigt sich eben, daß nicht nur zu hohe Steuern, sondern generell die durchweg mangelnde Bildung der Mächtigen das Volk schädigt, indem diese immerzu Toleranz bei den Ohnmächtigen einfordern und sie dann zu Verursachern, zu Schuldigen stempeln, wenn die Vorgaben der Mächtigen Mißstände und Unglücke hervorbringen.

Und nun auch das noch: Sie hat über sich geschrieben. Und hat das Ergebnis auch noch „Freiheit" getauft. Unpassender geht's nicht! Das muß man ihr lassen, noch nie hat hierzulande ein Politiker für das Ausbreiten seiner Wichtigkeit so viel Papier benötigt! 736 Seiten stark, 221cm lang, 156 cm breit, 59 cm dick und 1.076 gr. schwer ist der Klotz, mit dem sie sich feiert, weil es andere nicht (mehr) tun. Bei einem für deutsche Verhältnisse astronomischen Vorschuß von 12 Millionen Euro und einem Einzelverkaufspreis von 42 Euro, rechnet sich das Unterfangen ab 290.000 verkaufter Exemplare. Inzwischen soll die Erstauflage von 400.000 vergriffen sein, die Nachauflage von 200.000 kam pünktlich zum Weihnachtsgeschäft, teilte der Verlag mit. Nun sind Verlagsangaben über die Höhe von Startauflagen (und folgende) immer mit Vorsicht zu genießen. Solche Zahlen sind immer Teil der Werbestrategie, denn ausgelieferte Exemplare sind keine verkauften Exemplare, weil unverkaufte Exemplare wieder an den Verlag retourniert werden. Bei Büchern verhält es sich anders als bei periodischen Druckerzeugnissen wie Zeitungen und Zeitschriften. Dort prüft die „Interessengemeinschaft zur Feststellung der Verbreitung von Werbeträgern" (IVW) die Höhe der jeweils gedruckten Auflage, der verkauften Auflage (Abonnement und freier Verkauf), der gratis abgegebenen Exemplare (Wechselversand und Bestückung von Hotels, Airlines u.a.) und die Anzahl der Remittenden. Erst dann erhält man das wirkliche Bild vom Verkaufserfolg des Produkts. Insofern läßt sich über das Merkel-Elaborat noch rein gar nichts sagen. Jedenfalls war Amazon auch so hilfsbereit und sperrte für sie die Bewertungsfunktion, es seien zu viele negative Bewertungen gewesen, wahrscheinlich fake, so die dürre Begründung.

Ihr Buch behandelt Angela Merkel in der DDR (Teil I) und Angela Merkel in der BRD (Teil II). Auf die Frage, ob nicht zwei Bände praktischer, weil handlicher, gewesen wären, antwortet sie, daß dann die Gefahr bestanden hätte, daß manche nur Teil I kauften und läsen und andere nur Teil II, es handele sich aber um ein ganzes, nämlich ihr Leben. Da weder Merkel noch ihre Büroleiterin Baumann Autorinnen sind und daher mit den Regeln und Gebräuchen des professionellen Schreibens nicht vertraut, kann man sich schon vorstellen, daß da zwangsläufig ein solches Papierpaket herauskommen muß. Schreibende Amateure neigen immer zu ausufernder Textproduktion, und man kann sich nicht vorstellen, daß ein Lektor es gewagt hätte, hier bändigend einzugreifen. Es sieht so aus, als hätten in der Abgeschiedenheit ihrer Zimmerfluchten die beiden Frauen jedes Regal ausgeräumt, jede Tasche ausgeleert, jeden Chip verschriftlicht und zu einem großes Puzzle zusammengelegt und immer, wenn auf der Suche irgendwo noch der Rest einer Notiz auftauchte, wurde auch dieses Stückchen im Schulkindeifer noch untergebracht. So entstand das Opus Magnum Angela Merkel in Gestalt eines papiernen Denkmals. Nur eines sollten wir nicht: alles glauben, was da zu lesen ist!

Sie wolle nur noch „Wohlfühltermine" wahrnehmen, erklärte die Kanzlerin a.D. Das waren für 2024: die Eröffnungsfeier der Kohl-Stiftung in Berlin, dann die Festrede zum 1100jährigen Stadtjubiläum in Goslar. In New York nahm sie den Preis des UN-Flüchtlingswerks für ihr Engagement in der Flüchtlingskrise entgegen. Auch anläßlich des 77. Geburtstags der Süddeutschen Zeitung hielt sie eine Festrede, und dann war sie noch in Lissabon.

Dazu leistete sie sich, in den gegenwärtigen Bundestagswahlkampf einzugreifen, indem sie sich nach einer Entscheidung des Bundestags zu Maßnahmen zur Begrenzung des nach wie vor zu hohen Flüchtlingsansturms auf ihrer Website gegen den Fraktionsvorsitzenden und Kanzlerkandidaten der CDU, Friedrich Merz stellte, den sie zu Beginn ihrer Laufbahn bereits einmal unfair aus dem Amt des Fraktionsvorsitzenden boxte. Grund war, daß sie den Fraktionsvorsitz für sich beanspruchte. Außerdem mag sie die hohe Intelligenz des Amtsinhabers Merz gestört haben. Denn eines spüren sogar die Dümmsten: wenn jemand intelligenter ist als sie, muß der Schlaue weg!

Es ist ein ungeschriebenes Gesetz, daß ehemalige Bundeskanzler sowie auch Bundespräsidenten sich nicht in die Politik ihrer Nachfolger einzumischen haben. Sie ist die Erste, die das fertigbrachte und ihm damit die sprichwörtlichen Knüppel zwischen die Beine warf. Das ist ein Tabubruch ersten Ranges! Allerdings bei dieser gleichermaßen unerzogenen wie überheblichen Person auch kein Wunder.

Deutschland ist im Begriff, die Scherben, die ihre Politik, besonders beim Migrationsthema, hinterlassen hat, einzusammeln und das Land wieder in Ordnung zu bringen. Sie könnte doch die Expertise früherer Bundesverfassungsgerichtspräsidenten zur Kenntnis nehmen, die ihr beim Thema Migration auf ganzer Linie widersprechen. Stattdessen gibt sie das Bild eines Tratschweibs im Treppenhaus, das gegen unbotmäßige Bewohner pestet. Und sie wird weitermachen. Ihr Feldzug gegen Merz: den sie an ihrem 70. Geburtstag begann, zielt auf eine Niederlage ihrer Partei CDU in der Bundestagswahl, sie könnte dann mit der endgültigen Bedeutungslosigkeit ihres Feindes rechnen. In der CDU kursieren seit einiger Zeit Gerüchte, sie habe bereits im November 2024 Vertrauten gegenüber erklärt, sie könne „zwei, drei Knöpfe drücken" und dann sei Merz erledigt. So mußte erst diese Frau aus der Uckermark kommen, um für uns auf offener Bühne ein Stück mit Paradebeispielen an Rücksichtslosigkeit, Infamie und Hinterhältigkeit aufzuführen. Ihr Zerstörungswerk ist da noch nicht beendet. Hocherfreut über eine Niederlage der CDU und damit dem Scheitern von Merz, wird sie in alter Übung Hendrik Wüst, den Ministerpräsidenten von Nordrhein-Westfalen zum Fraktionsvorsitzenden machen, so wie sie von der Leyen in der EU festgenagelt hat. Wenn dann die AFD noch stärker wird, ist ihr das egal. Merz ist ein höflicher, gut erzogener Mensch, der nie durch ungebührliches Reden aufgefallen ist und keine Feindschaften pflegt. Hier wird deutlich, daß man damit gegen Bösartigkeit nichts ausrichten kann.

Eine Anschlußverwendung fände sich für sie ab 2026 als Nachfolgerin von Antonio Guterrez als Generalsekretärin der Vereinten Nationen. Eine Stabübergabe verliefe bruchlos, ist sie doch eine vehemente Verteidigerin der Migrationspolitik ihres Dann-Vorgängers. Immerhin hatte sie – im Gegensatz zu Österreich – für Deutschland trotz Kritik und Bedenken starrköpfig den Migrationspakt unterschrieben, dessen Bestimmungen der aufnehmenden Bevölkerung ausschließlich Pflichten auferlegt, wohingegen den zuströmenden Migranten ausschließlich Rechte eingeräumt werden. Hier, im Herzen der UN, da hätte sich der Lebenstraum der selbstgerechten Narzistin Merkel erfüllt: keine lästigen Politniederungen mehr. Kein Deutschland, das sie nie mochte. Nur noch Scheinwerfer, roter Teppich, Mikrophone aus aller Welt und mittendrin sie und die Herrscher aus aller Welt. Küßchen links und Küßchen rechts. Und wie gehabt: das stillose In-den-Sessel-Plumpsen.

Die Rose gilt als Königin der Blumen. Zum Zapfenstreich ließ sie den Chanson von Hildegard Knef „Für mich soll's rote Rosen regnen" intonieren. Herrschaftsansprüche können eben nur durch Rosen bekräftigt werden. Deshalb schenke man ihr niemals Nelken oder gar Tulpen!

Was bleibt von ihr? Ihre Rolle als Geburtshelferin der AFD.

Friederike Petzold – „Die **schwarz-weiße Göttin**" oder
„Queen Of the Movement", Vintage, Silbergelatine-Print,
1971, 21cm x 19cm, **Unikat**

92. Die Staatenlenkerinnen
b) Katharina die Große

Katharina die Große (1729-1796), geboren in Zerbst (heute Sachsen-Anhalt), inaugurierte den „aufgeklärten Absolutismus" nach den Vorstellungen von Voltaire, regierte ohne Pardon, hatte während ihrer Regentschaft ungefähr 20 „Favoriten" genannte Vollstrecker, die ihre Politik durchsetzten, störende „Nebenregenten" eliminierten einschließlich der Kaiserin Ehemann und einige von ihnen teilten ihr Bett. Wenn sie ihrer nicht mehr bedurfte oder ihrer überdrüssig war, schickte sie sie fort. Sie starb gerade einmal 67jährig, nachdem König Gustav IV. Adolf von Schweden kurzfristig seine Verlobungsfeier mit ihrer Enkelin Alexandra Pawlowna Romanowa platzen ließ. Katharina hatte diese Verbindung angebahnt und wünschte, daß die Braut nach der Hochzeit ihren orthodoxen Glauben behalten darf. Dieses Ansinnen war für den schwedischen König jedoch unannehmbar. Katharina empfand diese Zurückweisung als tiefe Demütigung und narzisstische Kränkung. Ihr Körper reagierte darauf mit einem Schlaganfall, in dessen Folge sie einige Wochen später einen zweiten Schlaganfall erlitt, an dem sie dann verstarb.

Bezeichnend ist, daß Katharina die Große als Statuette auf Merkels Schreibtisch stand. Man darf annehmen, daß die Wahl von Kleinplastiken auf Büroschreibtischen immer auf ihre Besitzer hinweisen und Aufschluß über deren Verfaßtheit geben. So ist auch Katharina die Große wohl nicht grundlos Merkels Vorbild.

92. Die Staatenlenkerinnen
c) Golda Meir

Golda Meir (1898 Kiew, Russisches Reich - 1978 Jerusalem). Ihr Vater war Zimmermann. Von Kindesbeinen an kannte sie antijüdische Pogrome, vor denen ihr Vater in die Vereinigten Staaten nach Milwaukee floh. Dorthin holte er Frau und Tochter nach. Golda besuchte die heute nach ihr benannte „Golda-Meir School" und beendete diese nach der achten Klasse als Jahrgangsbeste. Sie hätte gern weiter gelernt, doch ihre Mutter vertrat die Ansicht, daß Mädchen sowieso heirateten. Sie gehorchte nicht und zog zu ihrer neun Jahre älteren Schwester Sheyna nach Denver und besuchte dort eine High School. Dort kam sie erstmals in Kontakt mit zionistischen Kreisen und dort lernte sie auch ihren späteren Ehemann, den aus Litauen stammenden Morris Meyerson kennen. Zwei Jahre später erlaubten ihr die Eltern, die weiterführende Schule zu besuchen und sie kehrte nach Milwaukee zurück. Schon während ihrer Schulzeit intensivierte sie Kontakte zum Poal Zion und wollte sich ganz der Politik widmen. Sie und Meyerson heirateten 1917, im selben Jahr wurde sie amerikanische Staatsbürgerin. Drei Jahre später zog das Ehepaar Meir/Meyerson nach Palästina. Sie lebten in Tel Aviv, ihre beiden Kinder, Menachem und Sarah, wurden in Jerusalem geboren. Sie bekleidete fortan verschiedene Ämter und Funktionen und verhandelte vier Tage vor Ausrufung des Staates Israel (19. Mai 1948) mit König Abddallah von Jordanien vergeblich mit dem Ziel, daß sich die benachbarten Staaten aus einem zu erwartenden militärischen Konflikt heraushalten sollten. 1969 wurde sie Ministerpräsidentin, ihr Vorgänger im Amt, Ben Gurion, sagte über sie: „Sie ist der einzige Mann in meinem Kabinett gewesen." Gegen Widerstände in den eigenen Reihen setzte sie einen Waffenstillstand am Suezkanal durch, der den Abnutzungskrieg mit Ägypten beendete. Wegen des verheerenden arabischen Überraschungsangriffs im Jom-Kippur-Krieg („Versöhnungstag") 1973 wurde Meir innenpolitisch heftig kritisiert, König Hussein l. von Jordanien war kurz zuvor extra nach Israel geflogen, um die Regierung vor einem Angriff durch Ägypten und Syrien zu warnen. Doch Meir hatte noch nicht einmal nach dem Datum des Angriffs gefragt, wie sich später herausstellte. Über sich selber sagte sie, sie habe versucht, Menschenleben zu retten und stattdessen „Armeen von Witwen und Waisen geschaffen". Die Person Golda Meir polarisiert bis heute. Für die einen ist sie die „Mutter des zionistischen Staates", die den Friedensprozeß mit Ägypten einleitete (für den ihr Nachfolger im Amt, Menachem Begin, und nicht sie den Friedensnobelpreis erhielt), für die anderen ist sie eine engstirnige, vorurteilsbeladene und rachsüchtige Hardlinerin. Golda Meir starb an Lymphdrüsenkrebs und wurde in Jerusalem auf dem Nationalfriedhof auf dem Herzlberg beigesetzt.

92. Die Staatenlenkerinnen
d) Indira Gandhi

Indira Gandhi (1917-1984), von 1966 bis 1977 und dann wieder von 1980 bis 1984 Premierministerin von Indien, kam durch ein Attentat ums Leben. Sie entstammte Indiens höchster Kaste, Familienmitglieder bekleideten hohe Positionen. Politische Betätigung empfand sie als ihren natürlichen Lebensweg. 1955 wurde sie zur Präsidentin der Kongresspartei gewählt. Als 1962 eine Lokalregierung floh, als chinesische Truppen die indische Grenze überschritten, flog sie selbst zur Grenze, beruhigte Zivilisten, organisierte Notrationen und beorderte Beamte zurück in den Dienst. Es zeigte sich, daß Indira Gandhi lieber Probleme vor Ort selbst klärt und Lösungen findet. Nachdem es ab dem Jahr 1975 vermehrt Aufstände und Unruhen in der Bevölkerung bei unsicherer Versorgung mit Nahrungsmitteln gab, verhängte sie den nationalen Ausnahmezustand. Dieser hatte außer den üblichen für die Bevölkerung unangenehmen Restriktionen den unerwarteten Begleiteffekt, daß es sozusagen über Nacht ein geordnetes Leben gab. Keine Streiks und Protestmärsche mehr. Züge und Busse fuhren nach Plan, Öffnungszeiten von Behörden und Ämtern planmäßig. Es gab große Erfolge im Kampf gegen Schmuggel, Steuerhinterziehung und übrige Kriminalität. Aber auch Enteignungen von Großgrundbesitzern, während Leibeigene befreit und in Arbeit gebracht wurden. Allerdings: 110.000 Menschen wurden ohne Gerichtsverfahren inhaftiert, 22 starben. Die Stimmung wandte sich gegen Gandhi. Eine Kommission listete ihre Gesetzesverstöße und die ihres Sohnes Sanjay auf, es erschienen Anti-Indira-Bücher, auch von Salman Rushdie („Mitternachtskinder"). Danach schien wieder die alte

Gesetzlosigkeit einzukehren mit Erstarken der Separatistenbewegung der Sikhs. Es kam zu Ausschreitungen in Assam und Kaschmir, wo ihr Anführer mit den Seinen sich im Goldenen Tempel verschanzt hatte. Nachdem vier Versuche zu Gesprächen mit dem Anführer fruchtlos blieben, befahl Gandhi die Rückeroberung des Tempels, der dabei teilweise zerstört wurde. Mit dem Hinweis, daß Indien ein säkularer Staat sei, lehnte sie es ab, ihre Sikh-Leibwächter zu entlassen, die sie dann am 31.10.1984 im Vorgarten ihres Bungalows erschossen. Sie war auf dem Weg zu einem Interview mit Peter Ustinow. Nach dem Mord wurden bei Anti-Sikh-Pogromen 3.000 Sikhs ermordet, ungefähr 100.000 flohen aus Dehli nach Punjab oder in Camps.

92. Die Staatenlenkerinnen
e) Sirimavo Banderaneike

Sirimavo Banderaneike (1916-2000) war dreimal Ministerpräsidentin von Sri Lanka. In ihren Regierungszeiten fallen
die Verstaatlichung ausländischer, vornehmlich US- oder
britischer Unternehmen, das Embargo über ausländische
Hilfen. Die Verbindungen zu Großbritannien wurden ge-
kappt, eine neue Verfassung beschlossen. Die Ölkrise 1973
traf Sri Lanka hart, Hilfe war jedoch wegen des andauernden
Embargos nicht zu erwarten. Ihre Wirtschaftspolitik zeigte
kaum Wirkung. Kritik konnte sie nicht ertragen, sodaß sie
schließlich die unabhängigen Medien ihres Landes schloß
und die größte Zeitung, „Lake House", verstaatlichte. Diese
diente dann als ihr offizielles Sprachrohr. Krise in der Wirtschaft und Korruptionsvorwürfe waren die Ursachen für ihren schwindenden Rückhalt in der Bevölkerung.1980 wurde
ihr wegen Amtsmißbrauch das Recht zur Ausübung eines
öffentlichen Amtes aberkannt.

92. Die Staatenlenkerinnen
f) Imelda Marcos

Imelda Marcos, geb. 1929, ist die Ehefrau des 1989 verstorbenen Ferdinand Marcos, Präsident der Philippinen, das als zweitkorruptestes Land der Welt galt. Nachdem Gatte Ferdinand das Kriegsrecht verhängt hatte, wurde seine Frau Imelda Gouverneurin von Groß-Manila, Ministerin für Human Settlement und Umwelt sowie „Ambassador Plenipotentiary and Extraordinary". Sie installierte in ihrer Machtfülle ein zweites, ein „asiatisches Cannes" für aktuelle Filmproduktionen, das „Metropolitan Museum of Manila", welches mit Leihgaben bekannter Sammler eröffnen konnte. Sie ordnete den Bau des „Folks Arts Theaters", des „Cultural Centers of the Philippines" sowie 18 neuer Luxushotels an. Sie reiste um die Welt, traf die Regierungschefs vieler Nationen, lebte im Luxus, was besonders Schmuck, Schuhe, Kleider, Gemälde anbetraf. Ihre Anordnungen mußten auf Biegen und Brechen durchgesetzt werden. Selbst als ein Baugerüst in eine Grube mit frischem Beton stürzte und 169 Bauarbeiter mit sich riß, wurden deren Leichen nie geborgen, um den Eröffnungstermin des neuen Kino-Centers nicht zu gefährden. Ihr Co-Anwalt in mehreren Prozessen wegen Geldwäsche war der milliardenschwere Waffenhändler Adnan Kashoggi.

92. Die Staatenlenkerinnen
g) Margreth Thatcher

Margreth Thatcher (1925-2013), von 1979 bis 1990 als erste Frau Premierministerin des Vereinigten Königreichs. 1945/46 während ihres Chemiestudiums wandte sie sich der Politik zu und nach ihrer Arbeit als Chemikerin in der Industrie begann sie ihre Karriere bei den Konservativen, wo sie bei den Wahlen 1950 einen Sitz im Unterhaus errang. Ab dann war sie Ministerin, Parteiführerin und schließlich die bisher am längsten regierende Premierministerin. 1982 siegte das britische Militär im Falklandkrieg, was wiederum ihr den Sieg in den nachfolgenden Wahlen sicherte. Sie befürwortete die Legalisierung von Homosexualität und Abtreibung, war jedoch gegen die Abschaffung der Todesstrafe. Sie unterstützte die britischen Beitrittsgesuche zur Europäischen Wirtschaftsgemeinschaft, war jedoch gegen die Vollmitgliedschaft Englands zur Europäischen Union, die sie sich später von dieser teuer bezahlen ließ („I want my money back!"). Sie beendete erfolgreich die Geiselnahme in der iranischen Botschaft. Sie war bekannt für ihren rüden Umgangston. Sie trieb die Privatisierung von Staatsbetrieben voran, was besonders im ärmeren Norden Englands für Aufruhr sorgte. Dadurch entstanden aufgrund fehlender Investitionen in das Schienennetz Effekte, die bis heute stetig sich verschlimmernd zeigen: Unpünktlichkeiten, Zugausfall oder Wegfall von Verbindungen, veraltetes Material, usw. Die sprichwörtlich britische Pünktlichkeit im Bahnverkehr ist ins genaue Gegenteil umgeschlagen. Die Einführung der Kopfsteuer („poll tax") wurde als ungerecht empfunden, es gab gewalttätige Auseinandersetzungen. Diese Steuer traf jeden gleichermaßen, auch Wohnsitzlose, begünstigte also Reiche und nahm Armen bisweilen alles Lebensnotwendige. Ihre gesamte Amtszeit war durchzogen von

Personalquerelen, selbst nach ihrer verlorenen Wahl verhinderte sie noch den aussichtsreichen Kandidaten Michael Heseltine als Nachfolger und warb für den farblosen John Major als Kompromisskandidaten. In Erinnerung blieben die Episoden, über die gespottet wurde, wenn Thatcher sich der näselnden Aussprache der Royals bediente und statt „I, Me, My" „We, Us, Our" einen Satz begann statt mit „I believe …" im pluralis majestatis der Queen redete: „We believe…" Nach Erhebung in den Adelsstand wurde sie Mitglied im Oberhaus, das für sie der „back seat" war, die Kontrolle ihrer Nachfolgeregierung, wie sie betonte.

Im Verlauf des Falklandkrieges wurde die HMS Sheffield der Royal Navy am 4. Mai 1982 von einer argentinischen Exocet-Rakete aus französischer Produktion getroffen und sank sechs Tage später mitsamt 20 Besatzungsmitgliedern. Daraufhin verlangte Thatcher vom französischen Staatspräsidenten François Mitterrand die Herausgabe der Codes für die sog. „Kill Switches", um die Raketen auf diesem Wege zu deaktivieren. Da Mitterrand die Existenz solcher Codes zunächst bestritt, soll ihm Thatcher damit gedroht haben, als Alternative Buenos Aires nuklear einzuäschern. Diese Schilderung stammt von Mitterrands engem Vertrauten, dem Psychoanalytiker Ali Magoudi. In seinem 2005 erschienenen Buch „Rendez-vous-la psychoanalyse de François Mitterrand" (deutsch: „Mitterrand auf der Couch") zitiert er ihn mit den Worten: „Glücklicherweise habe ich nachgegeben. Andernfalls, das versichere ich Ihnen, hätte der eiserne Finger dieser Dame den Knopf gedrückt." Britische Schiffe wurden nach Preisgabe der Codes nicht mehr versenkt.

92. Die Staatenlenkerinnen
h) Sanna Mirella Marin

Sanna Mirella Marin (Jahrgang 1985) wuchs in der lesbischen Beziehung ihrer Mutter auf, studierte Verwaltungswissenschaften, war von 2020 bis 2023 Vorsitzende der Sozialdemokratischen Partei Finnlands (SDP) und vom 10. September 2019 bis zum 20. Juni 2023 Ministerpräsidentin Finnlands, wo sie sich besonders für die Belange der LGBT-Community einsetzte, Damit war sie die Jüngste Ministerpräsidentin in der Geschichte des Landes und zugleich jüngste Regierungschefin weltweit. Marin heiratete 2020 einen finnischen Fußballspieler, mit dem sie bereits seit 16 Jahren zusammenlebte und ließ sich 2023 wieder scheiden. Die beiden haben eine 2018 geborene Tochter. Marin feierte gerne und hat sich wahrscheinlich nie die Frage vorgelegt, ob sich ihr Amt mit solchen Aktivitäten verträgt. Im August wurde ein Video bekannt, das Marin auf einer privaten Party tanzend zeigt. In Skandinavien nicht ungewöhnlich, entspann sich sogleich eine Diskussion darüber, ob ihr Verhalten mit ihrem Status als Ministerpräsidentin vereinbar sei, zumal es an diesem Tag keine Vertretung für sie gab. Da sie auch Alkohol getrunken hatte, den Konsum von Drogen aber verneinte, stimmte sie einem Drogentest zu, der jedoch negativ ausfiel. Kurz darauf wurde wieder ein Video bekannt, welches die damals noch verheiratete Ministerpräsidentin beim engen Tanz mit einem Schauspieler und Musiker in einem Club in Helsinki zeigte. Beobachter wollen gesehen haben, wie ihr Tanzpartner sie auf den Hals küßte, woran sich erwartungsgemäß sofort die Frage anschloß, ob sie als Ministerpräsidentin überhaupt noch tragbar sei. Schließlich tauchte ein Foto auf, das an ihrem

Amtssitz Kesäranra entstanden war. Darauf war zu sehen, wie sich eine finnische Influenzerin und eine weitere Frau küssten und ihre entblößten Brüste mit einem Schild, Aufschrift „Finland", bedecken. Die einflußreichste Zeitung des Landes „Helsingin Sanomat" fragte in einem Leitartikel, ob Marin „anscheinend die Kontrolle verloren" hätte. Nach verlorener Wahl am 2. April 2023 reichte Marin den Rücktritt ihrer Regierung ein, blieb aber noch bis zum 20. Juni 2023 geschäftsführend im Amt. Am 7. September legte sie auch ihr Abgeordnetenmandat nieder und kündige ihren Rückzug aus der Politik an, um künftig als Sonderberaterin für das „Institute for Global Change" des früheren britischen Premierministers Tony Blair in London zu arbeiten.

Was bleibt ...

a) Fjodor M. Dostojewski
Aufzeichnungen aus dem Kellerloch,
Winter 1863/64 in Moskau

„Was kann man nun von einem Menschen erwarten? Überschütten Sie ihn mit allen Erdengütern, versenken Sie ihn in Glück bis über beide Ohren, bis über den Kopf, sodaß an die Oberfläche des Glücks wie zum Wasserspiegel nur noch Bläschen aufsteigen, geben Sie ihm ein pekuniäres Auskommen, daß ihm nichts anderes zu tun übrigbleibt, als zu schlafen, Lebkuchen zu vertilgen und für den Fortbestand der Menschheit zu sorgen – so wird er doch, dieser selbe Mensch, Ihnen auf der Stelle aus purer Undankbarkeit, einzig aus Schmähsucht einen Streich spielen. Er wird sogar die Lebkuchen aufs Spiel setzen und sich vielleicht den verderblichsten Unsinn wünschen, den allerunökonomischsten Blödsinn, einzig um in diese ganze positive Vernünftigkeit sein eigenes unheilbringendes phantastisches Element beizumischen. Gerade seine phantastischen Einfälle, seine banale Dummheit wird er behalten wollen."

b) Theodor W. Adorno
Minima Moralia, 1951

„Die fast unlösbare Aufgabe besteht darin, weder von der Macht der anderen noch von der eigenen Ohnmacht sich dumm machen zu lassen."

Stella McDjango – „**King Kong of all Cover Queens**",
Digitalgemälde **2003**, colour, 180x120cm, **Unikat**

Die Künstlerin Hildegard Wohlgemuth

Hildegard Wohlgemuth wurde 1933 in östpreußischen Pill-
kallen geboren. Bei einem Bombenangriff 1943 wurde sie
verschüttet und war die einzige Überlebende von ihren 26
Klassenkameraden. Dieses Erlebnis prägte sie für ihr ganzes Leben: nicht nur in nächtlichen Träumen, sondern auch
bei Tag sah sie Flammen und hörte Wimmern, was in ihren Bildern in bunten Katzenvölkern und Farbstrudel immerzu Ausdruck fand. Nach dem Krieg schlug sie sich als
Obdachlose durch – als Zwölfjährige! Sie trampte durch die
Schweiz und Frankreich, wo sie in Eingängen von Nachtlo-
kalen schlief und morgens bisweilen ein Croissant von der
Putzkolonne erhielt. 1948 nahm sie ein Nonnenkloster auf,
wo man ihr eine Lehre zur Hauswirtschafterin ermöglichen
wollte, die sie jedoch abbrach. Inzwischen in Hamburg an-
gelangt, wurde die nunmehr Fünfzehnjährige ein Fall für
die staatliche Fürsorge. Mit der Diagnose einer unheilbaren
Schizophrenie verbrachte sie die nächsten 17 Jahre in der
Klinik Hamburg-Ochsenzoll. 1966 konnte sie entlassen werden. Bald hatte sie eine Tochter und einen festen Wohnsitz
in Hamburg-Lurup. Dort lebte sie in einem überaus gepfleg-
ten Wohnkomplex mit Aufzug in einer sehr geräumigen
Wohnung in grün-schattiger Kiefern- und Birkenumgebung.
Man kann sagen, daß die Stadt Hamburg vorzüglich für sie
gesorgt hat.

Wir lernten Hildegard Wohlgemuth anläßlich unserer beruflichen Aufenthalte in Hamburg buchstäblich auf der Straße kennen. Sie fiel auf, wie sie umherging wie ein „Sandwich"-Werbeträger der 20er Jahre, Rück- wie Vorderseite behängt mit großen selbstgemalten hochformatigen Schildern, die sie regensicher mit Folie überzogen hatte und auf denen sie um Geld bat, um Farbstifte und Papier für ihre Malerei kaufen zu können. Wir gaben ihr Geld, kauften ihr Zeichnungen ab und folgten ihr bei unseren folgenden Besuchen auch nach Hause, um noch mehr Blätter zu kaufen. Wir stellten 1999 für sie eine Ausstellung im Museum Schloß Salder in Salzgitter zusammen, die sie zu ihrer Freude noch erleben konnte. Sie starb 2003. Wohlgemuth gehört in die Kunstrichtung „art brut" oder „Outsider-Kunst" oder „Bildnerei der Geisteskranken" (Prinzhorn/Navratil).

Hildegard Wohlgemuth –
Zwei „Sandwich"-Werbeträger im Stil der 20er Jahre,
Filzstift, Karton, Klarsichtfolie, colour, **ca. 1996**, DIN A3, **Unikate**

Hildegard Wohlgemuth – Sechs „Zeichnungen",
Filz- und Lackstifte auf Karton, colour, **ca. 1996,**
DIN A3, **Unikate**